Postkarten-Potpourri von Ansichten aus Wiesbaden um die Jahrhundertwende.

Durchblick

Eine Pause vor der griechischen Kapelle – im Hintergrund das Nerotal und die Stadt Wiesbaden.

Sponsoren

Diese Dokumentation wurde von folgenden Unternehmen unterstützt:

- Juwelier Oberleitner
- Schuhatelier Ibrahim Demir
- Mattiaqua Wiesbaden
- Eswe Versorgungs AG
- Henkell & Co.
- Taunus-Auto-Verkaufs-GmbH
- Bulthaup Center Jurockova & Partner
- Wiesbadener Volksbank e.G.

✳ © 2011
Verlag Horst Axtmann GmbH
Verlagsgruppe Chmielorz
Marktplatz 13
65183 Wiesbaden

CICERO Gesellschaft für
Werbung und Kommunikations mbH
Taunusstraße 54
65183 Wiesbaden

ISBN-13: 978-3-87124-358-5

Impressum

- **Herausgeber** Detlef Schaller, Hans Dieter Schreeb und Dirk M. Becker
- **Gestaltung und Layout** bu:designbüro, Barbara Unterhalt; Ergänzungen Christian Kellert
- **Korrektorat** Joachim Godau
- **Papier** Dieses Buch wurde gedruckt auf FocusArt Natural der Firma Lecta Deutschland GmbH, München
- **Druck** Druckerei Chmielorz GmbH, Wiesbaden
- **Bindung** Litges & Dopf GmbH, Heppenheim

Der ganze oder teilweise Abdruck und die elektronische oder mechanische Vervielfältigung, gleich welcher Art, sind nicht erlaubt. Abdruckgenehmigungen für Fotos und Text erteilt der Verlag Axtmann.

Informationen unter:
www.chmielorz.de
www.vivart.de

WIESBADEN UND
SEINE HOTELS IN
DER BELLE EPOQUE

KAISERZEIT

Ein Bildband von Detlef Schaller
und Hans Dieter Schreeb

ZWEITE ERWEITERTE AUFLAGE

Seit 30 Jahren in Wiesbaden

Juwelier Oberleitner

Taunusstraße 13 | 65183 Wiesbaden | 06 11 - 59 85 51
www.juwelier-oberleitner.com

›DER SCHLÜSSEL DER GESCHICHTE IST NICHT IN DER GESCHICHTE; ER IST IM MENSCHEN.‹

THÉODORE JOUFFROY

Geschichte ist Spurensuche – deshalb hat Geschichte so viele Facetten und gerade deshalb ist sie so spannend. Das haben auch sehr viele Menschen, die das Buch ›Kaiserzeit – Wiesbaden und seine Hotels in der Belle Epoque‹ gelesen haben, so empfunden. Das Interesse war so groß, dass nun eine zweite Auflage gedruckt werden kann. Ich finde es einfach toll, dass dieses Buch so gut angenommen wurde und nun sogar eine Erweiterung um viele interessante Fakten erfährt.

Mit diesem Bildband wachsen die Erkenntnisse über unsere Stadt: Über die Menschen, die sie geprägt haben; über die Gebäude, deren prächtige Fassaden so viel über die Zeit um 1900 erzählen; über die Firmen, die Wiesbaden weltweit bekannt gemacht haben. Faszinierend, in diesem Buch zu blättern und zu lesen, vor allem, weil es die Brücke schlägt in eine Zeit, in der in Wiesbaden Geschichte geschrieben wurde und von der wir bis zum heutigen Tag profitieren. Mit diesem Buch kann man ganz tief in die Historie unserer Stadt eintauchen, weil uns die Personen und die Orte bekannt sind.

Die zweite Auflage von ›Kaiserzeit‹ ist nicht nur einfach eine erneute Drucklegung, weil es so viele Käufer gefunden hat. Die beiden Autoren haben die Gelegenheit genutzt, es lebendig und begreifbar mit neuen Geschichten zu ergänzen: Die Maifestspiele, das Jagdschloss Platte, Firmengeschichten oder auch die Wein- und Sektstadt sind Themen, die es noch informativer machen.

Hans Dieter Schreeb und Detlef Schaller sind ›Spurensucher‹. Und das Schöne ist, dass sie uns an ihren Erkenntnissen und ihrem Wissen teilhaben lassen.

Viel Spaß beim Lesen und Betrachten!

DR. HELMUT MÜLLER
Oberbürgermeister

INHALTSANGABE

GRUSSWORT
Geschichte ist Spurensuche
Oberbürgermeister Helmut Müller .... _007

EINLEITUNG
Worum es geht .... _010
Heiße Wasser .... _014
Der Zeitgeist im Format 9 mal 14 cm .... _022

NASSAUER HOF
Gäste und andere Prominente .... _026
Familienbesitz .... _032
Wem was gehört .... _035
Baden im Nassauer Hof .... _038
Die Dachfrage .... _042
Die Table d'hôte .... _046

KAISER WILHELM II
Kaiser Wilhelm II. – des Glückes Unterpfand .... _048

SCHWARZER BOCK
Im Winter gut durchgewärmt .... _050
Frau Rath Goethe nebst Sohn Wolfgang .... _052
Aufzüge .... _052
Das Imperium .... _059

KOCHBRUNNEN UND KRANZPLATZ
Kochbrunnen und Kranzplatz .... _062
Kochbrunnentempel .... _062
HOTEL ROSE
Für hohe und höchste Ansprüche .... _066
Saison .... _067
Dichter und andere Russen .... _069
RÖMERBAD
Kein Entrée .... _072
ENGLISCHER HOF
Nomen est Omen .... _075
Seine Majestät staunen .... _076
ZUM SPIEGEL .... _077
PALAST HOTEL .... _078

FÜR DURSTIGE KEHLEN
Sekt · Wein · Bier .... _082

LANGGASSE
Langgasse .... _090
Die Götter bestechen .... _090
ZUM SCHÜTZENHOF .... _092
GOLDENES ROSS UND GOLDENE KETTE .... _094

CONTINENTAL .... _096
EUROPÄISCHER HOF .... _098
ZUM BÄREN .... _100

KRANKENHÄUSER UND SCHULEN
Sehr gesund .... _104
Nicht für die Schule lernen wir .... _105

ALTSTADT
Altstadt .... _106
Günstige Preise .... _107

MENÜKARTE
Nassauer Hof .... _111

EINFACHERE HOTELS
Etwas einfacher .... _112
Wohnung zu vermieten .... _117

SPAZIERGÄNGE
Sonntagsspaziergang .... _118
Ausflugsorte .... _122
Vornehme Blässe .... _123

AUF ALLERHÖCHSTEN BEFEHL
Hoftheater und Maifestspiele .... _126

WILHELMSTRASSE
Wilhelmstraße, vormals Alleestraße .... _134
VIER JAHRESZEITEN .... _138
Flanier- und Spazierstöcke .... _140
KAISERBAD und BRITANNIA .... _142
HOTEL DU PARC ET BRISTOL .... _144
HOTEL DU NORD .... _148
Hoflieferant .... _149
MONOPOLE/METROPOLE .... _150
CARLTON .... _150
BELLEVUE .... _153
Kurverhältnisse oder der
Fremde ist nicht geniert .... _154
RESIDENZ .... _156
Klingeln .... _158
VICTORIA .... _159
Rhein-Dampfschiffstation .... _161

KURHAUS
Das schönste Kurhaus der Welt .... _164
Tanzkarte .... _168

KAISERHOF
Extraklasse – HOTEL KAISERHOF
und AUGUSTA-VICTORIA-BAD .... _170
Der König von Siam .... _173

SHOPPING
Handel und Wandel in Wiesbaden .... _175

HOTEL ORANIEN
Aufstieg .... _185

RHEINSTRASSE
Die Rheinstraße .... _186
TAUNUSHOTEL .... _188
HANSA .... _191

GOTTESHÄUSER
Synagoge auf dem Michelsberg .... _193
Russische Kirche .... _196
Ringkirche .... _198

MILLIONÄRE
Die Wiesbadener Millionäre .... _199

MENÜKARTE
Palast-Hotel .... _200

BAHNHÖFE
Drei Bahnhöfe in Wiesbaden .... _201

NEROBERGHOTEL
Die Kaffeeburg .... _204

SANATORIEN
Für Leib und Seele .... _208
Alle Wasser .... _209

JAGDSCHLOSS PLATTE
Ein Schloss mit Aussicht .... _210

RESTAURANTS UND CAFÉS
Esskultur .... _214
Empfohlene Cafés .... _218

TAUNUSSTRASSE
Taunusstraße .... _222
ALLEESAAL .... _224
DAHLHEIM .... _228

Badeglas und andere Souvenirs .... _228
KRONPRINZ .... _230
PRIVATHOTEL INTRA .... _231
PENSIONEN .... _232
Kaltes Wasser .... _234

KOFFERAUFKLEBER
Sichtbare Souvenirs .... _235

GEISBERG UND UMGEBUNG
Hotels und Pensionen
rund um den Geisberg .... _236
Literarisch gesehen .... _241
Tellerwäscher .... _241

SPORT IN WIESBADEN
Sportliche Betätigung .... _242

SONNENBERGER STRASSE UND UMGEBUNG
In Kurparknähe – Parkstraße und Sonnenberger Straße _246
Der Zeit voraus .... _247
HOHENZOLLERN .... _248
QUISISANA .... _249
AEGIR .... _250
WILHELMA .... _251
ASTORIA .... _251
SENDIG-HOTEL EDEN .... _252
VILLA ROYAL .... _252
FÜRSTENHOF .... _253
REGINA .... _255
IMPÉRIAL .... _255
Pensionen links und rechts der Sonnenberger Straße ... _256

UNTERHALTUNG
Reichhaltiges Unterhaltungsangebot .... _258

MENÜKARTE
Palast-Hotel .... _262

ANHANG
Hotels und Pensionen von A bis Z .... _263

FRÜHLINGSANFANG
Straßenschäden .... _280

IMPRESSUM .... _004

Einleitung

Worum es geht

Historismus, Hotels und Postkarten – das sind die Themen dieses Bandes. Was haben sie miteinander zu tun? Alles! Dieses Buch will Wiesbadens Hotels in der ›guten alten Zeit‹ vorstellen, die Grandhotels, die Familienhotels, die ›Privathotels‹, die ›Badehäuser‹ mit eigener Quelle und die mit ›Zuleitungen‹.

Der Begriff ›Historismus‹ sucht die altvertraute Bezeichnung ›Belle Epoque‹ (sie stammt aus der Zeit, als man so schlecht französisch sprach wie heute englisch) zu ersetzen und zu verdrängen. Ganz ist es noch nicht gelungen.

Während ›Belle Epoque‹ Rüschen, Volants, Can-Can, Champagner, auch den ›Cul de Paris‹ signalisiert, meint Historismus etwas Hoheitsvolles, überladene Fassaden, Treppen, die man hinauf- und hinunterschreiten kann, Kronleuchter und Kamine. Jahrzehntelang wurde der Historismus mit herabgezogenen Mundwinkeln betrachtet – als Stil-Mischmasch, dem das Bauhaus und die Moderne ein für alle Mal den Garaus gemacht hatten. Aber wie das so ist mit den Meinungen der Väter: Auf einmal und ohne, dass man merkte, wann der Wandel begann, sind solche Ansichten obsolet. Seit einiger Zeit wird die Epoche des Historismus mit Geduld, ja sogar mit Sympathie betrachtet. Ihr Renommee wächst, man entdeckt die Vielfalt, vergleicht sie mit der gegenwärtigen Einfalt und freut sich daran.

Der Historismus hatte seine Blütezeit in der zweiten Hälfte des 19. Jahrhunderts. Das war die Zeit, in der die Neugotik blühte, der Neo-Barock, die Neo-Renaissance, das Neo-Rokoko – und alles zur selben Zeit und möglichst in einer Straße, ja, in einem Haus. Bis in die Sechziger-, Siebzigerjahre des letzten Jahrhunderts – unseres Jahrhunderts sozusagen – glaubte man, Art Nouveau in Frankreich und Jugendstil bei uns und vor allem natürlich die Moderne hätten diesem Sammelsurium aus Einfallslosigkeit und Beliebigkeit das Lebenslicht ausgeblasen. Aber siehe an, heute lassen selbst die Gelehrten den Historismus wieder gelten, erkennen Stilwillen und Rang dieser Epoche an.

Neues Kurhaus

Panorama-Klapp-Ansichtskarte vom Kurhaus aus dem Jahre 1908 – links das Hotel ›Nassauer Hof‹ und ganz rechts eine kleine Ecke vom Hotel ›Vier Jahreszeiten‹.

Wiesbaden, in seinen prägenden Bauten und Stadtteilen in den rund fünfzig Jahren zwischen den Kriegen von 1870/71 und 1914/18 erbaut, ist wie ein Museum dieses Baustils und dessen, was er ausdrückte – nein, ist eigentlich ein Wesen aus dieser Zeit. Hier und da hat dieses Geschöpf Runzeln und Narben, im Ganzen aber ist es erstaunlich lebendig, erstaunlich selbstbewusst, sagt: Seht her! So kann der Mensch auch leben! In meterhohen Räumen mit Stuck an Wänden und Decken, mit Speisezimmern und Herrenzimmern, mit Marmor im Treppenhaus, bleiverglasten Fenstern und Geländern aus Schmiedeeisen und Harthölzern, die der Hand schmeicheln. Hier können Kinder rutschen (dürfen aber nicht!) und alte Damen Halt finden. Jedesmal, wenn ein solches Haus stilsicher renoviert wird, ist die Stadt ein Stück reicher und die Menschheit auch.

Wiesbaden bemüht sich, mit seinen Solitären und seinen Vierteln im historischen Stil Anerkennung als ›Weltkulturerbe‹ zu finden. Dieses Buch will es bei diesem Bemühen unterstützen. Und schließlich die Postkarten! Sie haben die ›Belle Epoque‹ ein für alle Mal festgehalten. Die Ansichtskarten bilden die Häuser nicht nur ab, sie geben auch erstaunlich genau ihr Wesen und den Geist der Zeit wieder, besser als jeder Bauplan und jede Baubeschreibung es könnten. Höchstens ein Börsenprospekt könnte ähnlich aufschlussreich sein!

Von 1886 bis 1900 gab es in Wiesbaden Privat-Stadt-Post mit eigenen Briefmarken. Zuletzt leitete sie Albert Kahleis, der älteste Briefträger der Anstalt. Sie wurde dann für eine Abfindung von 2 732,80 Mark von der Reichspost übernommen.

Einleitung

Gruppenbild mit Hüten: Illustre Gesellschaft vor den Kochbrunnenkolonnaden.

EINLEITUNG

HEISSE WASSER

Der Kochbrunnen und fünfundzwanzig andere heiße Quellen waren zu allen Zeiten der Reichtum Wiesbadens. Die Römer, die eigentlichen Gründer der Stadt, nannten ihren Mainzer Vorposten ›Aquae Mattiacorum‹ – die Wasser der Mattiaker – und etablierten hier bedeutende Thermen. Das Badeleben war zu römischer Zeit so international, wie es erst wieder in preußischer Zeit wurde, also zur Zeit der Jahrhundertwende von 1900.

Die Mattiaker waren ein germanischer Stamm, den Kaiser Domitian hatte unterwerfen lassen und der zu einem treuen Verbündeten der (reichen) Sieger wurde. In gewisser Weise ähnelte das Verhältnis der Mattiaker zu den Römern dem der Wiesbadener zu den Siegern von 1945. Die Frage ist nur, ob dieses schöne Verhältnis auch Jahrhunderte halten wird.

Tacitus lobte die Mattiaker in seiner ›Germania‹ so: »Sie haben Gebiet und Wohnsitz auf germanischer Seite, doch Herz und Gesinnung bei uns.« Der Hohe Kommissar McCloy, der amerikanische Statthalter in Deutschland, fand schon 1950 für seine Wiesbadener ähnlich auszeichnende Worte.

Ein langer Weg

Nach dem Untergang des Römischen Reiches war Wiesbaden über Jahrhunderte kaum mehr als eine Landgemeinde, mal mit, mal ohne Burg. Aber immer mit Bädern und Badehäusern, wie einfach sie zeitweise auch waren.

Im Mittelalter wurde von der Kanzel herab vor den lockeren Sitten hierorts gewarnt – auch damals die beste Reklame! Um 1600 gab es in Wiesbaden immerhin fünfundzwanzig Badehäuser, darunter seit 1486 den ›Schwarzen Bock‹ und seit 1500 die ›Badherberg zur Rosen‹, beide am Kochbrunnen.

Apropos Kochbrunnen. Er ist mit 67° Celsius eine der heißesten Thermalquellen in Europa und mit einer Schüttung von 300 bis 350 Litern pro

Schlank und attraktiv – Werbedame für Wiesbadener Kochbrunnenwasser.

Minute auch eine der stärksten. Aus den sechsundzwanzig heißen Quellen auf dem Gebiet der heutigen Innenstadt sprudeln täglich insgesamt rund zwei Millionen Liter Mineralwasser. (Zum Vergleich: In Baden-Baden liefern die Quellen nicht einmal die Hälfte davon.)

AUFSTIEG ZUM ›BADEORT‹

1806 wurde Wiesbaden mit seinen dreitausend Einwohnern zur herzoglichen Residenzstadt erhoben; die Badehäuser wurden erweitert und verschönert und die Preise stiegen.

Im Frühjahr 1814 entschloss sich Goethe, in dieser Saison von den böhmischen Bädern abzusehen, die er bislang besucht hatte. Wiesbaden blühte zu der Zeit auf, hatte frischen Ruhm. Die Attraktion des Ortes war das 1810 neu erbaute (erste) Kurhaus mit seinem Kursaal und seiner Spielbank, die Umgebung galt als lieblich, das Publikum als gebildet. Warum also nicht mal Wiesbaden?

Als vorsichtiger Mensch erkundigte sich der Dichter rechtzeitig bei einem Freund, was er zu gewärtigen hätte: »Möchten Sie mir aber eine Schilderung von Wiesbaden geben und von der Lebensart daselbst, nicht weniger, was eine Person mit einem Bediensteten auf einen vier- oder sechswöchigen Aufenthalt zu verwenden hätte.« Man versprach ihm: Ist bezahlbar!

Als er dann hier war, fand er die Sache teurer als erwartet: »Man spürt hier sehr, dass die Münze rund ist.«

Spätestens um 1840 begann Wiesbadens glanzvolle Zeit als ›Badeort‹. Europäischer Adel und wohlhabendes Bürgertum etablierten die ›Kur‹ und die ›Saison‹.

1866 besetzten die Preußen die Stadt und beendeten die nassauische Ära, die immerhin siebenhundert Jahre gehalten hatte. Wilhelm II., ein Wohltäter der Stadt, und Oberbürgermeister Carl von Ibell (Bei-

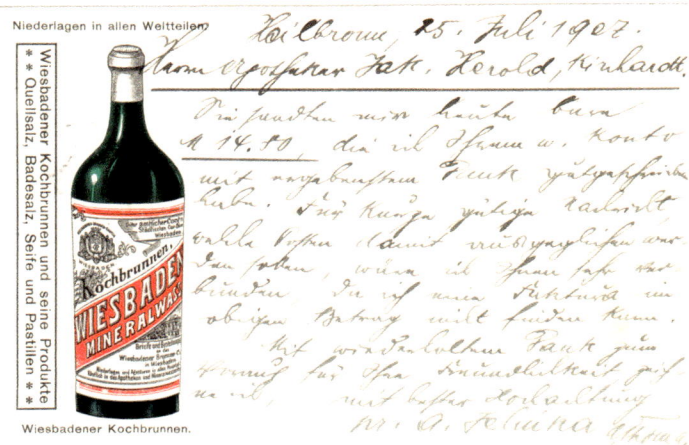

Eine 100 Jahre alte Werbekarte vom Wiesbadener Brunnen-Contor mit einer Auswahl der umfangreichen Produkte der Kochbrunnen-Quellen-Erzeugnisse.

name: ›Der Prachtliebende‹) legten die Grundsteine zu einer Großstadt im Grünen: Regierungs- und Verwaltungsgebäude entstanden, das Staatstheater und das (jetzige) Kurhaus. Baukosten des Kurhauses: ungeheure sechs Millionen Goldmark, und über dem Portal in riesigen Buchstaben der römische Name der Stadt! Kann man dankbarer sein?

Während des ganzen 19. Jahrhunderts wurden die Verkehrsverbindungen konsequent ausgebaut, erst die Landstraßen und Postkutschen-Linien, dann die Eisenbahnen. Die ›Taunusbahn‹ zwischen Wiesbaden und Frankfurt war eine der ersten Eisenbahnlinien in Deutschland. Seit April 1840 verkehrte sie in den Sommermonaten täglich sechsmal und in den Wintermonaten viermal

Einleitung

Eisenbahn-Kulisse beim Photographen für das Familienphoto.

zwischen beiden Städten, Fahrzeit damals wie heute fünfzig Minuten. Besonders angenehm war es, mit einem der behäbigen Rheindampfer anzureisen. Die Straßenbahn zwischen Wiesbaden und dem Biebricher Rheinufer führte eigene Anhänger für das Gepäck der Reisenden mit.

Zwischen 1880 und 1905 verdoppelte sich die Zahl der Einwohner Wiesbadens. Villen und Häuser im Baustil von Historismus, Klassizismus und Jugendstil prägten das Stadtbild. Wiesbadens besondere Atmosphäre zog viele Künstler an, etwa Johannes Brahms und Richard Wagner, Felix Mendelssohn-Bartholdy, Robert Schumann, Nicolo Paganini, Franz Liszt, Clara Schumann, Richard Strauss oder Igor Strawinsky. Gern verweist die Fremdenverkehrswerbung heute noch auf die Besuche von Turgenjew, Dostojewski, Honoré de Balzac und auf die Tatsache, dass der Expressionist Alexej von Jawlensky hier bedeutende Arbeiten schuf.

BOOMTOWN

Im Jahre 1883 hatte Wiesbaden rund 80 000 Kurgäste. Eine Zahl, die kontinuierlich anstieg: zehn Jahre später gab es bereits 100 000 Besucher. Bis 1914 verdoppelte sich die Zahl dann noch einmal. Wesentlich dabei war, dass man seit den Achtzigerjahren ›Winterkuren‹ anbot – die Saison dauerte nun doppelt so lange.

Diese insgesamt so erfreuliche Entwicklung veranlasste die Hotel- und Badhausbesitzer, großzügige, ja für die Zeit exorbitante Neubauten zu wagen, die hauptsächlich in den Jahren zwischen 1894 und 1906 auf dem Kochbrunnen-Areal, dem Kaiser-Friedrich-Platz sowie dem Adler-Terrain entstanden.

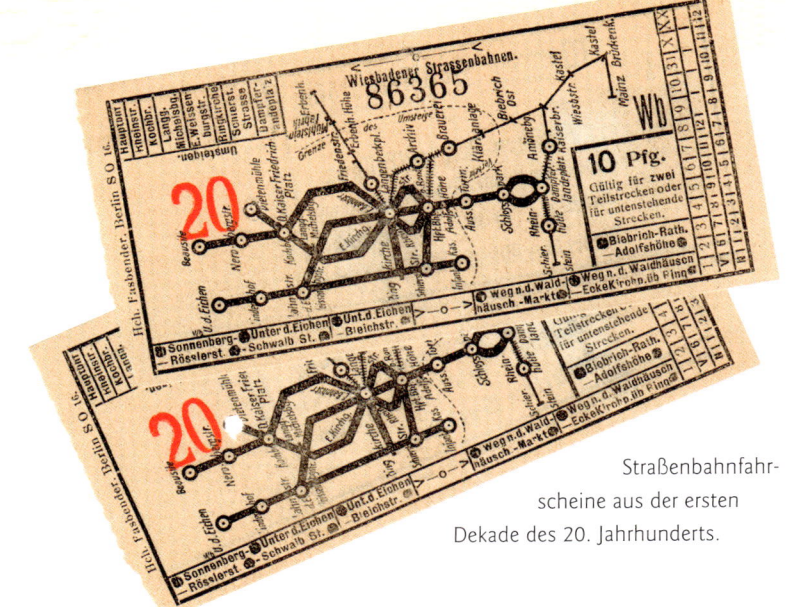

Straßenbahnfahrscheine aus der ersten Dekade des 20. Jahrhunderts.

Des Weiteren wurden zahlreiche neue Privathotels und Logierhäuser eröffnet. Diese bezogen ihr Thermalwasser in Fässern und konnten deswegen wahrheitsgemäß mit »Thermalbäder in allen Etagen« werben.

Hinzu kamen noch die ab den Achtzigerjahren steigende Anzahl von Heilanstalten, die ebenfalls zahlreiche Gäste und Patienten aufnahmen. In diesen Einrichtungen wurden die verschiedensten Krankheiten behandelt, die Vielfalt der Therapien erstaunt: Magen-Darm-Krankheiten wurden behandelt, Rheuma, Gicht, Nerven- und Suchtkrankheiten, orthopädische und chronische Leiden sowie Krankheiten der Atemwege.

Für das florierende Badewesen hatten vor allem das ›Augusta-Victoria-Bad‹ und das ›Kaiser-Friedrich-Bad‹, das städtische Kurmittelhaus, entscheidende Bedeutung.

Spätestens seit Mitte des 19. Jahrhunderts war Wiesbaden die Welthauptstadt der Spitzen-Hotellerie. Nirgends gab es so viele Grand-Hotels

Elektrischer Staßenbahntriebwagen der I. Baureihe aus dem Jahre 1896, der von der Firma Falkenried in Hamburg hergestellt wurde.

Das Wiesbadener Adressbuch für die Jahre 1901 bis 1902.

Einleitung

Wiesbaden. Inneres der Kochbr.

Frauen in weißen Schürzen bedienten die Gäste in der Trinkhalle mit frischem Quellwasser aus dem Kochbrunnen.

Einleitung

wie hier, und die meisten davon hatten direkten Zugang zu einer der Heilquellen. Umgerechnet auf die heutigen Maßstäbe gab es kurz nach der Jahrhundertwende achtzig Fünf-Sterne-Hotels in der Stadt!

Das Palast-Hotel, eines der wenigen Grandhotels im konsequenten Jugendstil, war das erste Haus in Deutschland mit Zimmertelefon. Wichtiger: Es ist auf den Grundmauern der römischen Thermen errichtet!

Als die Grandhotels gebaut wurden, die in diesem Band vorgestellt werden, waren sie für die Einwohnerschaft Grund des Stolzes und der Hoffnung. Sie signalisierten Aufschwung, dauerhaftes Geschäft für das Bürgertum respektive Lohn und Brot für die ›arbeitende Klasse‹. Die Tatsache, dass man ›Weltkurstadt‹ war, befriedigte den Lokalstolz, und dass man dem Kaiser bei seinem Morgenausritt ins Nerotal mit Papierfähnchen zujubeln durfte, beeindruckte die Schulkinder und ihren Kaiser gleichermaßen.

Die großen Hotels waren gewaltige Maschinen. Der ›Nassauer Hof‹ mit seinen Hunderten von Zimmern benötigte Hunderte von Menschen, die ihn in Trab und auf Hochglanz hielten. Auch von ihnen erfährt man in diesem Band.

Die mondäne ›Kur‹, wie sie in vielen Unterhaltungsromanen der Zeit beschrieben wurde, war an ein genau definiertes Publikum – Zielgruppe würde man heute sagen – gebunden. Wohlstand und Reichtum und der Ehrgeiz, möglichst viel davon zu zeigen, war ihre Grundlage. Die heilenden Quellen Wiesbadens gehörten natürlich auch dazu und ein hoch entwickeltes ›Badewesen‹ mit ›Badeärzten‹, Badevorschriften und einer speziellen Sprache: hochwichtig und permanenten Fortschritt signalisierend.

Über das ›Quell-Emanatorium‹, einer Einrichtung in den Kochbrunnen-Wandelhallen, verbreitete sich die Stadt Wiesbaden zum Beispiel so: »Es ist nachgewiesen worden, dass bei dieser Methode weit größere Mengen von Radium-Emanation vom menschlichen Körper aufgenommen werden als bei jeder anderen Anwendungsform. Dabei ist jedoch wesentlich, dass die Inhalation in einem geschlossenen Raume stattfindet, aus welchem die Emanation nicht entweichen kann. Natürlich ist Sorge dafür getragen, dass, wenn sie auch als solche in der Atmosphäre erhalten bleibt, diese einer dauernden und gründlichen Reinigung unterzogen wird. Dieses Prinzip ist Eigentum der Radiogen-Gesellschaft in Charlottenburg und

GEORGES PEREC UND DIE PHILOSOPHIE
»Was heißt das, ein Zimmer bewohnen? Heißt, einen Ort bewohnen, ihn sich aneignen? Was heißt, sich einen Ort aneignen? Ab wann wird der Ort wirklich der Ihre?«

nach deren Patent ist das Quell-Emanatorium der Stadt Wiesbaden ausgeführt.«

Und mit diesem Text warb der ›Nassauer Hof‹ für sich: »In schönster Lage, am Kaiser Friedrich-Platz. Gegenüber dem Kurhaus und dem Königlichen Theater. 300 Zimmer und Wohnräume meist mit Balkons; Privatbadezimmer mit Süß- und Thermalwasser u.s.w. Zwei eigne Badehäuser für Thermalwasser- und andere Bäder. Direkte Fahrstuhlverbindung innerhalb des Hotels. Medico-Mechanisches Institut nach Zander. Grosse Halle, luftige Gesellschafts- und Speiseräume, Marmorsaal für Privatbälle u.s.w. Süd- und Ostlage. Durchlaufende, durchaus schattige ruhige Gartenwohnungen. Vornehme Speise- und Erfrischungsräume. 5-Uhr-Tee. 2mal täglich Künstlerkonzert. Kraftwagenhalle beim Hotel. Reise- und Theaterbüro im Hause.«

Welche Wünsche konnten da noch offen bleiben? Zweimal täglich Künstlerkonzert!

Auch für zu Hause: Kochbrunnen-Mineralwasser für die Gesundheit.

EINLEITUNG

DER ZEITGEIST IM FORMAT 9 MAL 14 CM

Alles hat seine Zeit. Die Zeit der Postkarte war die Belle Epoque. Die Reichspost wollte es genau wissen; sie ließ zählen, wie viel Postkarten ihr fleißiges Personal in der Woche vom 9. August 1900, zwölf Uhr mittags, bis zum 16. August, ebenfalls zwölf Uhr mittags, beförderte. Das Ergebnis: 10 128 569 Postkarten, täglich rund anderthalb Millionen Karten also. Drei Jahre später, 1913, auf dem Höhepunkt der Kartenschreiberei, expedierte die Reichspost etwa zwei Milliarden Postkarten pro anno. Die Nullen hören nimmer auf …

Das Postkarten-Schreiben und Verschicken hatte sich zu einer Manie entwickelt. In einem zeitgenössischen Leserbrief heißt es: »Der Pfad der Touristen ist markiert von Postkartenschreibern. Man betritt einen Bahnhof. Jedermann auf dem Bahnsteig hat einen Bleistift in der einen und eine Postkarte in der anderen Hand. Im Zug dasselbe. Die Reisenden unterhalten sich nicht. Sie haben kleine Stöße von Ansichtskarten auf dem Sitz neben sich und schreiben eintönig vor sich hin. Unter den schattigen Bäumen, an den Ufern der Seen, in den Parks ist jeder Platz belegt von Postkartenschreibern. Wenn eine Dame ihre Korrespondenz beendet hat, lässt sich eine andere mit einem Stoß Karten und einem Bleistift auf dem freien Platz nieder.« Die einfachsten Texte lauteten: ›Grüße aus …‹ oder ›Sehr herzliche Grüße aus…‹ Bedauert wurde, dass der Adressat nicht ebenfalls anwesend sein konnte und daher nicht die Möglichkeit hatte, die oben abgebildeten Schönheiten mit eigenen Augen zu sehen. (Lange durften die Karten nur auf der Bildseite beschrieben werden! Das ›Postwenden‹ kam erst nach dem Ersten Weltkrieg, der damals nur Weltkrieg hieß.)

Für höhere Ansprüche gab es vorfabrizierte Texte, die man aus Taschenbüchlein abschrei-

Der Briefträger grüßt aus Wiesbaden, mit einem Leporello von Stadtansichten aus dem Jahr 1912 in seiner Posttasche.

Gruss aus

ben konnte. Die Wiesbadener Druckerei Bechtold gab zum Beispiel um 1900 einen kleinen handlichen Ratgeber heraus mit dem Titel: »Kleine Correspondenz-Gedichtchen für Ansichts-Postkarten«. Kostprobe gefällig? »Am Bahnhof sitz ich hier / Und da die Wartezeit erst halb um / So sende ich diese Grüße Dir / Und diese Karte für Dein Album«.

Ansichtskarten wurden mithin in Alben gesammelt; im Idealfall ersetzten sie die eigene Reise.

München. Eine durchschnittlich große Frankfurter Postkarten-Fabrikation druckte pro Tag bis zu hundert Postkarten-Motive. Besonders renommiert war Hagelberg in Berlin mit 1 300 (schlecht bezahlten) Beschäftigten – wie die ganze ›Luxuspapier-Industrie‹ mit niedrigsten Löhnen und miserabel bezahlter Heimarbeit durchkam.

Umgekehrt wurde für Karten auch nicht viel gezahlt: Ansichtskarten einfacher Art konnte man – bei der Abnahme von hundert Stück – schon zu 2,5 Pfennig das Exemplar haben. ›Wiesbaden im Mondenschein‹ mit raffinierten Effekten kostete allerdings 15 Pfennig die Karte.

Eine Kleeblattkarte mit Stadtansichten aus dem Jahre 1900, auf der bunter Glimmer appliziert ist.

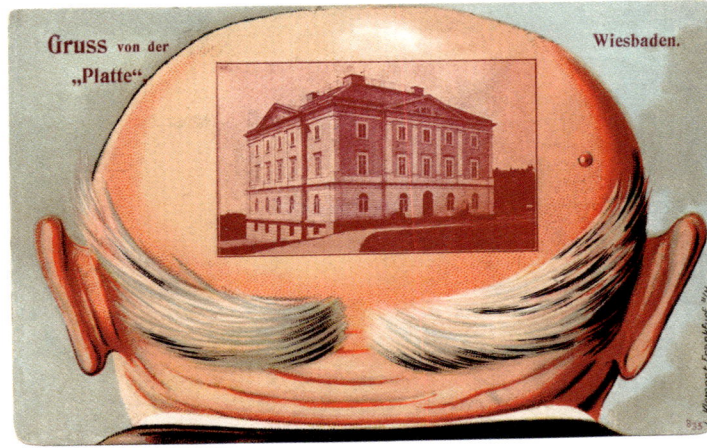

Auch damals gab es originelle und witzige Ansichtskarten, wie diese von der ›Platte‹

Als Motive gab es alles, was als sehenswert angesehen wurde: Schönheiten der Landschaft, attraktive Bauten, das Äußere und Innere von Hotels, Stillleben, drollige Szenen aus dem Leben von Erwachsenen und Kindern.

Überhaupt der Humor! Er durfte keinesfalls fehlen. Ein ›Gruß von der Platte‹ zeigte zum Beispiel das Wiesbadener Jagdschloss Platte, aufgeklebt auf eine Glatze. Haben wir gelacht!

WER WAS DRUCKT

Millionen von Karten mit einer unübersehbaren Anzahl von Motiven bedeuteten Hunderte von Kartenherstellern. Die großen Fabriken saßen in Berlin, Hamburg, Leipzig, Dresden, Nürnberg und

Wiesbaden, eine der Touristen-Attraktionen der Welt, ernährte drei bedeutende Postkarten-Hersteller: die Buchdruckerei Rudolph Bechtold in der Luisenstraße 33. Des Weiteren Franz Bossong, eine Buchhandlung mit Antiquariat, Buchdruck und Lithographischer Anstalt in der Mauritiusstraße und Carl v. d. Boogaart in der Winkeler Straße. Boogaart bezeichnete sich 1912 als »Größter Verlag in Wiesbadener Ansichtskarten«. Als seine ›Spezialität‹ nannte er »das Herstellen von künstlerisch ausgeführten Ansichts- und Reklamekarten«. Vor allem »Fabrik-Etablissements-, Häuser- und Villen-Besitzern« empfahl er »die Anfertigung von Postkarten mit der Ansicht des eigenen Besitztums.«

Einleitung

Die Postkarte als solche hatte um 1865 als ›Correspondenzkarte‹ begonnen. So wie man sich heute per SMS ein paar Sätze zuschickt, wollte man sich Grüße und kurze Nachrichten zukommen lassen. Anfangs gab's Bedenken. Wenn jeder alles lesen konnte, dann erfuhren ja die Dienstboten aus erster Hand, was ihre Herrschaften dachten und taten. Das fand man äußerst bedenklich.

Bedenken hin oder her, 1869 wurde die ›Correspondenzkarte‹ in Österreich eingeführt, 1870 zog der Norddeutsche Bund nach, gefolgt von den Königreichen Bayern und Württemberg und dem Großherzogtum Baden. Der Run setzte ein, als das

Zwei grafisch sehr einfallsreiche Postkarten zum Nachtleben (1902) und für das immer populärer werdende Autoreisen (1906).

Kartenporto auf die Hälfte des Briefportos herabgesetzt wurde.

Bereits zwei Monate nach ihrer Einführung waren zwei Millionen Postkarten in Deutschland unterwegs, und der Strom wurde noch stärker, als Bismarck den Krieg von 1870/71 vom Zaun brach. Die Soldaten konnten ihre Postkarten verbilligt versenden, dies war der endgültige Durchbruch für die Postkarte.

Raffinessen

Die ersten Korrespondenzkarten waren vollkommen schmucklos, auf der Rückseite war Raum für die Adresse vorgesehen, auf der Vorderseite stand die Mitteilung. Sehr schnell wurde aber dann die Bildpostkarte eingeführt. Wahrscheinlich hat ein Hofbuchhändler in Oldenburg 1870 die erste Bildpostkarte aufgelegt.

Die Drucktechnik verfeinerte sich kontinuierlich: ein Teil der Karten wurde bald chromolithographisch (mehrfarbig) bedruckt. Daneben wurden weiter einfarbige Lichtdrucke nach Fotos, Radierungen, Kupfertiefdrucke, flächige Steindrucke, Autotypien oder echte Abzüge von Fotografien hergestellt. Kombiniert wurden sehr häufig der Lichtdruck und die Chromolithographie. Die Vielseitigkeit wurde noch durch Stanzungen, Prägungen, Applikationen und andere Finessen

JOHANN WOLFGANG VON GOETHE ÜBER DIE KUR:
»Beim Baden sei es erste Pflicht, dass man sich nicht den Kopf zerbricht, Und dass man nur studiere, wie man das lustige Leben führe«.

gesteigert. Es gab Vögel mit Federn, Puppen mit Augen, tönende Postkarten, Postkarten mit Glasstaub (sehr giftig, aber sehr begehrt). Es gab Karten mit Veilchenduft, solche, die beim Drücken quiekten oder durch Drehen und Ziehen verändert werden konnten. Nachdem zunächst Ansichtskarten überwogen hatten, erschienen auf dem Markt um die Jahrhundertwende auch riesige Mengen von Postkarten mit Glückwünschen zu den unterschiedlichsten Anlässen. Man erfreute mit schönen Frauen, berühmten Liebespaaren, exquisiten Landschaften, herzigen Tieren, ulkigen Szenen, Porträts von Fürsten, Generälen, Politikern, Künstlern etc. Es gab kaum ein Thema, das nicht auf Postkarten erschien.

Es gab Klapp- oder Jalousiekarten: Wenn man unten an einem Stab zog, entstand eine völlig andere Abbildung. Es gab schon früh durchscheinende und fluoreszierende Karten. Ebenfalls ganz früh wurden Duftkarten hergestellt, an denen durch Reibung der Duft freigesetzt wurde, und manche Karten riechen sogar heute noch.

Es gab Postkarten, die Zukunftsvisionen vermittelten, z. B. Wiesbaden-Karten mit Phantasie-Flugkörpern am Himmel. Es existierten Judaica-Postkarten, die sich in erster Linie an jüdische Adressaten wandten. Die Bandbreite der vorgestellten Postkarten reichte von Synagogenansichten über Darstellungen jüdischer Bräuche und Porträts bedeutender Persönlichkeiten bis hin zu jüdischen Feldpostkarten aus dem Ersten Weltkrieg.

Es gab eigentlich nichts, was es nicht auf Postkarten gab. Erotisch gefärbte Karten wurden unter der Ladentheke gehandelt!

GLÜCKSFALL

Anders formuliert: die Postkarte aus der Jahrhundertwende von 1900 ist der direkte und unverfälschte Ausweis des damaligen Zeitgeists. Noch deutlicher als Fotos aus der Zeit drücken sie aus, was gedacht und gefühlt wurde.

Daher haben sich die Herausgeber entschlossen, diesen Bildband beinahe ausschließlich mit alten Postkarten zu illustrieren. Und: Glücklicherweise sammelt Detlef Schaller seit Jahrzehnten Wiesbaden-Ansichtskarten, besitzt mithin eine stattliche Sammlung dieses Spezialgebiets.

Nicht nur Brunnenwasser – auch Bier gab es zu trinken.

HOTEL NASSAUER HOF

Der Kaiser-Friedrich-Platz mit Blick auf das Hotel ›Nassauer Hof‹.

GÄSTE UND ANDERE PROMINENTE

Der ›Nassauer Hof‹ an der Wilhelmstraße und am Kaiser-Friedrich-Platz – noch heute Wiesbadens Luxushotel der höchsten Kategorie; fünf Sterne Superior – wurde innerhalb von zehn Jahren erbaut: zwischen 1897 und 1907.

Auf dem Grundstück hatte früher (etwa ab 1813) der alte ›Nassauer Hof‹, ein gutbürgerlicher Gasthof, und das Herzoglich-Nassauische und später Königlich-Preußische Hoftheater gestanden. Beide Gebäude wurden für den Prachtbau abgerissen. Der Geist von Repräsentation und Würde, der ihnen eigen war, ging sozusagen auf das neue Haus

über. Vom ersten Tag an wurde das Hotel als etwas Besonderes empfunden.

Ein Berliner Blatt schrieb 1907: »... erhebt sich jetzt in hellschimmernder Pracht ein imposanter Palast, der neue ›Nassauer Hof‹. Da vereinigen sich im Inneren und im Äußeren Luxus und Gediegenheit, großweltlicher Komfort und zeitgemäße Hygiene, höchst künstlerische Ausstattung und vollkommenste praktische Einrichtung.«

Beinahe jedes der rund zweihundert Zimmer wurde beschrieben: »Teils im ruhig wirkenden englischen Stil gehalten, teils im kapriziösen Rokoko eingerichtet ... Es gibt einzelne und ineinandergehende Zimmer, aber auch ganze Familienwohnungen, deren Salons mit den schönsten Kaminverkleidungen ausgestattet sind.«

Des Weiteren wurde gesagt: »Von den im ersten Stock gelegenen Speisesälen ist der größte und prächtigste der sogenannte ›Marmorsaal‹, während die anderen durch ihre intime Eleganz anheimeln. Außerdem gibt es natürlich besondere Lese-, Schreib-, Konversations- und Billardzimmer, während im Damensalon ein vorzüglicher Flügel aufgestellt ist. Ein lauschiger Wintergarten endlich lädt zum Plaudern ein, und in der Halle, dem sogenannten Süd-Foyer mit Blick auf Straße und (Kaiser-Friedrich-) Platz, kann man es sich in ›Easy-Chairs‹ bequem machen.«

Wilhelmstraße mit ›Nassauer Hof‹ und Hotel ›Vier Jahreszeiten‹.

JOSEPH ROTH ÜBER SEIN WAHRES ZUHAUSE:
»Wie andere Männer zu Heim und Herd, zu Weib und Kind heimkehren, so komme ich zurück zu Licht und Halle, Zimmermädchen und Portier.«

Lässt man diese Worte auf der Zunge zergehen, entsteht eine Welt, wie sie der moderne Mensch nur noch aus dem sehr romantischen Katastrophenfilm ›Titanic‹ kennt (und natürlich aus den Romanen von Fontane): Damen und Herren, die in Abendgarderobe über elegante Treppen schreiten, Konversationszimmer, in denen Bankiers bei einer guten Zigarre und einem exquisiten Cognac ihre Geschäfte besprechen, Schreibzimmer, in denen den Lieben zu Hause in langen Briefen von den ›Erfolgen‹ in Wiesbaden berichtet wird.

Seit 2001 gehört das Hotel einer privaten Investorengruppe, die einen Immobilienfonds ›Hotel Nassauer Hof in Wiesbaden Dr. Herbert Ebertz KG, Köln‹ gründete. Betrieben wird das Hotel von der Nassauer Hof GmbH, deren Gesellschafter sind zu je 50 % die Firmengruppe Dr. Eberts und Karl Nüser. Das Haus hat mit 5 Sternen Superior im Jahr 2005 die höchst mögliche Hotel-Klassifizierung in Deutschland erhalten. Es ist ein Solitär unter den Grand Hotels und wird seinem Ruf als Luxushotel in allen Bereichen gerecht. Mit der ›Ente‹ und der ›Orangerie‹ befinden sich zwei Restaurants der Spitzengastronomie im Haus.

HOTEL HEUTE

HOTEL NASSAUER HOF

Aus dem ›Hotel Block‹ machte die Nassauer Hof Aktiengesellschaft nach der Übernahme das ›Hotel Cecilie‹.

Bilderseite vorher: Rote Marmorsäulen und imposante Kronenleuchter im Restaurant ›Kaisersaal‹ des ›Nassauer Hofs‹ spiegeln die Epoche wider.

Sei es, dass das Fräulein Tochter angehimmelt wurde, der Frau Mama entzückende Komplimente gemacht wurden oder der Herr Papa sich, von der Kochbrunnenkur gestärkt, als neuer Mensch gibt – wesentlich tatkräftiger als vorher und entschlossen, den Lebenskampf wieder aufzunehmen.

Allein das Wort ›Damensalon‹ beschwört eine ganze Welt: Generalswitwen und besorgte Mütter mit fünf Töchtern, die alle noch unter die Haube gebracht werden müssen, die ›Geschiedene‹, die eigentlich hier nichts zu suchen hat. Dann gibt es die dankbare Breslauer Fabrikantengattin, die es nicht fassen kann, dass man sie in diesem erlauchten Kreis duldet. Die ›Mondäne‹ mit den beiden ›Windspielen‹ aus dem zweiten Stock, die, wie man hört, ein Verhältnis mit einem Wiener Literaten unterhält, ist im Damensalon Gesprächsstoff, lässt sich aus gutem Grund jedoch hier nie blicken. Nicht einmal, wenn der göttliche Pianist Soundso aus Paris spielt. Man verachtet sich gegenseitig.

Ein Paradebeispiel für den Baustil des Historismus ist die prunkvolle Fassade des ›Nassauer Hofs‹.

ANAÏS NIN ÜBER EUROPA UND AMERIKA:
»In amerikanischen Hotelzimmern findet man keine Spuren anderer Hotelgäste. Hier dagegen strömten die sanfte, zartgelbe Tapete, der leicht verblasste Teppich, die schweren Samtportieren, das Telefon und die Klingeln Leben aus. Das Zimmer war erfüllt von erotischer Brillanz und vergangenen Gästen.«

Bei Reisenden außerordentlich beliebt: Der Kofferaufkleber.

Bis 1914 (und auch danach) begrüßte die Direktion des ›Nassauer Hofs‹ zahlreiche Könige, Fürsten, Politiker, einflussreiche ›Industriemagnaten‹, ›Wirtschaftslenker‹, und prominente Künstler. Kaiser Wilhelm II. und Zar Nikolaus II. trafen sich 1903 im ›Nassauer Hof‹ zu einem ›Gipfeltreffen‹. Wer hätte da ahnen können, dass ausgerechnet sie die Totengräber des alten Europa wurden?

Ein Spaziergang auf der ›Rue‹ gehörte auch für die Gäste des ›Nassauer Hofs‹ zur Pflicht.

Hotel Nassauer Hof

Familienbesitz

Der ›Nassauer Hof‹ hatte Vorläufer. In römischer Zeit badeten genau an der Stelle, an der später das Grandhotel errichtet wurde, Soldaten und Zivilisten aus dem ganzen Imperium Romanum im Kochbrunnenwasser.

Im Jahr 829 taucht der Name ›Wisibada‹ zum ersten Mal in einer Urkunde auf. Zu der Zeit stand hier eine ›heriberga‹, ein Gasthof für die Königsboten samt Ställen für die Kurierpferde. In nassauischer Zeit wurde daraus ein Marstall für die fürstlichen Pferde. Im Dreißigjährigen Krieg wurde Wiesbaden zur Wüstenei; der Marstall niedergebrannt. In den Jahrzehnten und Jahrhunderten danach existierte hier ein Gasthaus, möglicherweise auch ein Badhaus oder beides zusammen.

Das Bowling-Green: Damals ein imposanter Blumengarten mit Spazierwegen.

Genaues weiß man erst wieder vom Anfang des 19. Jahrhunderts. Da legte Johann Freinsheim, Wirt des Gasthofs ›Zum Ritter‹, sein Haus nieder, und ließ an seiner Stelle ein neues errichten, das den Ansprüchen von damals gerecht wurde. Wiesbaden war 1806 Hauptstadt des funkelnagelneuen Herzogtums Nassau geworden und dies verpflichtete. 1813 eröffnete Freinsheim sein neues Haus – ein gediegenes Gebäude mit Walmdach und ausreichenden Stallungen – unter dem verpflichtenden Namen ›Zum Deutschen Haus‹.

1819, nach dem Tod des Vorbesitzers, kaufte Johann Friedrich Goetz, ein erfahrener Gastwirt und mutiger Mensch, für genau 20005 Gulden das ›Deutsche Haus‹ und taufte es in ›Nassauer Hof‹ um. 1829/30 wurde ausgebaut: Das Haus (nun ›Gast- und Badehaus‹) bekam einen zweiten

„Es gibt noch etwas anderes als Moden;
es gibt Werte, es gibt Wahrheiten."

Simone de Beauvoir

Ibrahim Demir fertigt seit mehr als zehn Jahren Maßschuhe. Handgenäht, aus duftendem Leder präzise gefertigt. Solide und stilecht.

MASSSCHUHE. MASSKONFEKTION. REPARATURSERVICE.

DEMIR
Handgearbeitete Maßschuhe

Schuhatelier Ibrahim Demir   Webergasse 1/Nassauer Hof   65183 Wiesbaden   Tel 0611 3415342
mail@schuh-demir.de   www.schuh-demir.de

Hotel Nassauer Hof

Das Kaiser-Friedrich-Denkmal (eingeweiht am 18. Oktober 1897) vor dem Hotel ›Nassauer Hof‹

Hotel Nassau.

Stock, einen Erker als Zierde und Ställe für achtzig Pferde. Ansonsten war man für ein gutbürgerliches Publikum da: Die besseren Kurfremden wohnten damals meist im ›Adler‹ oder in den ›Vier Jahreszeiten‹.

Der ›Adler‹ war über mehrere Jahrhunderte das Maß der Wiesbadener Hotellerie. Mithin wird sich Friedrich Goetz darüber nicht gegrämt haben. Die ›Vier Jahreszeiten‹ standen aber vis-à-vis, auf der anderen Seite des Theaterplatzes, und insofern wird jeder bessere Gast dort wie ein Messerstich gewirkt haben. Erst um 1830 erlangte der ›Nassauer Hof‹ die Konzession, seine Herrschaften bekochen zu dürfen! Vorher musste für jeden Gast, der im Haus essen wollte, eine Magd oder ein Hausdiener ausgeschickt werden, die Gerichte in der Nachbarschaft zu holen.

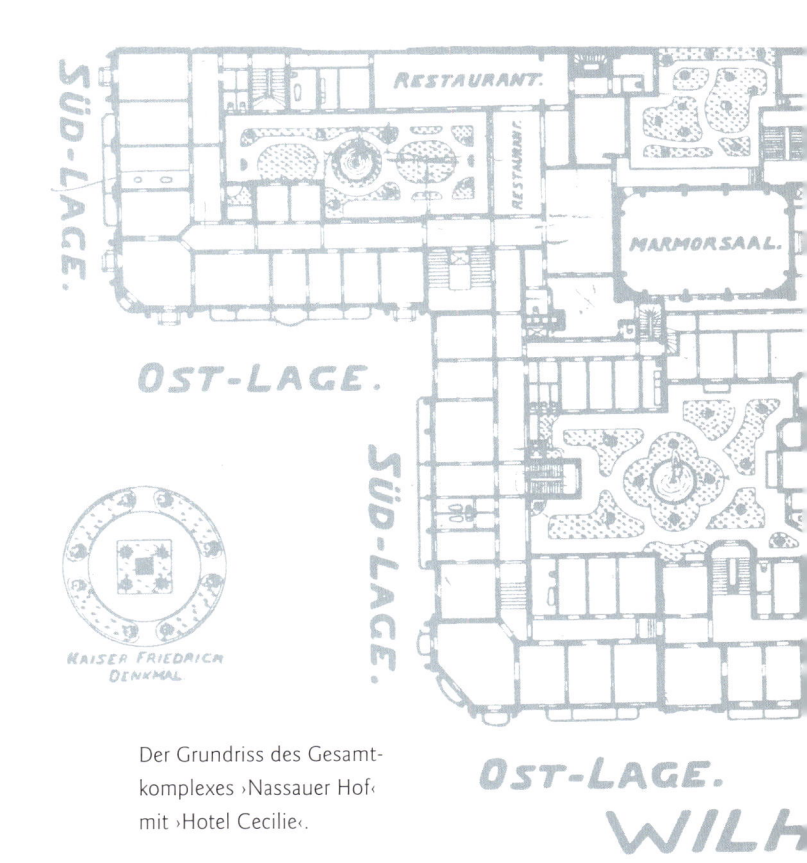

Der Grundriss des Gesamtkomplexes ›Nassauer Hof‹ mit ›Hotel Cecilie‹.

Der Kaiser-Friedrich-Platz mit dem Hotel ›Nassauer Hof‹.

Eine internationale Anzeige des Hotels.

Hotel Nassauer Hof

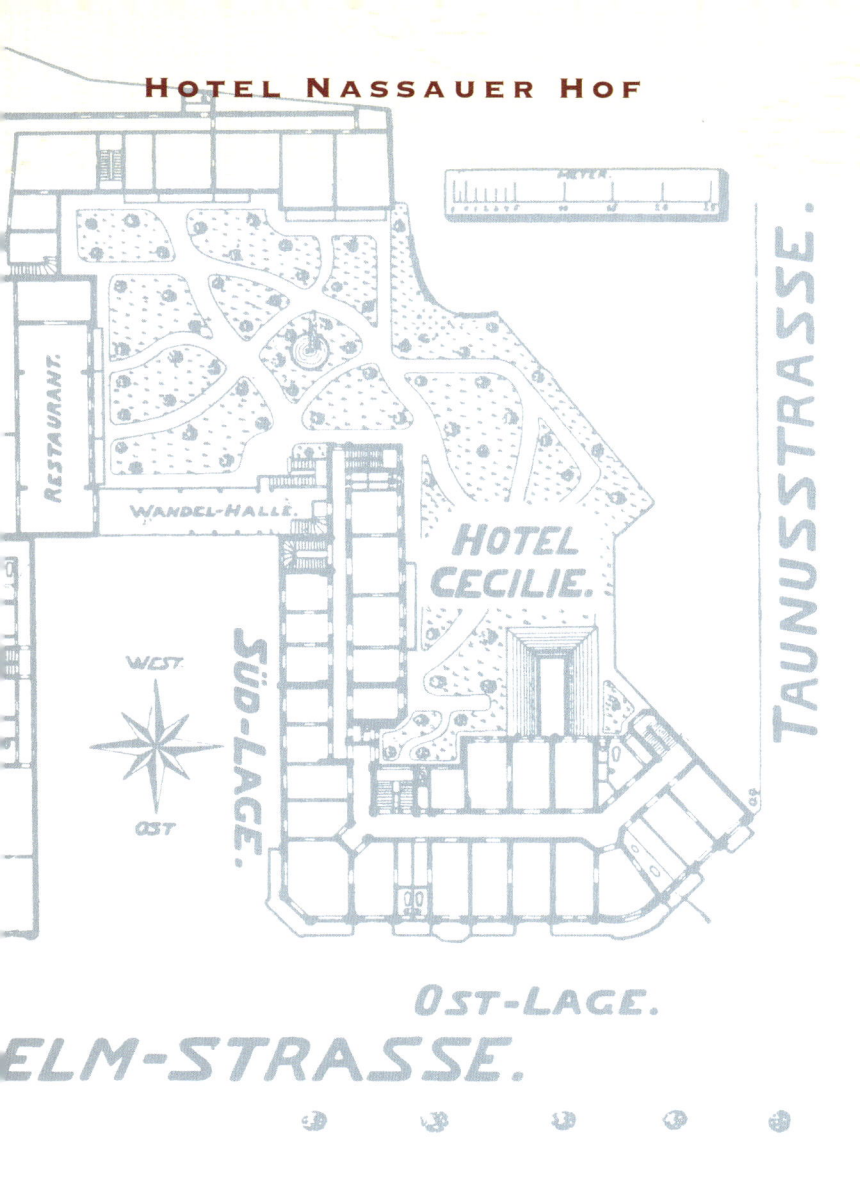

Der ›Nassauer Hof‹ und die obere Flaniermeile Wilhelmstraße.

1839/40, als man ein weiteres Mal umbaute, kam endlich die Erlaubnis, für das Publikum zu kochen. Als Dostojewski hier 1865 nächtigte, aber nicht zahlte, setzte man ihm nur Tee vor; Multatuli, ein anderer großer Dichter, der auch oft knapp bei Kasse war, sprach von gefärbtem Wasser!

Johann Friedrich Goetz starb 1841. Seine Söhne Karl und Albrecht Goetz teilten sich das Erbe; 1850 gaben sie die Fuhrhalterei auf und bauten das Badegeschäft aus.

Die Jahre um 1850 waren die Jahre, in denen die ›Taunusbäder‹ und speziell Wiesbaden Weltruhm erlangt hatten. Vor allem die Engländer liebten den Rhein und Wiesbaden. 1852 drückte die ›Illustrirte Zeitung‹ (der auffallende Titel resultierte aus einem Druckfehler, der nie korrigiert wurde) das so aus: »Wiesbaden, als Haupt- und Residenzstadt des Herzogthums der Sitz aller höheren Dikasterien und zu Zeiten des Hofes, vereinigt eine sehr namhafte Zahl gebildeter und den höheren und höchsten Ständen angehöriger Familien, die natürlich den Gesellschaftston angeben und ihre den gebildeten Lebenskreisen eignen Ressourcen gastfreundlich auch Demjenigen eröffnen, der auch nur eine Zeit lang hier zu verweilen beabsichtigt.«

Heißt: Man lud sich gegenseitig zu Festen, Picknicks, Bällen und Ausflügen ein! Auch zu Thea-

Es wurde viel gefeiert im ›Nassauer Hof‹.

terbesuchen, Konzerten und Paraden, zu Dampferfahrten und Weinproben im nahen Rheingau.

1894 wurde das alte Wiesbadener Theater geschlossen, ein prunkvolles neues eröffnet (Kaiser Wilhelm II. hatte sich darum sehr verdient gemacht). Für zwei Theater schien Wiesbaden zu klein, das alte sollte abgerissen werden. Friedrich Goetz, ein Enkel von Johann Friedrich Goetz und jetzt einer der Besitzer des Anwesens am Theaterplatz, reichte der ›Königlichen Polizeidirektion‹ im April 1897 Baupläne für einen imposanten Neubau ein. Ein halbes Jahr später kam der Bescheid, »dass der Ertheilung der baupolizeilichen Erlaubniß zum Neubau des Hotels Nassauer Hof auf dem Grundstück des Fr. Goetz nach den vorgelegten Zeichnungen und statischen Berechnungen« nichts entgegenstehe.

Das ›Hotel Block‹, bevor es zu ›Cecilie‹ wurde und dann zum ›Nassauer Hof‹ gehörte.

3,2 Millionen

Das Unternehmen firmierte zu der Zeit als ›Albrecht Goetz u. Cons.‹ und wurde bald in eine Aktiengesellschaft umgewandelt, Vorstandsvorsitzender war Albrecht Goetz, Hauptaktionär Friedrich Goetz. 1905 wurde das Aktienkapital von 2,7 Millionen auf 3,2 Millionen Mark erhöht. Anlass: Das benachbarte Hotel Block (Wilhelmstraße 54) wurde für 1,9 Mio. angekauft und anfangs als Dependance unter dem Namen ›Hotel Cecilie‹ weitergeführt, ehe es dem Nassauer Hof zugeschlagen wurde. 1909 war der Kauf schon verdaut; da wurde von der Nassauer-Hof-Gesellschaft ein Gewinn von 1,3 Mio. ausgewiesen, Steigerung gegenüber dem Vorjahr: 140 000 Goldmark. Die Gesellschaft erwartete sich viel von der Zukunft …

Aber es kam der Weltkrieg, in Europa gingen die Lichter aus, wie der berühmte Satz heißt. Friedrich Goetz starb 1917, und mit seinem Tod erlosch auch die Herrschaft der Familie über das Haus. Glücklicherweise aber nicht das Haus.

Wem was gehört

Die Eigentumsrechte waren inzwischen auf eine Aktiengesellschaft übergegangen. Deren Hauptaktionär Friedrich Goetz hielt im Zusammenhang mit dem Erwerb des Hotels Block – es wurde von dem Erben Louis Gärtner erworben – wurde im Juli 1905 das Aktienkapital von 2,7 Mio. auf 3,2 Mio. Mark erhöht. Der Kaufpreis des Hotels Block betrug mit Grundstück, Quelle und Inventar 1 Million Mark.

Anfangs wurde das Hotel Block unter dem ansprechenden Namen Hotel ›Cecilie‹ als preiswertere Dependance weitergeführt. Das billigste Doppelzimmer kostete hier acht Goldmark, ein Mittagessen an kleinen Tischen kostete etwa vier Mark fünfzig.

Hotel Nassauer Hof

Baden im ›Nassauer Hof‹

Der ›Nassauer Hof‹ besaß ›seit alters‹ eine eigene warme Quelle. Weil das Baden für den Geschäftsbetrieb aber immer bedeutungsvoller wurde, beteiligte man sich auch an zwei anderen Mineralquellen: der Quelle des Hotels ›Spiegel‹ und des ›Pariser Hofs‹.

Baden konnte man in zwei marmornen und mit Stuck überladenen Thermal-Badehäusern im Hof des Hauses. Sie gehörten zu den luxuriösesten in Wiesbadener Hotels!

In den Jahren vor dem Ersten Weltkrieg war das Haus des Weiteren mit allen damals hochmodernen Einrichtungen für medizinische Bäder ausgestattet. Der Badegast, die gnädige Frau konnten hier Moorbäder nehmen, elektrische Bäder, Lichtbäder, Wechselstrom- und kohlensaure Bäder, nach Belieben und ärztlicher Anordnung auch Dampfbäder oder Kaltwasserbäder. Außerdem betrieb der ›Nassauer Hof‹ ein heilgymnastisches Institut, verbunden mit einer Einrichtung für Elektrotherapie, Massage und Röntgenbehandlung, und alles unter Aufsicht einer medizinischen Kapazität.

Drei der sechs Aufzüge fuhren unmittelbar in die Bäderabteilung. Und zwar auch von abgeschlossenen, voll ausgestatteten Wohnungen – privater konnte sich der Badegast wirklich nicht fühlen, im Bademantel direkt aus den eigenen Räumen hinab in die ›Kur‹ und dies unbeobachtet und ungestört von den übrigen Gästen des Hauses.

Kein Luxus, Notwendigkeit

Der Bad Nauheimer Badearzt Hirsch beschrieb im Jahr 1909, warum die Kur so lebensnotwendig geworden war: »Während früher die Badereisen das Attribut nur der ›obersten Zehntausend‹ waren, sogenannte Erholungsreisen nur in ganz dringenden Fällen gemacht wurden, ist es heutzutage fast allgemein üblich, alljährlich für einige Wochen der Erholung zu widmen. Denn die auf allen Ge-

Am Kochbrunnenplatz trafen sich Kurgäste aus aller Welt.

Kutschfahrt vom Hotel zum Nerobergtempel.

Spaziergänger auf der Wilhelmstraße vor dem ›Nassauer Hof‹.

TURGENJEW IN ›FRÜHLINGSFLUTEN‹:

»Das Hotel in Wiesbaden, vor dem der Wagen anhielt, glich einem Palast. Augenblicklich begann es drinnen zu schellen, hob ein Hasten und Rennen an; wohlgestalte Männer in schwarzen Fräcken stürzten zum Haupteingang, und ein reich mit Gold betresster Portier öffnete schwungvoll den Wagenschlag.«

---

bieten des Kulturlebens vermehrte Arbeit, die bis zur Grenze der Leistungsfähigkeit gesteigerten Anforderungen an die Körperkraft und das Nervensystem machen mehr wie früher eine Erholung und Ausspannung nötig.

Durch die Schnelligkeit und Erleichterung des Verkehrs, durch die modernen Maschinen und Einrichtungen usw. wird in allen Berufsarten in einer Stunde stärker und intensiver gearbeitet, als in der früheren Zeit fast in einem Tage. Daher sind Badereisen nicht mehr Luxus, sondern sind zur Erhaltung der Körperfrische und Leistungsfähigkeit – abgesehen von der Krankheit selbst – notwendig und angezeigt.«

Die Hoteldirektoren hörten dies gern und die Badegäste auch.

HOTEL NASSAUER HOF

Die Kellner-Brigade
aus der Saison 1913.

aden - Saison 1913

Hotel Nassauer Hof

Die Dachfrage

Die Pläne für den neuen ›Nassauer Hof‹ zeichnete der Wiesbadener Architekt Alfred Schellenberg. Er schuf den Bau, wie er im Wesentlichen so noch heute zu sehen ist – damals selbstverständlich mit einer Barockfassade aus einem Guss samt Kuppel, zwei Eckbauten und einer ›Hygieia-Gruppe‹ als Blickfang.

Der Prachtbau hatte nach Ansicht der Bürgerschaft und der Hotelgäste nur einen Schönheitsfehler: das Dach war zu flach und zu ›tot‹, wie der Architekt in seinen Erinnerungen schreibt. »Es wurden fortwährend Anfragen an den Besitzer gestellt, weshalb das Dach in solch einfacher Weise ausgeführt worden sei, welches doch keineswegs mit der Gesamtanlage in Einklang stünde.«

Ja, schlimmer noch, das ›tote Aussehen‹ des Daches »soll sogar an allerhöchster Stelle bemerkt worden sein.« Kaiser Wilhelm II. ist so etwas zuzutrauen; wahrscheinlich hat er sich tatsächlich mokiert.

Für die Schönheiten Wiesbadens fühlte er sich persönlich verantwortlich. Jedenfalls: »Nach Vollendung des Gebäudes wurde mir von der Königlichen Bauinspektion das Anerbieten gemacht, mit Rücksicht auf die Gesamtwirkung des Ganzen eine decorative Ausstattung des Daches vorzunehmen, auch dann, wenn die hierzu notwendigen Aufbauten das zulässige Maß überschreiten sollten.«

Die Lösung des Problems: »Herr Goetz hat sich infolgedessen entschlossen, ein besseres Aussehen des Daches dadurch zu erzielen, dass auf demselben ein Luftgitter angebracht wurde, in welchem ein Firmenschild anzuordnen war. Außerdem wurden über den Fensterachsen Mansardenfester angeordnet, welche das flache Schieferdach belebten.« So gefiel's.

Das Bauamt akzeptierte dabei stillschweigend, dass das Haus nach der Belebung des Daches zehn Quadratmeter mehr Fläche hatte als vorgesehen und erlaubt.

Mit Kinderwagen und Kindermädchen beim Spaziergang auf der ›Rue‹.

Die Abend-Ausgabe des Wiesbadener Tagblatts vom 15. Juni 1901

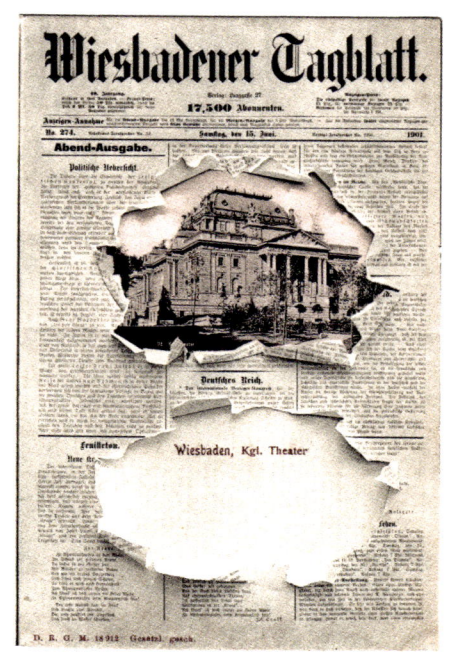

Im Herzen von Wiesbaden entspannen auf höchstem Niveau

Kaiser-Friedrich-Therme

Irisch-Römisches Bad

KAISER-FRIEDRICH THERME
Irisch-Römisches Bad

WIESBADEN

Langgasse 38–40
65183 Wiesbaden

Tel.: +49 (0) 611-31 7060
Fax : +49 (0) 611-31 7077

kft@wiesbaden.de
www.wiesbaden.de/sport/baeder

Hotel Nassauer Hof

Wiesbaden Ballonaufstieg im Kurgarten

Zwei Städte – ein Ballon!

Die Table d'hôte

Selbstverständlich waren die Restaurants und Speisesäle des ›Nassauer Hofs‹ mit der verschwenderischen Pracht der Belle Epoque geschmückt und dekoriert: Da blinkte das Kristall, da funkelte das Gold an Gläsern und Griffen, da knisterten die schweren Servietten.

Und selbstverständlich konnte man hier à la carte essen. Im Haus wurde aber auch noch die Tradition der ›Table d'hôte‹ gepflegt. In zeitgemäßer Form zwar, aber immerhin. Hieß: in abgespeckter Version.

Die ›Table d'hôte‹ war eine gesamteuropäische Einrichtung. Während des ganzen Biedermeiers und auch noch in den Jahrzehnten danach, hallten die Badeorte wider vom Bimmeln kleiner Hausglocken, mit denen der Wirt seine Gäste zu Tisch rief. Das Mittagessen (bestand aus vielen Gängen und fing für gewöhnlich um 13 Uhr an)

Der Speisesaal im ›Nassauer Hof‹ im Stil der Gründerzeit

THOMAS MANN UND DIE BEKENNTNISSE DES FELIX KRULL:

»Bei den geselligen Gelegenheiten gab es lange Speisenfolgen, die von einem Küchenchef aus Wiesbaden mit Hilfe unserer Köchin hergestellt wurden.«

Schlittschuhlaufen auf dem Kurparkweiher im Jahre 1904.

Eine Rarität für Ansichtskartensammler: Wiesbaden im Regen.

Hotel Nassauer Hof

Die pompöse Haupteingangshalle im ›Nassauer Hof‹.

und das weniger üppige Abendessen (ab 17 Uhr) wurde nämlich gemeinsam an der langen Table d'hôte eingenommen. Hier wurde serviert, was sich der Wirt respektive der Küchenchef ausgedacht hatte, und hier bildete sich ein fester Kreis von Freunden und Bekannten, gewissermaßen eine Familie auf Zeit. In besseren Hotels und Badhäusern hatte der Chef des Hauses den Vorsitz, ersetzte den Hausvater. Er begrüßte neue Gäste und wies ihnen ihre Plätze am unteren Ende der Tafel an. Mit fortschreitendem Aufenthalt rückte der Gast dann zum Kopfende vor. Mit anderen Worten: Täglich Captains Diner!

Die Table d'hôte bot einerseits die faszinierende Möglichkeit, ungewöhnliche Menschen kennen zu lernen – bis hin zum ›Mann für's Leben‹! Ein halbes Hundert Personen verschiedenster Herkunft Tag für Tag an einer Tafel, wenn man da nicht Bekanntschaften schließen konnte, schaffte man es nie. Andererseits war die gemeinsame Tafel auch eine tägliche unerbittliche Prüfung. Herkommen, Bildung und Wohlstand wurden ganz beiläufig, aber gnadenlos ausgeforscht. Entsprechend bemühte sich jeder, im besten Licht zu erscheinen. Es galt als Zeichen solider Bildung, in Französisch zu parlieren. Wer einem anspruchsvol-

Vom Hotelfenster konnte man Kaiser Wilhelm II. bei der Rückkehr vom Morgenausritt ins Nerotal sehen.

MARK TWAIN ÜBER GESELLSCHAFTSRÄUME:
»Als sich die Dämmerung aber zur Dunkelheit vertiefte, versammelten sich die Gäste beiderlei Geschlechts in jenem traurigsten und förmlichsten und zwanghaftesten aller Räume, dem öden großen Gesellschaftszimmer, das das Hauptmerkmal aller europäischen Sommerhotels ist.«

---

len Gedankenaustausch nicht folgen konnte, flüchtete sich in Anekdoten. Es gab spezielle Anekdotensammlungen, die die Gäste bereits zu Hause studierten, um sich jederzeit retten zu können!

Für junge Mädchen, für die unsichere junge Witwe dürften die Stunden an der Table d'hôte eher eine Qual als ein Vergnügen gewesen sein. Unter Aufsicht von Mutter, Tanten und Großmüttern, aber auch unter den Augen des stolzen (und mitleidenden) Herrn Papas hatten sie zu beweisen, dass sie über die weiblichen Tugenden wie Anmut, Grazie, Sittsamkeit und tadelloses Benehmen verfügten. Was die Bildung anging, da durfte es nicht zu viel und nicht zu wenig sein. Besser ein bisschen einfältig als ›Blaustrumpf‹!

Die Table d'hôte war während des 19. Jahrhunderts in den Kurorten verbreitet, verschwand dann um 1910. Ein Badearzt von damals: »Die alte Tradition der ›Table d'hôte‹, die mit ihrer langen Dauer und vielen Gerichten dem Kranken direkt schädlich ist, wird allmählich verlassen bzw. ist in einer Umänderung begriffen. Die vielen, reichlich besetzten Gänge der Table d'hôte stellen für den Gesunden schon eine Anstrengung, eine Strapaze dar, geschweige erst für den Kranken, der dadurch meistens Beschwerden bekommt.«

Kaiser Wilhelm

Kaiser Wilhelm II. – des Glückes Unterpfand

Das Wiesbadener Bürgertum empfand Kaiser Wilhelm II., von 1888 bis 1918 Deutscher Kaiser und König von Preußen, als Wiesbadens ureigenen Herrscher. Man wusste, die Maifestspiele – 1896 als ›Kaiserfestspiele‹ ins Leben gerufen – waren auf ausdrücklichen Befehl Seiner Majestät entstanden. Der Intendant des Königlichen Theaters (›Prachtbau, 1894 eröffnet‹) war ein persönlicher Freund des Monarchen. Ja, der Kaiser hatte sich sogar darum gekümmert, wo das Theater errichtet werden sollte – dort, wo es heute noch steht – und wie es aussehen sollte, prächtig nämlich. Er unterstützte das Theater aus seiner Privatschatulle und machte sich noch Gedanken über die Kostüme einzelner Vorstellungen. Es machte ihn glücklich, dass das Schiff im ›Fliegenden Holländer‹ sozusagen seetüchtig war. Für Wagner hatte er wenig übrig, wie ihm jede Form von Moderne in der Kunst verhasst war.

Die Tatsache, dass sich Kaiser Wilhelm II. Jahr für Jahr über längere Zeit in Wiesbaden aufhielt und hier auch Staatsgäste empfing, war für die Ho-

Der Schlossplatz mit Marktständen.

noratioren der Stadt (und speziell für die Hoteliers) wie der Hauptgewinn in der Lotterie. Entsprechend wurde der Kaiser jedes Mal gefeiert.

WILHELM, DER MENSCH

Kaiser Wilhelm II., am 27. Januar 1859 in Potsdam geboren, Enkel des deutschen Kaisers Wilhelm I. und der britischen Königin Victoria, war eine der unglücklichsten Figuren der deutschen Geschichte. Mit vollem Bewusstsein, dass sein Befehl falsch war, schickte er die deutsche Armee 1914 in ihr Unglück.

Bereits über der Geburt des Prinzen stand ein Unstern: Bei der Entbindung wurde sein linker Arm verletzt und falsch behandelt. Zeit seines Lebens suchte Wilhelm diese Lähmung zu kaschieren und umgekehrt verzieh ihm seine Mutter diesen Defekt nie. Wahrscheinlich lag in diesem Gebrechen der Keim des Minderwertigkeitsgefühls, das den Herrscher später nie loslassen sollte. Und ebenso wahrscheinlich hat ihn dieses Gefühl der Inferiorität zu den großen Sprüchen verführt, die ihm so leicht von den Lippen gingen und die so viel Schaden anrichteten.

Wie ein Art Director war Wilhelm II. von schneller Auffassungsgabe, geistig wendig und hatte auch ein gutes Gedächtnis. Und wie jeder Werber wollte er den Erfolg und den auf der Stelle. Mit undurchdachten kurzen, scharfen und obendrein widersprüchlichen Anweisungen griff er in das Regierungshandeln ein und verursachte dadurch oft gewaltigen Schaden. In ruhigen Zeiten konnte das von der Diplomatie irgendwie wieder ausgeglichen werden. Zum Unglück der Deutschen und der Welt gab die Reichsverfassung dem Kaiser jedoch viel Macht, mehr Macht, als er bewältigen konnte. Als es darauf ankam – unmittelbar vor dem Ausbruch des Ersten Weltkriegs und im Weltkrieg selbst – wurde er von Anderen zur Seite gedrängt, den Militärs vor allem. Resignierend beteuerte Wilhelm II. zu Beginn des großen Mordens: »Ich habe den Krieg nicht gewollt«. Das ist sicher wahr, aber ändert nichts an dem unermesslichen Unglück, das er durch sein forsches Auftreten und das hohe Waffengeklirr, das er so liebte, (mit)heraufbeschworen hat.

Am Ende war Wiesbadens Glück auch Wiesbadens Unglück; mit der wilhelminischen Epoche ging auch die Stadt – beinahe – unter.

Kaiser Wilhelm II.: Von Frauen und Männern verehrt!

Besuch aus Russland im Schloss von Wiesbaden

SCHWARZER BOCK

Den ›Schwarzen Bock‹ gibt es seit 1486, und er gehört zu den ältesten Herbergen Deutschlands.

IM WINTER GUT DURCHWÄRMT

Hotel und Badhaus ›Schwarzer Bock‹
Kranzplatz 12

1912 veröffentlichte das Hotel und Badhaus ›Schwarzer Bock‹ einen sehr aufwendig gestalteten Hotelprospekt – mit Goldprägedruck und eindrucksvollen Photos. Es wurde ausdrücklich vermerkt, dass die Werbeschrift von der ›Kgl. Hofbuchdruckerei Gebrüder Petmecky zu Wiesbaden‹ hergestellt worden war. Der Prospekt vermittelt ein Selbstbewusstsein, das heute auch mit feinster Lyrik der Werbepoeten schwer herzustellen ist.

Hier ein Auszug aus dem Text:

»Das Hotel und Badhaus ›Schwarzer Bock‹ zu Wiesbaden liegt im Kurzentrum, gegenüber dem Kochbrunnen und den Trinkhallen, sowie in nächster Nähe des Kurhauses, Königlichen Theaters, des neuen städtischen Badhauses und der Promenaden.

Der Name ›Schwarzer Bock‹ stammt aus dem 15. Jahrhundert. Bereits im Jahre 1486 bestand an gleicher Stelle ein Gast- und Badhaus desselben Namens.

In den Jahren 1906 und 1911 wurde das Hotel durch Neubauten bedeutend vergrößert und ist nun mit allen Bequemlichkeiten der

Neuzeit ausgestattet wie: Zentralheizung, elektrisches Licht, feuersicheren Treppenhäusern, Personenaufzügen, Vacuum-Reinigungs-Anlage usw. In einer Anzahl Zimmer befinden sich Waschtische mit fließendem warmem und kaltem Wasser. Im Erdgeschoß des Hauses liegen die Gesellschaftsräume, bestehend aus den Speisesälen, der Halle, Lese- und Konversationssaal, Rauchzimmer, Damen- und Musiksalon.

Die beiden im Hotel selbst befindlichen Badehallen zeichnen sich durch ihre gediegene und praktische Anlage und Einrichtung besonders aus. Dieselben erhalten ihre Zuleitung von Thermalwasser aus dem Kochbrunnen, der Hauptquelle Wiesbadens, und aus der auf dem Hotelgrundstück selbst entspringenden ›Dreililien-Quelle‹. Außer den Thermalbädern werden im Hotel auch Süßwasser-, Kohlensäure- und elektrische Lichtbäder, Duschen und Brausen sowie Fangopackungen verabfolgt.

Drei Personenaufzüge, welche geräumig genug sind, um Rollstühle aufzunehmen, ermöglichen es, die Bäder sowie die Gesellschaftsräume ohne jedes Treppensteigen zu erreichen.

Das Hotel enthält 160 Zimmer und Salons. Dieselben liegen teils nach dem Kranzplatz und der Langgasse zu, teils nach den inneren Gärten; letztere bieten den Hotelgästen einen angenehmen Aufenthalt im Freien. Eine große Anzahl Zimmer hat Balkons. Die Küche des Hotels dürfte allen Ansprüchen gerecht werden. Auf schmackhafte, kurgemäße Zubereitung der Speisen wird besondere Sorgfalt verwandt. Speziellen Wünschen wird gerne Rechnung getragen.

JOSEPH ROTH UND DER ALT-VERTRAUTE PORTIER:
»Der Blick, mit dem mich der Portier begrüßt, ist mehr als eine väterliche Umarmung. Und als wäre er wirklich mein Vater, bezahlt er aus eigener Westentasche den Chauffeur, um den ich mich nicht mehr kümmere.«

Da Bade- und Trinkkuren auch während des ganzen Winters in Wiesbaden gebraucht werden, ist das Hotel für die kältere Jahreszeit aufs beste eingerichtet. Das ganze Haus ist angenehm durchwärmt und sind speziell die Badezellen ebenfalls mit Zentralheizung versehen. Einige nach Süden und Südosten gelegenen Zimmer sind für den Winteraufenthalt besonders beliebt, während im Hochsommer die Nordzimmer bevorzugt werden.

Die direkte Zuleitung von Thermalwasser aus dem Kochbrunnen ermöglicht es, Trinkkuren im Hause selbst zu nehmen.«

So sah das ›Badhaus zum Schwarzen Bock‹ um 1800 aus.

Das Hotel ›Schwarzer Bock‹ gehört zu den ältesten Herbergen Deutschlands, der erste Bau stand schon im Jahr 1486, und in der langen Geschichte wurde der ›Bock‹ mehrmals neu- und umgebaut. Seit 1995 gehört das Haus zur internationalen Radisson SAS-Gruppe, die die 142 Zimmer im Jahr 2006 renoviert hat. Zum Hotel gehört das traditionelle Badhaus mit Thermalschwimmbad (eigene Quelle), Sauna, Solarium und Fitnessbereich. Im Restaurant ›Capricorne‹ werden internationale Gerichte und lokale Spezialitäten serviert. Sehenswert ist das Ingelheimer Zimmer mit kostbaren Holzvertäfelungen und Schnitzereien aus dem 16. Jahrhundert.

HOTEL HEUTE

SCHWARZER BOCK

FRAU RATH GOETHE NEBST SOHN WOLFGANG

Geschichte des Hotels ›Schwarzer Bock‹

In einer Urkunde aus dem Jahre 1486, einer Liste des Stadtvorstandes der Stadt Wiesbaden, wird ein Philipp zum Bock erwähnt, damals Bürgermeister und Besitzer des Badhauses ›Zum Schwarzen Bock‹. Das Haus befand sich damals, also vor mehr als einem halben Jahrtausend, an genau der Stelle, an dem sich heute noch das Hotel gleichen Namens erhebt.

Jedes alte Haus ist ein Spiegel der Zeiten. An Hand der Geschichte des ›Schwarzen Bocks‹ könnte man die Geschichte der letzten fünfhundert Jahre erzählen. Es wäre die Rede von Kriegen und Siegen und Niederlagen, und immer wieder von Soldaten, die Wiesbaden plünderten und – auch – im ›Schwarzen Bock‹ Quartier nahmen. Nach dem Dreißigjährigen Krieg, diesem Brandmal der deutschen Geschichte, war der ›Schwarze Bock‹ verwüstet wie die Stadt, zu der er gehörte, und wie das ganze übrige Land. 1655 drohte Graf Johann von Nassau dem Besitzer mit Enteignung, wenn er sein Grundstück nicht wieder bebaue. Der ›Bock‹ wurde notdürftig wieder hergerichtet.

Man könnte an Hand der Geschichte des Hauses aber auch Familienporträts schreiben. An der Wende zum achtzehnten Jahrhundert geht es wieder aufwärts mit dem Gasthof und Badhaus ›Zum Schwarzen Bock‹. Jetzt ist es im Besitz des Johann Philipp Schramm, vormals Kammerdiener des Fürsten Georg August Samuel von Nassau-Idstein. Als sich ihm die Chance bot, trat er aus den Diensten des Fürsten aus und heiratete die Witwe des

Ein bebilderter Hausprospekt aus dem Jahre 1912.

PREISE DER ZIMMER:

Die Preise der Zimmer richten sich nach der Jahreszeit, sowie nach der Lage und Größe der Räume.

Im Zimmerpreis ist Heizung und elektrisches Licht, sowie für Kurgäste bei längerem Aufenthalt die Benutzung der Thermal- oder Süßwasserbäder und der Trinkkur eingeschlossen.

Die Hauptverkehrszeit in Wiesbaden umfaßt die Frühjahrs- und Herbstmonate.

Zimmer mit 1 Bett von Mk. 3.50 an per Tag
„   „   2 Betten „   „   6.— „   „   „

Während des Hochsommers und im Winter ermäßigte Preise.
Bei langem Aufenthalt besondere Vereinbarung.

Diese Ansichtskarte zeigt die Ausmaße des Hotelkomplexes.

PREISE DER MAHLZEITEN:

Frühstück:	Kaffee, Tee, Kakao oder Schokolade mit Butter und Brot . . . . Mk.	1.50
Mittagessen:	Mittagstafel um 1 Uhr . . . . „	4.50
	auf dem Zimmer . . . . „	5.50
Abendessen:	um 7¼ Uhr . . . . „	3.50
	auf dem Zimmer . . . . „	4.—
	Die Mahlzeiten werden an der Tafel oder an kleinen Tischen serviert.	
Pension:	bestehend aus Frühstück, Mittag- und Abendessen die Person und Tag . . . . „	8.50
Pension:	für Kinder unter 10 Jahren . . . . . . „	5.50
Pension:	für Dienerschaft . . . . „	5.50

Pensionsgästen wird bei vorheriger Abbestellung für das Mittagessen Mk. 2.50, für das Abendessen Mk. 1.50 in Abzug gebracht; für Kinder oder Dienerschaft Mk. 1.50 resp. Mk. 1.—.

Schwarzer Bock

vorherigen ›Schwarzen Bock‹-Wirts. Schramm baute den ›Bock‹ erneut wieder auf – zum vierten Mal in seiner Geschichte. 1728 richtete er ein ›Pferdebad‹ ein. Diese gute Tat trug ihm einen scharfen Tadel des Kircheninspektors ein, der klagte, dass man ihm für sein ›Armenbad‹ einen Anteil am Kochbrunnen verweigere, während man für Pferde Wasser genug übrig habe. 1736 wird der ›Schwarze Bock‹ in einer Aufstellung als ›Badhaus erster Klasse‹ erwähnt.

Als Schramm stirbt, erwirbt der Chirurg und Hospitalverwalter Johann Daniel Freinsheim 1749 den ›Bock‹. In seiner Zeit steigt, laut einer Eintragung im Gästebuch, »Frau Rath Göthe nebst Sohn Wolfgang« hier ab. Sohn Wolfgang ist da noch im Wachsen und Werden, während man die ungewöhnlich warmherzige Frau Rath Göthe in Deutschland durchaus kennt.

Gegen Ende des 18. Jahrhunderts wird Ferdinand Daniel Bergmann, ein Sohn des ›Spiegel‹-Wirts Philipp Christian Bergmann, Herr im ›Schwarzen Bock‹. Wie sein Vater betreibt er nebenher Landwirtschaft und handelt mit Kolonialwaren, Tabak und Weinen; vermietet auch eine Chaise. Im Stall stehen Pferde, Kühe und mehrere Schweine. Er gilt als wohlhabender und weitsichtiger Mann. Um 1800 erweitert er das zweistökkige Haupthaus durch einen Badhausanbau. Bei seinem Tod im Jahr 1818 stehen 31 Zimmer für Kurgäste und 33 Bäder zur Verfügung.

1822 übergibt die Witwe das Geschäft dem Schwiegersohn Christian Bauer. Der baut auf ei-

Das Restaurant im ›Schwarzen Bock‹.

Der Treppenaufgang und der Lesesaal im ›Schwarzen Bock‹.

Der stille Lesesaal im Hotel ›SCHWARZER BOCK‹, Wiesbaden

GOETHE ÜBER DIE PREISE IN WIESBADEN:
»Man spürt hier sehr, dass die Münze rund ist.«

nem zum ›Bock‹ gehörenden Grundstück, das in den Kranzplatz hineinragt, ein weiteres zweistöckiges Logierhaus, den ›Neuen Bock‹. Dadurch liegt der heutige ›Schwarze Bock‹ im Winkel des durch den Neubau verkleinerten Kranzplatzes. Das Etablissement verfügt nun über 47 Zimmer. Täglich können 50 Bäder verabreicht werden. 1832 richtet der nunmehrige Besitzer das Pferdebad wieder ein, das sein Schwiegervater 1813 wegen »missbräuchlicher Benutzung durch ungebe- tene Gäste« geschlossen hatte. Mit den ungebetenen Gästen waren die Offiziere der durchziehenden Truppen gemeint – sowohl Franzosen als auch ihre russischen, preußischen und sonstigen Gegner. Bis 1853 kommt das Pferdebad in den Stadtakten vor.

Für 42 000 Gulden, eine stolze Summe, erwirbt 1834 der Gastwirt August Rudolph das Haus. Die nächsten 120 Jahre bleibt der ›Schwarze Bock‹ nun in Familienbesitz. Von 1834 bis 1865 betreibt

SCHWARZER BOCK

Der Empire Salon im ›Bock‹.

AUFZÜGE

Es gibt Dinge, von denen man annimmt, dass es sie immer gab. Aufzüge zum Beispiel.

In Burgen und Schlössern existierten tatsächlich bereits im Spätmittelalter einfache Speise- und Lastenaufzüge. Man tüftelte aber lange an Personenaufzügen. Das Problem hieß: Wie im Fall des Seilrisses die Passagiere schützen? 1853 führte der Erfinder Elisha Graves Otis zum ersten Mal einen Aufzug vor, der sich im Fall der Fälle selbst stoppte. Dann dauerte es immerhin noch ein halbes Jahrhundert, bis sich der Aufzug durchgesetzt hatte. In den Wiesbadener Grandhotels, die um 1900 erbaut wurden, war der Aufzug bereits eine Selbstverständlichkeit (und ein ästhetischer Genuss). Allein die ›Maschinenfabrik Wiesbaden GmbH‹, gegründet 1899, fertigte in den ersten zehn Jahren ihres Bestehens 3 500 Personenaufzüge für die Weltkurstadt und den Rest des Reiches.

Der Aufzug veränderte das Leben: Nun konnten Hochhäuser hochgezogen werden; das Penthouse wurde vornehm, die ›Bel Etage‹ wurde zum Ersten Stock degradiert. Rein statistisch gesehen fährt heute jeder Mensch innerhalb von 72 Stunden einmal Fahrstuhl. Wie viel dramatische, komische und romantische Filmszenen hätten nicht gedreht werden können, wäre der Aufzug nicht erfunden worden! Und wie beschwerlich wäre das Hotelleben.

es August Rudolph zusammen mit seiner Frau. Ihnen folgt 1865 ihr Neffe nach, Theodor August Schäfer. Der lässt 1871/72 den ›Bock‹ durch einen Neubau ersetzen, der sich gut in die noch weitgehend einheitliche Häuserfront des Kranzplatzes einfügt. Der Wiesbadener Architekt Carl von Rößler errichtet den spätklassizistischen Bau als vierstöckige Zweiflügelanlage, hinter der sich das alte Badhaus und eine geräumige Hofanlage verbergen. 1894 übernehmen die Söhne Karl und Wilhelm Schäfer den Betrieb. Sie ersetzen das Badhaus durch einen Neubau mit vierzehn modern eingerichteten Badekabinen. Die in den Stockwerken darüber liegenden Gästezimmer sind durch einen Aufzug mit der Badeabteilung verbunden.

1899 kaufen die Eigentümer ein benachbartes Gasthaus. Sie erwerben auch das dazwischenliegende Haßlersche Haus, bauen 1905/07 den ganzen Komplex um und geben ihm eine einheitliche Fassade im Geist der Zeit – im Stil von ›Es ist erreicht!‹ Der ›Schwarze Bock‹, der in den Achtzigerjahren des 19. Jahrhunderts über 70 Zimmer verfügte, hatte nach weiteren An- und Umbauten am Ende der Kaiserzeit 160 Gästezimmer mit 220 Betten.

1911/12 bauen die Brüder Schäfer das Dachgeschoss aus; das Haus erreicht seine heutige Höhe. Den Seitenflügel ersetzen sie durch einen Neubau, in dem der Komfort auf den damals neuesten Stand gebracht ist: »In einer Anzahl Zimmer befinden sich Waschtische mit fließendem warmen und kalten Wasser.« Nach dem Ersten Weltkrieg baut Theodor Schäfer das Haus weiter aus. Nach dem Zweiten Weltkrieg beschlagnahmt die amerikanische Besatzungsmacht den ›Bock‹ und gibt ihn lange nicht frei. Nach der Rückgabe und gründlichem Umbau im Jahr 1957 hat der Gast die Auswahl zwischen 235 Zimmern; insgesamt stehen nun 320 Betten zur Verfügung.

Karl-Heinz Schäfer war – in sechster Generation – der Letzte in der Reihe der Familienunternehmer. Nach ihm geht das Haus in den Besitz von Hotelketten über, gegenwärtig gehört es zum SAS Radisson-Konzern.

Wie gesagt, man kann die Geschichte eines alten Hauses als Familienchronik schreiben oder als Aufzeichnung der laufenden Ereignisse in Krieg und Frieden.

Ansichten vom Kranzplatz, links der ›Schwarze Bock‹.

MULTATULI ÜBER WIESBADEN

»Die Luft ist in Wiesbaden so mild, dass Totengräber und Leichenbitter ihre Kundschaft von anderswo einführen müssen, um nicht gezwungen zu sein, sich vor Armut selbst zu begraben.«

Im ›Schwarzen Bock‹ befand sich seit 1832 wieder – wie im Mittelalter – ein Pferdebad. Nach einer Lithographie von Georges Barnard aus dem Jahre 1845.

Hotel ›Schwarzer Bock‹ im Jahr 2006.

DAS IMPERIUM

Die Familie Schäfer, über sechs Generationen Eigentümer des ›Schwarzen Bocks‹, lebte seit Mitte des 14. Jahrhunderts in Wiesbaden – also schon mehr als hundert Jahre, bevor der ›Schwarze Bock‹ zum ersten Mal in Urkunden auftauchte.

Im Laufe der Jahrhunderte ereigneten sich bei den Schäfers alle Freuden und Schicksalsschläge, die eine Familie treffen können.

In seinen ›Erinnerungen‹ sagt Karl Schäfer, ab 1894 zusammen mit seinem Bruder Wilhelm Besitzer des Hotels ›Schwarzer Bock‹: »Mein Vater, August Theodor Schäfer, geboren am 14. Oktober 1838 als einziger Sohn des bereits am 30. November 1838 verstorbenen Wilhelm Theodor Schäfer und dessen Ehefrau Wilhelmine Schäfer, geb. Rudolph, verbrachte den größten Teil seiner Jugend bei den Geschwistern seiner Mutter, Carl, Christine und Elisabeth Rudolph (alle drei waren unverheiratet), im Hotel ›Schwarzer Bock‹. Seine Mutter war in zweiter, nicht glücklicher Ehe mit einem Herrn Harff in Frankfurt am Main verheiratet und starb am 14. Juli 1878.

Die Kaufmannschaft erlernte mein Vater bei Lochner & Horkheimer in Frankfurt. Seit Anfang der Sechzigerjahre war er im ›Schwarzen Bock‹ bei den Geschwistern seiner Mutter tätig. Meine Großmutter mütterlicherseits, Katharina Jooss, geborne Liebwich, aus Landau in der Pfalz kam wiederholt in Begleitung ihrer Tochter Maria zur Kur nach Wiesbaden, wohnte dann im ›Schwarzen Bock‹. Hier lernten sich meine Eltern kennen und heirateten am 27. Oktober 1864 in Landau/Pfalz. Mein Bruder Wilhelm Schäfer wurde am 28. August 1865 geboren, ich am 4. Mai 1868.«

Die Brüder erwarben laut Kaufvertrag vom 31. Oktober 1893 zum 1. April 1894 das Hotel ›Schwarzer Bock‹ zum Preise von 500 000 Mark; 400 000 Mark für das Gebäude und einen 1/9-Anteil am Kochbrunnen, 100 000 Mark für das Inventar.

FAMILIENBANDE

Zusammen mit verschiedenen Verwandten aus eng miteinander verflochtenen Wiesbadener Familien wie den Cron und den Hees gehörte den Schäfers zur Kaiserzeit ein Hotel-Imperium: neben dem ›Schwarzen Bock‹ die Hotels ›Alleesaal‹, ›Bellevue‹, ›Continental‹, ›Grüner Wald‹, ›Pariser Hof‹, ›Hotel Victoria‹. (Alle Häuser werden in diesem Bildband vorgestellt.)

Auch das Hotel und Restaurant ›Grüner Wald‹ am Marktplatz gehörte zum Imperium der Familie Schäfer.

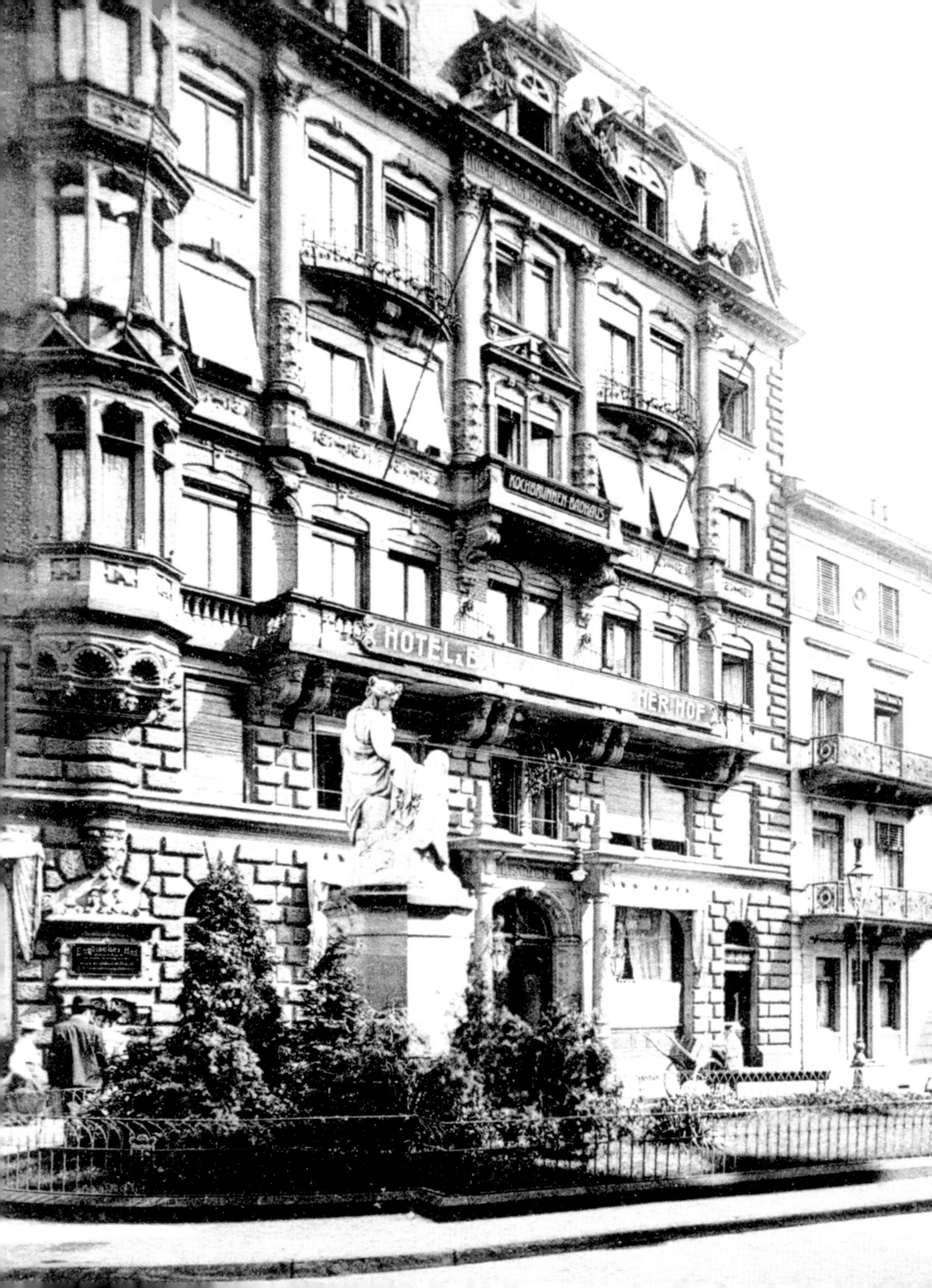

H

Kranzplatz mit Hygieagruppe,
...el Schwarzer Bock u. Englischer Hof

Wiesbaden

Das alte Hotel ›Rose‹ am Kranzplatz, links das Hotel ›Ries‹, anschließend das ›Palast Hotel‹.

KOCHBRUNNEN UND KRANZPLATZ

»Der Kochbrunnen ist der eigentliche Lebensquell Wiesbadens. Alle Zeitenströme und Geschickeswandlungen des alten Mattiacum, des mittleren Wisibad und des neueren Wiesbaden hat er überdauert. Er sprudelt schon Tausende von Jahren in unerschöpflicher Fülle«. (Stadtarchivar Dr. C. Spielmann, 1904)

KOCHBRUNNENTEMPEL

»Über dem Brunnen wölbt sich ein geschmackvoll dekorierter Tempel, an den sich eine geräumige Trinkhalle anschließt. Von hübschen Anlagen umgeben, ist der Kochbrunnen täglich der Zielpunkt zahlreicher Kurgäste, die sich hier einfinden, um an der Quelle selbst die Trinkkur, die meist neben der Badekur verordnet wird, zu gebrauchen. Im Sommer bieten die Anlagen mit ihren schattigen Ruheplätzen einen angenehmen Aufenthalt, während in der kälteren Jahreszeit die durch Dampfheizung erwärmte, gut ventilierte Trinkhalle namentlich in den Früh- und Nachmittagsstunden ein beliebter Sammelpunkt der Kurgäste ist.«

Kranzplatz

»Der heutige Pavillon und die massive steinerne Trinkhalle sind 1888/90 erbaut worden. 1902 sind die Anlagen vergrößert worden. Hier bewegt sich in den Morgenstunden beim Promenadekonzert, wie am Nachmittag die gesamte Kurgesellschaft; Hunderte kommen und gehen. Alle Nationen sind vertreten – Seltsamer Sprachen Gewirr tönt an das wundernde Ohr. An keinem anderen Badeort der Welt ist solch zahlreiches Ab- und Zuströmen internationaler Kurgäste zu verzeichnen.« Soweit der Wiesbadener Stadtarchivar Dr. C. Spielmann, gleichzeitig ›Grossh. Lux. Hofrat‹.

Und über den Kranzplatz, der sich der Kochbrunnen-Anlage anschließt, sagt er: »Um den Kochbrunnen gruppieren sich die ältesten Badhäuser der Stadt: das Römerbad, das Weiße Ross, das Palasthotel (neu), die Rose mit zwei Gebäuden, davon das eine ganz neu; der Spiegel und am Kranzplatz der Englische Hof, der Schwarze Bock und der Kranz.«

In der Tat: Bis in die Mitte des 19. Jahrhunderts gaben die den Kranz- und Kochbrunnenplatz säumenden Badhäuser dem Platz einen einheitlichen, klassizistischen Charakter. Die Baulust der Gründerzeit und der Wilhelminischen Epoche – die Besorgten sprachen von Bauwut – veränderten das Viertel von Grund auf. Jetzt dominierten die Fassaden des Historismus. Und der Geist von ›Es ist erreicht!‹

Der Kochbrunnentempel und dahinter die Brunnenkolonnade im Jahre 1906, links das Hotel ›Römerbad‹.

Ein Blick vom Kranzplatz in die Langgasse im Jahre 1904.

Kranzplatz

Immer mit Kurgästen bevölkert, der Platz vor der Kochbrunnenkolonnaden.

Wiesbaden

Am Kochbrunnen

Kranzplatz

Für hohe und höchste Ansprüche

Hotel ›Rose‹ | Kranzplatz 8/9

Um den Kranzplatz gruppierten sich einige der Wiesbadener Grandhotels: der ›Schwarze Bock‹, des ältestes Hotel Deutschlands, 1486 gegründet, das ›Palasthotel‹ – man bedenke, es war weltweit das erste Haus mit Zimmertelefon! – sowie das ›Hotel Rose‹.

Hotelpaläste dieser Art waren an der Wende vom 19. zum 20. Jahrhundert die eigentlichen Schlösser und Residenzen, nicht die unpraktischen, zugigen Bauten in London oder St. Petersburg, in denen sich eine Queen Victoria oder ein Zar Nikolaus verloren.

Die Gästebücher der ›Rose‹ aus dieser Zeit lesen sich wie eine Mischung aus Adelskalender und einem ›Who is who‹ der Reichen und Erfolgreichen.

Eine gern nachgedruckte Postkarte zeigt die »Abfahrt I. M. der Kaiserin« nach dem Aufenthalt in der Rose. Man sieht die Kaiserin neben einer Hofdame, auf dem Kutschbock zwei herausgeputzte Kutscher und hinter der Kutsche den Portier mit hochzufriedener Miene.

Die ›Rose‹ selbst war nicht viel jünger als der ›Schwarze Bock‹ – für das Jahr 1500 (das war das Jahr, in dem Portugal Brasilien in Besitz nahm, die erste ständige Postlinie zwischen Wien und Brüssel installiert wurde, Leonardo da Vinci sich über einen Hubschrauber Gedanken machte und in China ein Gelehrter namens Wan Hu einen Raketenstuhl entwickelte, indem er siebenundvierzig Raketen an der Rückenlehne eines Stuhls montierte. Das Experiment misslang, der Pilot kam um.), für dieses Jahr 1500 kann man die Existenz der ›Rose‹ bereits belegen. Mauerreste und Ziegelfunde weisen sogar auf eine noch ältere Vergangenheit: Die Römer haben sich hier schon im heißen Thermalwasser getummelt. An der Wende vom Mittelalter zur Neuzeit heißt es dann in zeitgenössischen Schriften: »Zur Rosen ist der fürnembsten Badherbergen eine und mit guter Commodität versehen«.

Am Ende des 19. Jahrhunderts, auf dem Höhepunkt der Entwicklung Wiesbadens zur Weltkurstadt, reichte das nicht mehr aus. Da wurde das Haus, wiewohl mehrfach um- und ausgebaut, zu klein. Eine neue größere, den Ansprüchen der Zeit gerecht werdende ›Rose‹ musste her. Sie entstand in den sechs Jahren zwischen 1896 und 1902, Architekt: Wilhelm Kaufmann. Baustil: abgewandelter französischer Neo-Barock mit allem Drum und Dran.

Hinter der hellen Sandsteinfassade mit ihren schmiedeeisernen Balkonen befanden sich zweihundert hoch-

Das alte Hotel ›Rose‹ wurde 1908 abgerissen, zu der Zeit stand die neue ›Rose‹ bereits sechs Jahre.

elegante Fremdenzimmer, Salons, Gesellschaftsräume, weitläufige Wohnungen für Gäste, die es persönlicher haben wollten und gern das eigene Personal um sich sahen. Des Weiteren besaß die Rose einen schattigen Garten und angenehm möblierte Terrassen. Ein eigenes großes Badehaus mit direktem Zufluss aus dem Kochbrunnen war sozusagen selbstverständlich, schließlich hatte die ›Rose‹ von alters her Anteile am Kochbrunnen und eine eigene Zuleitung des Kochbrunnenwassers.

Als das Haus 1902 stand, war man sich einig: Hier hatte man es mit einem neuen städtebaulichen Höhepunkt der ›Weltkurstadt‹ zu tun. Die Einweihung der ›Rose‹ beehrte Seine Majestät Kaiser Wilhelm II. mit seiner Anwesenheit; damit war der Geschäftserfolg des neuen Etablissements gewissermaßen zementiert. (Die alte ›Rose‹ wurde 1908 ›niedergelegt‹.)

Die ›Rose‹ war noch bis 1945 Grandhotel (in gewisser Weise sogar noch nach dem Zweiten Weltkrieg), aber der Glanz und der Ruhm der goldenen ersten Jahre wurde nie wieder erreicht.

Der Eröffnung des neuen Hotel ›Rose‹ verlieh Seine Majestät Kaiser Wilhelm II. Glanz.

Saison

Die Saison dauert in Wiesbaden das ganze Jahr, da auch im Winter, des milden Klimas wegen, viele Erholungsbedürftige und Gesunde hier Aufenthalt nehmen. Der Kurgast kann in den Hotels und Logierhäusern selbst die Bäder nehmen und zur Trink-, Gurgel- und Inhalationskur stehen ihm gedeckte und geheizte Hallen zur Verfügung. Die Frühjahrssaison beginnt schon **Anfang April;** ihr Höhepunkt ist **Mai bis Mitte Juni.** Zu dieser Zeit versammelt sich hier ein elegantes internationales Publikum. Im **Juli und August** pflegt der Besuch etwas abzunehmen. Es kommen dann aber viele Schwerkranke, welche die wärmere Jahreszeit zur Kur bevorzugen. Der **September,** der meistens angenehmes, beständiges Wetter bringt, zieht wieder viele elegante Fremde nach Wiesbaden, welche teils der Traubenkur (Meraner oder rheinische Trauben) wegen kommen, teils aus dem Gebirge oder den Seebädern zurückkehrend hier Station machen.

Seit 2004 Hessische Staatskanzlei am Kochbrunnen, das ehemalige Hotel ›Rose‹.

KRANZPLATZ

DICHTER UND ANDERE RUSSEN

Gäste der ›Rose‹

Die Russen haben Wiesbaden immer geliebt – zumindest, seit es ihnen möglich war, es leicht zu erreichen. Eine Nichte des Zaren, die jung verstorbene Ehefrau des Herzogs Adolf I., hat hier sogar ihr Grab gefunden – in der für sie errichteten goldgeschmückten Russischen Kirche auf dem Neroberg.

Iwan Sergejewitsch Turgenjew lässt in Wiesbaden einen – wichtigen – Teil seiner wunderbaren Novelle ›Frühlingsfluten‹ spielen, wenn er sich bei der Gelegenheit auch nicht sehr nett über die Leistungen des hiesigen ›Hoftheaters‹ auslässt. Dafür empfahl er in Privatbriefen seinen Bekannten die Stadt.

Fjodor Michailowitsch Dostojewski, damals Turgenjews schärfster Konkurrent um den Titel ›Größter Schriftsteller Russlands‹, war ebenfalls von Wiesbaden angetan. 1863 war er mit der festen Absicht hierher gekommen, sich in der Spielbank zu sanieren. Beim ersten Mal gelang das sogar; 1865 hatte er weniger Glück. Da brachte er innerhalb kürzester Zeit sein letztes Geld durch, dreitausend Rubel, die ihm sein Verleger für seine gesamten Romanrechte geboten hatte. Eine weitere Bedingung des Kredits war die Zusage zu einem neuen Roman, der bis zum 1. November 1866 fertig gestellt werden musste. Einen Monat vor Ablauf der Frist diktierte Dostojewski der jungen Stenographin Anna Snitkina (seiner späteren zweiten Frau) das Buch ›Der Spieler‹. Es erschien 1866 und thematisiert die Spielsucht. Die Wiesbadener sind überzeugt, dass der schmale Roman in Wiesbaden angesiedelt ist, dabei erwähnt der Dichter den Namen Wiesbaden an keiner Stelle; sein Badeort heißt bezeichnend ›Roulettenburg‹. Immerhin meint man das damalige Kurhaus, die Spielbank und die Wilhelmstraße wiederzuerkennen. Das Spiel und die Spieler sind in jedem Fall richtig gezeichnet.

Dostojewski hat 1865 aber auch seinen großen Roman ›Schuld und Sühne‹ hier in Wiesbaden be-

Russische Dichterfürsten: Fjodor Michailowitsch Dostojewski und Iwan Sergejewitsch Turgenjew.

Blick auf den riesigen Wintergarten und in das Konditorei-Kaffee der ›Rose‹.

Kranzplatz

Hôtel Rose Wiesbaden.

gonnen, einen der wichtigsten Romane der Weltgeschichte. Darin handelt Dostojewski die Dämonie des Geldes aufs Tiefste und Traurigste ab.

Was die Hotels angeht, in denen Dostojewski gewohnt hat, so hat ihm der (damalige) ›Nassauer Hof‹ vor dem Rausschmiss nur noch Tee serviert und das Hotel Victoria auch nicht viel mehr.

Weder von Turgenjew noch von Dostojewski nahm das Wiesbaden von damals Notiz. Beachtet, ja angehimmelt, wurden die ›reichen Russen‹, die Zaren, die Wiesbaden besuchten und die Angehörigen der großen russischen Familien.

In den Gästebüchern der ›Rose‹, die sich erhalten haben, finden sich die Fürstinnen Galitzin, Lwoff, Troubetzkoi, Dolgorouky, Schahawocka Stresneff (die wiederholt anreiste und jeweils sieben Zimmer belegte), die Prinzessin Mingratie aus Kaukasien, der Prinz Mirski aus Polen. (Er kam samt seiner Familie, seinem Gefolge und seiner Dienerschaft mit sechs Zimmern aus.) Weitere damals bestaunte Gäste der Stadt und der Rose: der Fürst Basil von Repnin, Prinz und Prinzessin Schackowsky, Fürst Subkowski und Prinz Davidoff. Es finden sich die Grafen Bobinski, Pahlen, Hendrikoff, Stenbock-Fermor und Potocki, die Gräfin Korybutt Daszkiwiez mit Familie und Bedienung, Gräfin Tolstoy, Gräfin Lamsdorf, Gräfin Marie Grabowski, geborene Prinzessin Lubomirska, Gräfin Orloff Davidoff, die Generalin Mouravieff, Gemahlin eines der drei berühmten Brüder aus russischem Fürsten- und Grafengeschlecht. Der Gardeoberst von der Pahlen wohnte in der ›Rose‹ mit Familie und Dienerschaft ebenso wie der Stammgast Wirklicher Staatsrath P. von Maksimovitch aus St. Petersburg.

Ein anderer General kommt vor und lässt einen ins Grübeln kommen: Nicolas Doubelt. Womöglich hat Prinz Nicolas von Nassau dessen geschiedene Frau geheiratet, die Tochter des Dichters Puschkin. Nachkommen von ihr leben noch in Wiesbaden. Auch die schon erwähnte Fürstin Dolgorouky hatte Beziehungen zu Wiesbaden: Zar Alexander II. von Russland (ebenfalls ein Gast des Hauses) hatte eine Prinzessin Dolgorouky morganatisch geehelicht, und eine Tochter aus dieser Verbindung heiratete als Prinzessin Jurjewsky den Grafen Merenberg, Sohn des Prinzen Nicolas von Nassau aus der Ehe mit Nadine Puschkin. Alles klar?

Kochbrunnenplatz mit Hotel ›Rose‹.

Abfahrt der Kaiserin Augusta
Victoria mit ihrer Oberhofmeisterin
Gräfin Brockhoff von der ›Rose‹.

Prinz Heinrich besuchte
1913 die ›Rose‹ anläßlich
des „Flugtages" in Erbenheim.

Kranzplatz im Jahre 1900.

Kranzplatz

Kein Entrée

Badhaus und Hotel ›Römerbad‹

Kochbrunnen und Hotel ›Römerbad‹ auf einem Stahlstich aus dem Jahre 1835.

Kein Hotel lag näher am Kochbrunnen als das ›Römerbad‹. Trat man aus der Tür, konnte man sozusagen mit den Fingerspitzen die Wand der Wandelhalle berühren. Diese Nähe stellte sich als entscheidender Nachteil für das altrenommierte Badhaus heraus. Es war kein Platz da, auf dem das Hotel wachsen konnte, und die Enge der Straße machte es unmöglich, dass hohe und höchste Gäste zwei- oder gar vierspännig vorfahren konnten. Das ›Römerbad‹ besaß nie ein Portal in der damaligen Bedeutung des Wortes; man ging durch die Haustür hinein und hinaus. Das war für Menschen, die den großen Auftritt gewohnt waren, eindeutig zu wenig.

Wiewohl das ›Römerbad‹ auf historischem Boden stand und geschätzte Vorläufer vorweisen konnte – erst den ›Roten Löwen‹ (schon 1524 und 1565 im Merkerbuch der Stadt Wiesbaden erwähnt), dann den ›Weißen Löwen‹ – war es wegen der geschilderten Umstände nie ein Haus des allerersten Ranges. Das ›Römerbad‹, wie es die Wiesbadener bis zu seinem Abriss kannten, ein Bau aus dem Jahr 1817, erstreckte sich vom Kochbrunnen bis zur Saalgasse und hatte die für seine Zeit typische klassizistische Fassade. In seiner besten Zeit konnte das Haus achtzig Zimmer und vierundzwanzig Badekabinette anbieten.

Selbstverständlich wurden das Haus, die Räume und das dazugehörige Badhaus mehrfach den Notwendigkeiten angepasst. Seinen werbewirksamen Namen hatte man ihm bereits 1817 gegeben, als beim Abbruch des vorherigen Hauses Reste römischer Thermen gefunden wurden. Damals erregte diese Tatsache allgemeines Staunen; selbst

Jugendstilkarten mit dem Hotel ›Römerbad‹.

Das ›Römerbad‹ auf einer Ansichtskarte aus dem Jahre 1900; das Gebäude wurde 1976 abgerissen.

der Geheimrat Goethe im fernen Weimar ließ sich davon berichten.

Wie die ganze Stadt litt das ›Römerbad‹ an dem Elend, das mit dem Ersten Weltkrieg hereinbrach. Im Zweiten Weltkrieg wurde das Haus zwar von Bomben verschont, aber in den Fünfzigerjahren verlor es endgültig seine Bestimmung, 1976 kam das Aus für das einst angesehene ›Römerbad‹; es wurde abgerissen und durch ein Wohnhaus ersetzt.

Kochbrunnenwasser für Engel und Elfen.

HOTEL UND KOCHBRUNNENBADHAUS
„ENGLISCHER HESSISCHER HOF"

KRANZPLATZ

NOMEN EST OMEN

›Englischer Hof‹
Kranzplatz 11

Zwischen den Badhäusern ›Rose‹ und ›Schwarzer Bock‹ (ganz genau zwischen dem Badhaus ›Spiegel‹ und dem ›Schwarzen Bock‹) behauptete sich lange das Haus ›Zum Rindsfuß‹, seinerseits ein Haus mit Tradition.

1810 wurde der barocke ›Rindsfuß‹ abgerissen. Der neue Besitzer, der Badwirt Adolf Alexander von Block, ließ an seiner Stelle ein dreistöckiges Haus im damals Wiesbaden beherrschenden klassizistischen Stil errichten. Bei der Eröffnung wurde dem neuen Haus ein neuer, vornehmer Name verpasst: ›Englischer Hof‹.

Siebzig Jahre später, 1882/83, wurde das Badhaus durch einen Neubau im Stil der Neuzeit ersetzt. Mit seiner wuchtigen Fassade, Buckelquaderverkleidung im Untergeschoss, risalitartigen Halbsäulen im oberen Teil, einem hohen Dachgeschoss mit historisierendem Spitztürmchen an der Ecke zur Spiegelgasse sprengte es als erstes Haus am Kranzplatz die bislang hier geltenden Baugrenzen und damit das Gesamtbild.

In ›Griebens Reiseführer‹ von 1914 wird über den ›Englischen Hof‹ gesagt: »Stattliches Haus, 90 Zimmer, moderner Komfort, angenehmer Aufenthalt.« Außerdem: »Geräumige Badehallen, Badekur das ganze Jahr.« Tatsächlich besaß das Haus eine aus Granit erbaute Badehalle, deren Ausmaße an ein Kirchenschiff denken ließen. Bei Ausbruch des Ersten Weltkriegs wurde das Hotel im Zuge der allgemeinen Anglophobie in ›Hessischer Hof‹ und nach dem Ersten Weltkrieg in ›Englisch-Hessischer Hof‹ umbenannt. Im Zweiten Weltkrieg zerstört, steht heute an seiner Stelle ein modernes Appartementhaus.

Kranzplatz um 1900: (von rechts nach links) ›Englischer Hof‹, dahinter ›Badhaus zum Spiegel‹, in der Mitte die alte ›Rose‹, der ›Europäische Hof‹ und das ›Badhaus zum Engel‹.

KRANZPLATZ

SEINE MAJESTÄT STAUNEN

Am 7. Juni 1903 besuchte Kaiser Wilhelm II. die Ausgrabungen der römischen Bäder unter den abgerissenen Hotels ›Schwan‹ und ›Engel‹, die dem Neubau des ›Palast Hotels‹ weichen mussten.

Wie wesentlich die antiken Thermen (und auch die späteren Badhäuser) waren, ist heute kaum klarzumachen – in einer Zeit, in der Medizin im Wesentlichen aus dem Können der Chirurgen und dem Wissen der Kräuterweiber bestand, war die vorbeugende und heilende Wirkung der warmen Thermalquellen beinahe lebenswichtig. Es ist kein Zufall, dass schon vor zweitausend Jahren (reiche) Menschen den beschwerlichen Weg von Vorderasien nach Wiesbaden in Kauf nahmen, nur um hier baden zu können.

Wiesbaden hatte in römischer Zeit drei Thermen: Eine, ein Militärbad, unter dem späteren Hotel und Badhaus ›Schützenhof‹. Als das alte Haus vom Ende des 18. Jahrhunderts abgerissen und ab 1865 das gleichnamige Grandhotel in der Schützenhofstraße errichtet wurde, fand man Reste der römischen Badeeinrichtungen – einschließlich noch brauchbarer Wasserrohre aus Blei. Sie tragen die Stempel der 14. und der 22. Legion. Ansonsten waren die Zuleitungen hier aus Holz und Ton. Teile davon existieren noch – als ›nassauische Altertümer‹.

Dann gab es ein ›Schwitzbad‹ an der heutigen Langgasse und zwar unter dem zu seiner Zeit sehr gerühmten Hotel und Badhaus ›Adler‹. Die eigentliche Therme, ein Prachtbau, wie er auch in Rom hätte stehen können, befand sich am heutigen Kranzplatz; nein, füllte den Platz mehr oder minder aus.

Als während des 19. Jahrhunderts am Kranzplatz ständig abgerissen und neu gebaut wurde, stieß man immer wieder auf römische Grundmauern. Nach und nach wurde das Ausmaß der römischen Therme deutlich. Sie hatte sich auf einem Grundstück ausgebreitet, an dem im 19. Jahrhundert folgende Hotels und Badhäuser standen: Das ›Römerbad‹, das ›Weiße Roß‹, der ›Schwan‹ und der ›Engel‹ (später das ›Palasthotel‹). Des Weiteren befanden sich Teile der Badeanlage auf dem heutigen Kranzplatz selbst. Die Bauleute staunten immer wieder über die Qualität der römischen Ziegel; sie waren härter und besser gebrannt als ihre eigenen.

Historische Grundmauern geben nur einen Eindruck von den Ausmaßen der verschwundenen Bauten. Wie sie im Einzelnen genutzt wurden und wie sie aussahen, lässt sich aber relativ leicht vorstellen: Sie waren prächtig dekoriert und äußerst praktisch eingeteilt, wie es römische Art war. Die Thermen dienten nicht nur der Gesundheit, hier konnte man auch seine Zeit totschlagen und sein Vergnügen finden, auch ›Liebe‹ in jeder Form. In der Therme wurden Neuigkeiten ausgetauscht, Verträge ausgehandelt, wichtige Menschen bestochen, unwichtige erledigt; hier wurden Intrigen gesponnen und Verschwörungen ausgeheckt. Mit einem Wort, die Therme war Kurhaus und Kursaal, Konferenzraum und Sporthalle gleichzeitig. Und auch ein bisschen Bordell.

Kaiser Wilhelm II. ließ sich am 7. Juni 1903 den Stand der Ausgrabungen am Kranzplatz sachkundig erläutern. Seine Majestät trugen bei der Gelegenheit einen Pickelhelm, Stiefel, einen sehr dekorativen Umhang und waren äußerst angetan.

›Zum Spiegel‹

Am Kranzplatz 10

An der Ecke Spiegelgasse, nur wenige Schritte von den Kochbrunnen-Anlagen entfernt, befand sich zur Kaiserzeit das Hotel und Badhaus ›Zum Spiegel‹. Es war ein Haus mit sehr großer Tradition und zufriedenen Gästen und dennoch …

Über Jahrhunderte war der ›Spiegel‹ ein angesehenes Haus unter gleichen. Um 1750 führte zum Beispiel der Badewirt Philipp Christian Bergmann das Haus; er war außerdem kaiserlicher Posthalter und unterhielt entsprechend eine Lohnkutscherei. Für die überforderten Gelenke der Pferde richtete er sogar ein ›Pferdebad‹ ein. Hieß, die Pferde wurden langsam und mehrfach am Tag durch ein Becken mit Kochbrunnenwasser geführt. Mit Thermalwasser mussten Bergmann und seine Vorgänger und Nachfahren nicht geizen: Das Badhaus ›zum Spiegel‹ besaß eine eigene, sehr kräftig sprudelnde Kochbrunnen-Quelle.

Der Lauf der Welt

1866 übernahm der Weinhändler Dreste den ›Spiegel‹. 1872 erneuerte er das Badhaus, die Fußböden erhielten Warmwasserheizung. 1874 wurde der Hotelteil vollkommen umgestaltet, der Vorderteil des Hauses war nun vierstöckig und bekam eine spätklassizistische Fassade.

Half alles nichts: Rechts und links neben dem ›Spiegel‹ wurden gewaltige Hotelpaläste hochgezogen: zur Linken die ›neue Rose‹, und zur Rechten der ›Englische Hof‹. Der ›Spiegel‹ existierte weiter (bis zum großen Bombenangriff auf Wiesbaden am 2. Februar 1945), musste sich aber nun mit einem ›bürgerlichen Publikum‹ zufrieden geben, das mit jeder Mark rechnete. Der Glanz fiel auf die Konkurrenz ›Rose‹, ›Schwarzer Bock‹ und ›Palast-Hotel‹.

Ähnlich erging es dem ›Weißen Roß‹ auf der anderen Seite des Kochbrunnenplatzes: Es fand sich eines Morgens eingeklemmt zwischen ›Palast-Hotel‹ und dem Luxushotel ›Römerbad‹. Die uralten Badhäuser ›Schwan‹ und ›Engel‹ wurden 1902 gleich ganz abgerissen, damit auf ihrem Grund und Boden das ›Palast-Hotel‹ wachsen konnte. Das gleiche Schicksal traf den ›Europäischen Hof‹, ehedem ein Haus mit 60 Zimmern, 33 Bädern und prachtvoller Fassade. Es wurde 1899 samt Anteilen am Kochbrunnen von der Stadt angekauft und ersatzlos ›niedergelegt‹, um die Anlagen rund um den Kochbrunnen vergrößern zu können.

Versöhnlicher Abschluss des Kapitels ›Spiegel‹: Wo früher das Badhaus ›Zum Spiegel‹ stand, steht heute das Kettenhotel ›Ibis‹. Vorübergehend befand sich hier ein äußerst unpraktisches Garagen-Hochhaus. Es konnte sich nur wenige Jahre halten.

Hotel und Badhaus Spiegel, Wiesbaden

›Hotel und Badhaus Spiegel‹ am Kranzplatz. Im Vordergrund die Hygieagruppe.

Ein Musterbeispiel für den Baustil des Historismus in der Belle Epoque ist das ›Palast-Hotel‹ am Kochbrunnenplatz, das 1905 in Betrieb genommen wurde.

Eine gute Idee

›Hier badeten schon die Römer‹ vermuteten alle alten Badehäuser Wiesbadens. Bei dem ›Palast‹-Hotel – unmittelbar am Kochbrunnen-Tempel gelegen – steht es fest. Hier badeten sie wirklich. Als man 1902 die Badhäuser ›Schwan‹ (im Jahr 1471 zum ersten Mal erwähnt) und ›Engel‹ (existierte seit 1524) niederlegte, um an ihrer Stelle ein Hotel »allererstens Ranges« zu bauen, fand man Reste der gewaltigen römischen Thermen. Und eine heiße Quelle, die seit tausend Jahren nicht mehr genutzt worden war.

Kaiser Wilhelm sah sich alles mit Interesse an, hatte auch gute Vorschläge, wie man Vergangenheit und Gegenwart glänzend miteinander verbinden könne. Er gab die Anregung: Wie wäre es, wenn man den Neubau auf Pfeiler stellte und die römischen Reste auf diese Weise dem geneigten Publikum erhielte? Die Brüder Neuendorff, die das Palast-Hotel gerade mit Millionen von Mark stemmten, winkten entsetzt ab: Zu teuer, Majestät, zu teuer! Und der Kaiser bedauerte; er habe leider auch kein Geld. So blieb die Idee Idee. Schlecht war sie nicht, die Idee, aber was will man machen, wenn kein Geld da ist? (s. Seite 72)

In den 60er-Jahren sollte das ›Palast-Hotel‹ abgerissen werden. Erst 1973 kam man zur Einsicht, das Haus zu erhalten, und es wurde 1976/77 für die Umnutzung im Sozialwohnungsbereich umgebaut.

KRANZPLATZ

Die Treppe zum Innenhof mit Garten und der Wintergarten im ›Palast-Hotel‹.

Das Palast-Hotel bot in seinen Mauern allen Luxus der Jahrhundertwende. In seinem Prospekt sagte das Haus es so: »In hygienischer Beziehung ist das ›Palasthotel‹ auf unerreichter Höhe der Vollkommenheit.« Neben fünfzig Einzelbädern gab es ›elektrische, Licht-, Dunst-, Wild- und Freistandbäder‹, des Weiteren eine ›Kaltwasserbehandlungsanstalt‹. Mit seinen prunkvollen Gesellschaftsräumen, seinem ›Palmenhaus‹ und seinem ›Wintergarten‹ war das Haus auch für die zu dieser Zeit immer populärer werdende ›Winterkur‹ gerüstet.

In den wenigen Jahren bis zum Ersten Weltkrieg (das Haus wurde 1905 eröffnet) vermochte das Hotel niemals, Gewinn zu erzielen. Dafür waren die Investitionen zu gewaltig und die laufenden Kosten zu hoch.

Prominentester Gast des Hauses war wohl Enrico Caruso, Superstar. Er kassierte für einen einzigen Abend in der Wiesbadener königlichen Oper zehntausend Mark; Goldmark fügte man damals wie jetzt staunend hinzu.

Heute ist das Hotel – äußerlich unverändert, im Inneren ›entkernt‹ und ›umgenutzt‹ – ein Komplex von Sozialwohnungen.

Blick über den Kochbrunnen: Links das ›Palast-Hotel‹ und rechts das Hotel ›Römerbad‹.

PERSONALINTENSIV

Das Restaurant eines großen Hotels der Jahrhundertwende mit etwa hundert Plätzen hatte üblicherweise einen Chef (›directeur‹), einen ›premier maitre d'hotel‹, mindestens zwei ›maitre d'hotels‹, von denen jeder einen ›chef de rang‹ (Kellner) anleitete, die von einem oder zwei ›commis‹ assistiert wurden. Außerdem gab es mindestens zwei ›sommeliers‹ (Wein-Kellner), einen Barmann, einen Kassierer und jemanden am Empfang. Die Küchenbrigade bestand aus vierzehn bis zwanzig Leuten, dem ›chef‹, einem ›sous chef‹, vier ›chefs de parties‹ und acht ›junior chefs‹. Guten Appetit, die Herrschaften!

Kranzplatz

Welcher Gast mag da wohl angekommen sein, der so viel Aufmerksamkeit auf sich zieht?

SEKT · WEIN · BIER

SÖHNLEIN RHEINGOLD

Wo RHEINGOLD perlend steigt im Becher – da beut der Rhein sein Gold dem Zecher

›Rheingold-Sekt‹ war über Jahre der Bestseller von Söhnlein. Das Bild stammt aus dem Jahr 1910, der Künstler ist unbekannt.

Für durstige Kehlen

Die hundert Jahre zwischen 1814 und 1914 waren für die Deutschen hundert Erfolgsjahre; selbstverständlich mit gelegentlichen Rückschritten und Einbrüchen, doch insgesamt ging's vorwärts und aufwärts. Kaiser Wilhelm II. hatte seinen Untertanen versprochen: »Ich führe euch herrlichen Zeiten entgegen« und die Untertanen glaubten fest daran. Nein, hatten den Beweis vor Augen. Für die Wohlhabenden wurde das Leben beständig schöner und reicher, für die Ärmeren wenigstens erträglich.

In solchen Zeiten gibt es viel zu begießen – mit Sekt, Wein und Bier. In Wiesbaden vor allem mit Sekt und Champagner, zur Jahrhundertwende von 1900 der gängige Begriff für jede Art von Schaumwein. Nun, ob Sekt oder Champagner, das perlende, schäumende, sinnliche Getränk war sowohl in Frankreich wie Deutschland eine urdeutsche Angelegenheit. Die großen Champagnerhäuser in Reims und Umgebung gehörten entweder Deutschen oder wurden von Deutschen geleitet. Bezeichnenderweise wurden die ersten deutschen Sektkellereien von jungen Männern gegründet, die aus Frankreich zurückkehrten.

Hochheim und Eltville, die beiden großen Weinorte, die Wiesbaden gewissermaßen einrahmen, waren die ersten Hochburgen der deutschen Sektproduktion: Carl Burgeff, 1813 in

Die Firma Henkell baute ihr neues Hauptgebäude auf einer stillgelegten Kiesgrube in Biebrich. Das Bild entstand kurz nach der Fertigstellung im Jahr 1909.

SEKT · WEIN · BIER

Diese drei Kellner zeichnete ein Gast in das Gästebuch vom Restaurant ›Mutter Engel‹, das in der Langgasse 46 war.

Geisenheim geboren, war der Erste, der aus den Rheingauer Weinen im großen Stil Sekt machte. Burgeff war Sohn eines Kellermeisters und insofern mit Wein und Weinbau groß geworden. 1836 »trat er in die von Ignatz Schweickardt 1833 in Hochheim gegründete Sektkellerei ein«, wie es in einer Firmenchronik heißt. Das hört sich großartig an, war es aber nicht. Burgeff war 23 Jahre alt, Assessor am Amtsgericht in Hochheim und hatte, wie man volkstümlich sagte, ›etwas an den Füßen‹. In einer Gastwirtschaft lernte er den zwei Jahre älteren Ignatz Schweickardt kennen, der sich mit der Produktion von moussierendem Wein versuchte. Schweickardt hatte das Sektmachen dort gelernt, wo es was zu lernen gab: Bei der Witwe Clicquot in Reims. Nach dem ersten schwierigen Jahr brauchte er dringend frisches Geld, wenn das Ganze nicht im Ruin enden sollte. Die beiden jungen Männer taten sich zusammen und gründeten 1836 die ›Sektkellerei Schweickardt und Burgeff & Co‹; Startkapital war ein Kredit von Burgeffs Mutter in Höhe von 1600 Gulden (zu 5% Zinsen). Damit fing eine lang anhaltende Erfolgsgeschichte für Burgeff und Hochheim an. Um 1900 erzeugten hier insgesamt sieben Kellereien in industriellem Maßstab Sekt.

Matheus Müller MM begann 1838 in Eltville. Der Firmengründer, 1773 in Eltville geboren, betrieb zunächst Weinhandel. Nach einigen Jahren von Versuch und Irrtum nahm er dann 1838 die Produktion von Schaumweinen auf. Und zwar nach der französischen Flaschengärungsmethode.

In diesen Jahren (exakt 1832) gründete Adam Henkell in Mainz seine Weinhandlung und legte damit den Grundstein für das heutige Welt-Unternehmen Henkell & Co. Doch erst der Enkel des Gründers schuf 1894 die Sektmarke Henkell Trocken, die bald mit geistreicher Werbegra-

Links: Reklame wurde bei Henkell groß geschrieben und war immer aktuell. Für ein Autopicknick warb diese Anzeige im Jahr 1908.

Rechts: Die Sekt-Bude wurde von Henkell bei einem Wohltätigkeitsbasar aufgestellt.

Söhnlein Rheingold

fik in aufsehenerregenden Kampagnen beworben wurde. 1904 leistete sich Henkell ein ›Reklamebudget‹ von 100 000 Mark, zu dieser Zeit eine unglaubliche Summe. Aber offenbar zielführend. Das Geschäft florierte so, dass der Platz in Mainz nicht mehr ausreichte. Man erwarb auf der Biebricher Höhe (zwischen Wiesbaden und seinem Vorort Biebrich) eine stillgelegte Kiesgrube, in der man ohne größere Schwierigkeiten eine hochmoderne Sekt-Kellerei hochziehen konnte. 1907 schrieb Otto Henkell einen Architekten-Wettbewerb aus; Sieger wurde der gerade dreißig Jahre alte Paul Bonatz. Sein Entwurf für ein Sektschloss entsprach allen Anforderungen an Repräsentation und Produktion; nein, wirkte als Industriebetrieb geradezu unglaublich schön und war dabei ausgesprochen zweckmäßig.

Söhnlein in Schierstein, wenige Kilometer von der Biebricher Höhe entfernt, war lange ein harter Henkell-Konkurrent. Die Firma war 1864 von Johann Jacob Söhnlein und Partnern als ›Rheingauer Schaumweinfabrik‹ gegründet worden. Söhnlein hatte bis dahin Erfahrungen im Weinexport gesammelt. Mit Zustimmung von Richard Wagner gab er seinem besten Schaumwein den werbewirksamen Namen ›Rheingold‹, ein Geniestreich. Damit setzte er sich auf dem deutschen Markt rasch durch. Besonders prestigefördernd war die Entscheidung Kaiser Wilhelms I., dass deutsche Kriegsschiffe fortan nur noch mit ›Rheingold‹ getauft werden sollten.

Sein Enkel Kaiser Wilhelm II. sorgte dafür, dass in den Casinos des ›Deutschen Offizier-Vereins‹, dem Betreiber der preußischen Offizierkasinos, nur noch deutsche Spitzensekte kredenzt wurden. Nebenbei: Mehr als einmal führte sich der Kaiser wie ein Marketingmanager für deutschen Sekt auf. Allerdings war es genau dieser Kaiser Wilhelm II., der am 1. Juli 1902 die Schaumweinsteuer (vulgo: Sektsteuer) zur Finanzierung seines übergroßen Spielzeugs, der Kriegsmarine, einführte. Die Flotte ging unter, die Sektsteuer hat sich bis heute gehalten. Ehemals betrug sie 50 Pfennig pro Flasche, heute 1,02 Euro.

Sektfabrikanten, hochvermögende (zu der Zeit zumeist adelige) Rheingauer Weingutsbesitzer und einfache Winzer einte in den Jahren um 1900 eine andere, sehr spezielle Sorge:

Dieses gelungene Plakat entwarf Fritz Rumpf im Jahr 1912 für die Firma Söhnlein Rheingold.

SEKT · WEIN · BIER

Um 1880 erschien das Etikett der Marke ›Kaiser-Sekt‹ der Firma Söhnlein.

Im März 1899 errichtete die A. Wilhelmj AG ihren Hauptsitz in der Wilhelmstraße. Das Unternehmen gehörte zu den größten Weingutsbesitzern im Rheingau.

Links: Bei Henkell erfolgte schon 1909 das Dregorgieren (enthefen) des Sektes halbautomatisch.

Rechts: Schon beim Bau erkennt man das charakteristische Dach des Henkell-Hauses.

Die vor dem Antialkoholismus. Die fanatischen ›Wasserapostel‹ aller Schattierungen konnten den Erzeugern von Bier, Wein und Sekt durchaus Angst einjagen.

Am Alkohol und seinen Wirkungen hatten sich schon lange die Geister geschieden – seit dem Ende des Mittelalters, als Luther dem ›Saufteufel‹ den Krieg erklärt hatte. Nun aber lieferten sich die Abstinenzler, die sich den ›Sklaven des Alkohols‹ moralisch hoch überlegen dünkten, mit den Wein-, Bier- und Sekt-Trinkern eine erbitterte Schlacht. Die Abstinenzler glaubten die ›Kulturnationen‹ dem Untergang geweiht, wenn der Alkohol nicht ausgerottet werde. Die Trinker und Genießer ihrerseits sahen den Verlust von Freiheit und Lebensglück voraus, sollten die zu allem entschlossenen Gegner siegen.

Die Gefahr, dass die Kampagnen der Antialkoholiker den Weinbau und den Sekthandel ruinieren würden, war sehr real: Gegen Ende des 19. und zu Anfang des 20. Jahrhunderts gehörte die Abstinenzbewegung zu den wichtigsten sozialen Bewegungen in Europa und den USA. In Amerika siegten die Antialkoholiker sogar, zumindest für eine Weile. Das Scheitern der Prohibition dämpfte dann in Deutschland den Kampfesmut der Alkoholgegner, die Produzenten konnten aufatmen.

Dabei war das Prestige der Rheingauer Spitzenweine um 1900 auf seinem Höhepunkt – und seine Preise ebenso. Elegante Rheingauer wurden an Europas Kaiser- und Königshöfen genau so selbstverständlich kredenzt wie in den Up-to-date-Grandhotels, den exklusiven Speisewagen, auf den Atlantik-Dampfern oder in verschwiegenen Séparées. Wie um das Glück ins Unermessliche zu steigern, wurde der 1911er ein Jahrhundertwein. Er wurde sehr schnell mit einem Wunder-

Eine Wiesbadener Weinpräsentation der besonderen Art aus der Zeit um 1912.

kind verglichen und dem legendären Kometenwein des Jahres 1811 gleichgestellt. Diese Spitzenweine wurden wie selbstverständlich im längst säkularisierten Kloster Eberbach ge- und versteigert. Eberbach im Rheingau war das Weinkloster mit dem höchsten Prestige aller europäischen Weingüter und gehörte zu den preußischen Staatsweingütern; deren Sitz war wiederum Wiesbaden.

Der größte Teil der Stadt Wiesbaden wurde zwischen 1870 und 1914 gebaut. Wo es viele Bauhandwerker gibt, da wird auch viel Bier geschluckt. Das war eine goldene Regel, auf die man sich als Brauer verlassen konnte. Entsprechend war Wiesbaden um die Jahrhundertwende auch eine Bier-Stadt. Die ›Germania Brauerei‹ an der Mainzer Straße und die ›Kronen-Brauerei‹ an der Sonnenberger Straße waren die großen Konkurrenten auf dem lokalen Biermarkt. Daneben gab es einige kleinere Brauereien: etwa die Wuth'sche ›Taunusbrauerei‹ am Erbenheimer Weg, die ›Brauerei Felsenkeller‹ an der Bierstadter Straße und die ›Brauerei Walkmühle‹ in der heutigen Walkmühl-An-

Diese Speisen- und Getränkekarte aus dem Jahr 1911 kam 100 Jahre später beim Auktionshaus Köhler in Wiesbaden zur Versteigerung.

Friedrich Wilhelm Söhnlein heiratete 1902 die amerikanische Brauereibesitzerstochter Emma Pabst. Für sie baute er 1906 diese stattliche Villa in der Paulinenstraße 7, die viel Ähnlichkeit mit dem ›Weißen Haus‹ hat.

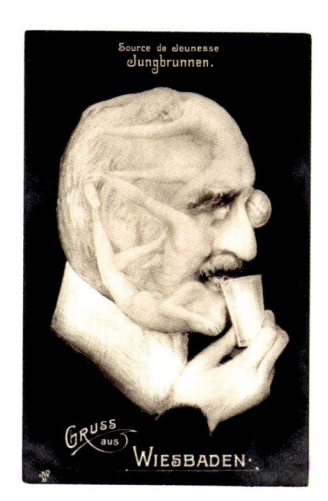

SEKT · WEIN · BIER

Was Männern alles bei einem ›Jungbrunnen‹ durch den Kopf geht zeigt diese Ansichtskarte aus dem Jahr 1910.

lage. Die ›Germania Brauerei‹ an der Mainzer Straße, 1888 erbaut, war eine gewaltige Bier-Burg; ihr markantes Markenzeichen – das Haupt einer jungen, strahlenden Göttin – signalisierte Vaterlandsliebe und Siegeswillen, und tatsächlich beherrschte die Firma lange den örtlichen Markt. Die ›Kronen-Brauerei‹ mit Sitz an der Sonnenberger Straße hatte zwar früher ihren Betrieb aufgenommen, wurde aber auch schon Jahrzehnte früher wieder geschlossen. In ihrem Gründungsjahr 1862 hatte man sie »weit vor den Toren der Stadt« etabliert – eigentlich im Niemandsland zwischen Wiesbaden und Sonnenberg und an einer holprigen Landstraße in den Taunus. Das Gelände wurde bald sehr begehrt, da unmittelbar am Kurpark gelegen und rasch Teil einer sehr repräsentativen Villenstraße. Was als begrüßte Unternehmung begonnen hatte, wurde in wenigen Jahrzehnten zum Ärgernis. Das Ende der Kronen-Brauerei kam mit dem Ende des Ersten Weltkriegs; 1918 war in der Sonnenberger Straße Schluss mit der Bierbrauerei.

Besonders wichtig für Bierbrauer und Biertrinker: In Wiesbaden war die ›Gesellschaft für Linde's Eismaschinen‹ beheimatet. Ohne ihre Eismaschinen wären die Brauereien bessere Manufakturen geblieben wie in den Jahrhunderten zuvor; erst Linde machte die Bierherstellung im großen Stil möglich.

Ratskeller Wiesbaden Ausschank von „Münchener Bürger-Bräu" Restaurateur C. Herborn.

Die Ansichtskarte der Germania Brauerei in der Mainzer Straße 101 mit der Restauration ›Zur Quelle‹ stellte Germania-Fachmann Ingo Schwemmer zur Verfügung.

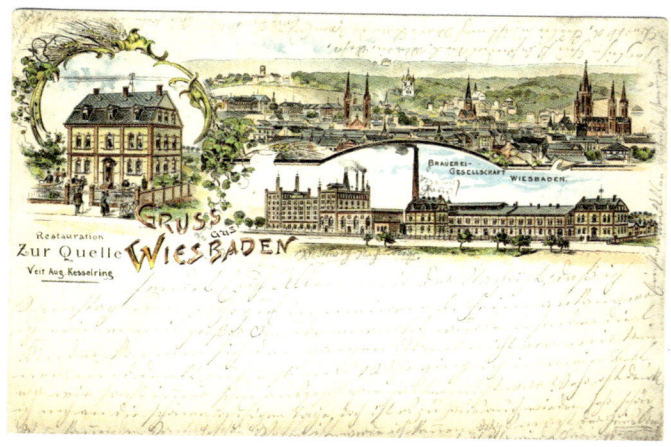

Ein Helles gab es für 10 Pfennige in der Stehbierhalle in der Taunusstraße 22.

GERMANIA-BIER

nach Münchener und Pilsener Brauart.

Garantiert rein aus Hopfen und Malz.

Anerkannt und beliebt wegen seiner Reinheit im Geschmack, seiner Lagerung und vorzüglichen Bekömmlichkeit.

„Germania"
Brauerei-Gesellschaft
WIESBADEN.

Im Adressbuch 1908/1909 der Stadt Wiesbaden ist diese Anzeige der Germania-Brauerei zu finden.

1910 wurde das Bier der Kronen-Brauerei noch mit dem Pferdewagen ausgefahren.

Kronenbrauerei und das Restaurant Kronenburg auf einer Karte von 1906.

Die Brauerei Felsenkeller war in der Bierstadter Straße, das Restaurant gibt es heute noch, natürlich in anderer Form.

Gruss von der Kronenburg b. Wiesbaden
Inh. Jean Conradi.

In der Sonnenberger Straße befand sich der große Komplex der Wiesbadener Kronen-Brauerei mit Restauration und Brauhaus. Die Karte ist 1898 verschickt worden.

Wiesbaden 8. Oktb. 1902. Langgasse.

Freundl. Grüße aus Wiesbaden
sendet Ihnen nebst Ihrer noch gel. Schwester
v. H. (Spiegel)

Carl v. d. Boogaart, Wiesbaden. No. 402.

Langgasse

Die Langgasse, heute eine Fußgängerzone zwischen dem Kochbrunnen und dem Stadtzentrum, ist eine der ältesten Straßen der Stadt: die ›Via maxima‹ der Römerzeit.

Rechts und links der Straße gruppierten sich vor beinahe zweitausend Jahren neben eleganten Thermen, Gast- und Logierhäusern eine Reihe kleinerer Badehäuser – individueller, intimer. Des Weiteren waren hier die Dinge zu kaufen, die Reiche nun mal brauchen: Schmuck, kostbare Gläser, kostbare Stoffe.

Im Mittelalter wurde vor allem im heißen Wasser des Kochbrunnens, des ›Adlers‹ und des ›Schützenhofes‹ gebadet. Damals waren sie die ersten Häuser der Stadt, beide an der Langgasse gelegen. Während der Belle Epoque war die Langgasse eine ausgesprochene Hotelzeile: Hier gab es das Hotel und Badhaus ›Continental‹, Langgasse 36, den ›Europäischen Hof‹, Langgasse 32, das Hotel ›Zum Adler‹, Langgasse 42/46, und noch immer den ›Schützenhof‹ in der Schützenhofstraße, einem Abzweig der Langgasse.

Dazu kamen einige Pensionen, allesamt leicht zu erreichen mit der Straßenbahn, die hier entlang zuckelte, der Linie Nr. 2 – rote Dachschilder, rote Lichter, Verkehr viertelstündlich, nachmittags nach Sonnenberg alle 7½ Minuten. Sonnenberg und besonders die Sonnenberger Burg waren ein geschätztes Ausflugsziel, daher der häufige Verkehr. Fahrpreise: Kurhaus – Sonnenberg 10 Pfg. Kleine Hunde konnten gegen Lösung einer Fahrkarte, angeleint und mit Maulkorb versehen, auf dem Vorderperron mitgenommen werden.

Damals schon Fußgängerzone? Die Langgasse.

Die Götter bestechen

Die Deutschen sahen in dem Fellini-Klassiker ›La dolce vita‹ mit staunenden Augen, dass man Münzen in einen Brunnen werfen muss, wenn man an einen bestimmten Ort wiederkehren will, in diesem Fall Rom! Sie hätten es schon vor zweitausend Jahren in Wiesbaden erleben können. Da gab es an den Militärthermen in der heutigen Schützenhofstraße einen Brunnen, in den man kleine Opfergaben warf. Bei Ausgrabungsarbeiten wurde hier ein wahrer ›Quellschatz‹ gefunden, über 250 Münzen aus der Zeit vor und nach Christi Geburt. Die älteste der Münzen war in den Jahren zwischen 40 und 28 vor Christus geprägt, die jüngste fast fünfhundert Jahre später, eine Siliqua Konstantins III., zwischen 407 und 411 nach Christus in Trier. Die Siliqua entsprach 1/24 Solidus, ihr ursprüngliches Gewicht betrug cirka 3,4 Gramm; sie wurde aber schon untergewichtig ausgegeben. Die Zeiten waren halt immer so.

Ansonsten war die ›Münzsammlung‹ in der Schützenhofstraße mehr oder minder vollständig. Man fand Asse von Augustus, Caligula, Vespasian und Nerva, Sesterzen und Dupondien des Domitian, Asse von Trajan, Hadrian, Antonius Pius, Mark Aurel und Commodus bis hin zu zahlreichen Folles Konstantins I. mit Prägungen zwischen 308 und 337 nach Christus, Halbcentenionalen von Valentinian II., Theodosius I. und Arcadius, geprägt zwischen 388 und 395 in Arles.

Und siehe da, die Römer sind zurückgekehrt. Wie wären wir sonst zu unserer Pizza-Kultur gekommen?

GRANDHOTEL UND BADHAUS ›ZUM SCHÜTZENHOF‹

Schützenhofstraße 4, an der Langgasse

Ein großes, altes Hotel ist wie ein Lebewesen: Zellen sterben ab, andere erneuern sich. An keinem Tag ist es so, wie es vor einem Jahr war oder in einem Jahr sein wird.

Das Grandhotel ›Zum Schützenhof‹ befand sich, wo vor mehr als tausend Jahren die Römer gebadet hatten, an der Langgasse. Oder, wenn man ganz pingelig ist, in einer Stichstraße, die von der Langgasse abging und von einem Haus dominiert wurde, vom ›Schützenhof‹ nämlich. Als man in den Jahren zwischen 1867 und 1869 den alten ›Schützenhof‹ abriss und an seiner Stelle einen neuen hinstellte, kamen Reste römischer Thermen zum Vorschein.

Das neue Haus wurde von einem Konsortium von Finanzleuten errichtet, die einen vierstöckigen Klotz von 29 Meter Länge und 31 Meter Tiefe hinstellten. Im Zentrum der Anlage gab es eine Trink- und Wandelhalle, die von einer Glaskuppel gekrönt wurde. Das Heilwasser wurde aus einer granitenen Trinkschale geschöpft und nach Vorschrift getrunken.

Trinkkuren waren im 18. Jahrhundert in Mode gekommen. Damals musste der Kurgast bis zu fünfzehn Gläser Heilwasser pro Tag schlucken. Zu Beginn des 19. Jahrhundert hatten die Badeärzte die Vorschriften bezüglich der Wassertrinkerei drastisch geändert; drei, vier Gläser am Tag taten es nun auch.

Präzise regelten die Ärzte sogar den Ablauf des Heilwassertrinkens. So sollte der Patient das Wasser frisch vom Brunnen und auf nüchternen Magen zu sich nehmen. Zwischen den einzelnen Gläsern sollte er etwa zehn bis fünfzehn Minuten vergehen lassen, damit der Magen-Darm-Trakt das Wasser auch ordentlich absorbieren könne. Während des Trinkens sollte sich der Brunnengast außerdem ausreichend Bewegung verschaffen. Daher die ›Wandelhalle‹.

Da nicht jeder die Mineralwasser gleich gut vertrug, rieten die Ärzte ab 1840 zu Molke, Kuh-, Ziegen- oder Eselsmilch – entweder als Zusatz oder pur. Die Molke wurde frisch und warm angeboten.

Der neue ›Schützenhof‹ verfügte über insgesamt 27 Einzelbadewannen und ein Doppelbad. Die Herren Ärzte behaupteten, dass die verschiedenen Wiesbadener Wasser bei insgesamt zweiundsechzig Erkrankungen hilfreich seien und entweder Heilung oder zumindest Besserung bewirkten. Das Thermalwasser sollte bei Rheuma, Gicht, Hautproblemen und Frauenleiden helfen.

Im Gegensatz zu den meisten anderen Badhäusern versteckte und verbannte der ›Schützenhof‹ seine so wohltätigen Badeeinrichtungen nicht im ›Souterrain‹. Hier lagen sie zu ebener Erde. Im Obergeschoss befanden sich vornehm ausgestattete Speise- und Aufenthaltsräume. Die eigentlichen Gästezimmer waren im dritten und vierten Stock zu finden. So gerüstet, konnten die Reichen und Berühmten kommen. 1879 stieg Kaiser Wilhelm I. hier ab.

Der Eingang vom Hotel ›Schützenhof‹ standesgemäß bewacht.

Lädt zum Verweilen ein – der Garten vom ›Schützenhof‹.

Das ›Hotel & Badhaus Schützenhof‹.

Das war's dann aber auch mit der Prominenz; der ›neue‹ Schützenhof kam nie aus den roten Zahlen heraus. 1882 kaufte die Stadt Wiesbaden Haus, Gelände und Quelle und machte daraus ein Badhaus für ein bürgerliches Publikum – für Wiesbadener und ›Kurfremde‹. Schließlich konnte sich nicht jeder das Kochbrunnenwasser nach Hause kommen lassen, wiewohl darauf allein vier Firmen spezialisiert waren.

In gewisser Weise war der neue Schützenhof schon bei seiner Eröffnung überholt, er konnte nicht wirklich für sich einnehmen. Das war beim alten, zwischen 1784 und 1795 vom Wirt der Gastwirtschaft ›Einhorn‹ errichteten Bau respektive Umbau anders gewesen. Der passte wirklich in seine Zeit: Hier fanden – vor Eröffnung der Spielbank im Kursaal – Glücksspiele um Geld statt; im Großen Saal wurde Theater gespielt und getanzt.

Selbst ein ›Lesemuseum‹ gab es hier. Dies war ein ›Leseclub‹, der für seine (ausgesuchten) Mitglieder die großen politischen Zeitungen sowie künstlerische und wissenschaftliche Fachblätter auslegte.

Kaiser Joseph II. war ein sehr zufriedener Gast des alten ›Schützenhofs‹; unzufrieden äußerte sich Frau von Stein – ja, just jene. Sie beschwerte sich über das Ungeziefer, das sie angetroffen bzw. das von ihr Besitz ergriffen hatte. In den Wandbespannungen und hinter den Vertäfelungen hatten sich tatsächlich Wanzen eingenistet.

Der Name des Hauses stammt von Gottfried Schütz von Holzhausen, einem Adeligen, der Jahrhunderte früher Besitzer eines anderen ›Schützenhofes‹ gewesen war.

Wie gesagt, ein Hotel ist ein Lesewesen, das sich ständig verändert …

Privathotel ›Goldenes Ross‹ und ›Goldene Kette‹

Langgasse 32 und Goldgasse 1

1973 endete die lange Geschichte des Privathotels ›Goldenes Roß und Goldene Kette‹, ursprünglich zwei selbstständige Häuser, eins in der Langgasse, das andere in der Goldgasse, wenige Schritte voneinander entfernt und im Besitz einer eigenen bedeutenden Thermal-Quelle, der ›Goldnen-Roß-Quelle‹.

Im Jahre 1617 wird die Badherberge ›ad signum galeae‹ (damals war Latein was heute Englisch ist) zum ersten Mal in den städtischen Akten erwähnt und nicht als Neubau. 1724 trägt das Badhaus den Namen seines Besitzers Hironimus Groh, eines ›Schröpfers und Badwirts‹. Zu der Zeit hieß es einfach und einprägsam Badhaus ›Zur Groh‹. Seine Witwe, die Grohin, führte es weiter unter dem Namen ›Zur Krähe‹. Seit 1785 firmierte das Haus dann endgültig als ›Goldene Kette‹.

Die Geschichte des Badhauses ›Zum Goldenen Roß‹ begann 1839. Per Zufall hatte da der Schneidermeister Rossel auf seinem Grundstück die stärkste radioaktive Quelle der Stadt entdeckt und sofort seine Chance erkannt: Mit Wasser und gar noch radioaktivem musste was zu machen sein. Und war auch; sein ›Goldenes Roß‹ machte ihm noch viel Freude.

›Goldene Kette‹ und ›Goldenes Roß‹ entwickelten sich unabhängig voneinander zu angesehenen Häusern in der jetzigen Weltkurstadt. Im Reiseführer von 1914 wird vom ›Goldenen Roß‹ gesagt: »30 Zimmer von 2 bis 3 Mk., P. einschließlich Bad 6-7 Mk. Eigene Thermalquelle im Haus, Trinkkur, elektrische Lichtbäder und Kohlesäurebäder, Restaurant, Garten.« Über die ›Goldene Kette‹ heißt es kurz und bündig: »Modern eingerichtetes Hotel, Thermalbäder, billige Preise.«

Es wäre möglich, aber wenig ergiebig, aufzuzählen, wann eines der beiden Häuser und wann beide zusammen einem Besitzer gehörten und welchem. Interessant ist eigentlich nur, dass es Leute waren, die entweder in dieses Gewerbe hineingeboren wurden oder es sich mit Mut und Abenteuerlust aneigneten. Für gewöhnlich waren Badewirte handfeste Kerle, die zu rechnen verstanden und durchaus auf ihren Vorteil aus waren. Sie waren die typischen Aufsteiger, die die Dinge zu ihren Gunsten richten konnten. Bei Todesfall und Erbteilungen kauften die Erfolgreicheren den weniger Glücklichen Grundstücke und Anteile an den Quellen ab, manchmal ganze Häuser samt Inventar.

Wie zum Beweis für das Gesagte erwarb eine begüterte Familie Lehmann im April 1908 das Gasthaus ›Goldene Kette‹ in der Goldgasse, renovierte und inserierte und hatte Erfolg damit. 1915 gelang es den Lehmanns, das Badehaus ›Zum Goldenen Roß‹ hinzuzukaufen. Bis 1973 waren die Häuser dann in Familienbesitz. Danach standen sie zum Verkauf.

Wer weiß, eines Tages werden sie womöglich wieder »ihre Pforten öffnen«, um in der Sprache der Jahrhundertwende von 1900 zu bleiben. So wie es aussieht, stehen ja Innenstadt-Hotels vor einer Renaissance. Und mehr Innenstadt als Langgasse und Goldgasse gibt es in Wiesbaden nicht.

Das Hotel ›Goldene Kette‹ in der Goldgasse/Ecke Häfnergasse.

Mal ›Goldnes‹, dann wieder ›Goldenes Ross‹.

BADHAUS GOLDNES ROSS

Hotel u. Badhaus
Goldnes Ross
Goldene Kette

Hotel und Badhaus ›Continental‹

Langgasse 36

Kaum ein Haus der Langgasse verkörpert Historismus und Wilhelminismus so klar wie das Hotel ›Continental‹ an der Langasse, eröffnet 1905. In seiner besten Zeit hatte es fünfzig Zimmer und »alle Errungenschaften der Neuzeit«. Seine imponierende Fassade wurde von zwei gewaltigen Adlern gekrönt, diese auf Weltkugeln stehend und ihre Schwingen weit ausbreitend. Wenn man wollte, konnte man die Adler als Symbol Deutschlands verstehen, das sich die Welt untertan macht. Einfacher gestrickte Gemüter fühlten sich an das alte Badhaus ›Zum Adler‹ erinnert, das sich Jahrhunderte an dieser Ecke befunden hatte. So oder so: Die Adler fanden im Zweiten Weltkrieg ihr Ende, das Haus, das sie beschirmten, glücklicherweise nicht.

Auf dem Grundstück des alten ›Adlers‹ wurde aber nicht nur das ›Continental‹ hochgezogen. Nebenan, auf dem früheren Gartengelände des ›Adlers‹, wurde in den Jahren zwischen 1910 und 1913 das ›Kaiser-Friedrich-Bad‹ errichtet, ein Kurmittelhaus der allerersten Ordnung, heute wieder wie damals prunkend und glänzend. Wiewohl das ›Continental‹ als Mitbesitzer der uralten ›Adler‹-Quelle eigene Thermalbäder besaß (auch Süßwasserbäder) war durch »direkte Etagenverbindung« der bequeme Zugang zum Kaiser-Friedrich-Bad gegeben. Dieser Badetempel, endlich den Einrichtungen der Römer ebenbürtig, wenn nicht gar überlegen, hatte neben dem ›gerühmten‹ Römisch-Irischen Bad vieles zu bieten: Kohlensäure- und Moorbäder, ein Sandbad, ein russisches Dampfbad, Einrichtungen für elektrische Bäder usw. usw.

Das Kaiser-Friedrich-Bad, im April 1913 mit viel Tantam eingeweiht, sollte die Kur und den Kurort noch weiter voranbringen. Es war die erste städtische Einrichtung dieser Art in Wiesbaden – bislang waren die ›Kurfremden‹ auf Thermalbäder in den Hotels und Pensionen angewiesen. Das Kaiser-Friedrich-Bad fiel derart pompös aus, dass es in dem einen Jahr bis zum Ersten Weltkrieg als eine Hauptsehenswürdigkeit betrachtet wurde; Besichtigung des Hauses ›unter Führung‹ war zum Preis von 50 Pfg. möglich. Man war wirklich auf jeden Pfennig angewiesen: »Die Bauanlage ist so teuer, dass die Stadt selbst bei bester Frequenz mit einem Jahreszuschuss von 60 000 Mk. rechnet.«.

Es ist immer noch in Schönheit zu bewundern, das ›Continental‹ in der Langgasse, nur die Türme mit den Adlern gibt es nicht mehr.

Wiesbaden.
Hotel Continental in der Langgasse.

Hotel ›Europäischer Hof‹

Langgasse 32

Am Ende der Langgasse, nur wenige Schritte vom ›Continental‹ entfernt, lag das Hotel ›Europäischer Hof‹, dreistöckig, mit 95 Zimmern, eindrucksvoller, stilsicherer Fassade und direkter Zuleitung des Thermalwassers aus der ›Adlerquelle‹. Es gab ein Wein- und ein Bierrestaurant im Haus und die üblichen Annehmlichkeiten, die man als zahlender Gast zu stellen gewohnt war. Benotung im Reiseführer: ›erstklassig‹.

Für die Einstufung ›Grandhotel‹ reichte es nicht – es gab einfach keinen Platz für Erweiterungsbauten, etwa für Garagen, wie sie nun gefordert wurden. Statt zwei- oder gar vierspännig vorzufahren, kamen die Herrschaften jetzt nicht selten im Automobil. Wohin damit über Nacht?

Kaiser Wilhelm II. hatte zwar vorausgesagt: »Ich glaube an das Pferd. Das Automobil ist eine vorübergehende Erscheinung.« Die Firma Benz hatte die Entwicklung von Anfang an anders eingeschätzt. Schon in der allerersten Anzeige für den Benz Patent-Motorwagen von 1888 hatte es geheißen, das Fahren im Automobil sei »bequem und absolut gefahrlos«, jedenfalls sei »Lenken, Halten und Bremsen leichter und sicherer als bei gewöhnlichen Fuhrwerken«. Zudem beanspruche das Automobil nur »sehr geringe Betriebskosten« und sei deshalb ein »vollständiger Ersatz für Wagen mit Pferden«.

Um 1903 behauptete die Firma, ihre Fahrzeuge seien nun so ausgereift, dass wesentliche Verbesserungen nicht mehr zu erwarten seien.

Wenn man sich die Postkarten von 1910 ansieht, fällt auf, wie selbstverständlich Automobile bereits geworden sind. Zwar werden immer noch Pferdefuhrwerke abgebildet, es mangelt auch nicht an eleganten Kutschen, doch der Sportlichkeit ausstrahlende ›Herrenfahrer‹ setzt sich mehr und mehr durch.

Der Briefkopf des Hotels.

Rechts der Musik- und Damensalon des Hotels ›Europäischer Hof‹.

ES WAR EINMAL ...

... so beginnen immer gute Geschichten.
Auch die der ESWE Versorgungs AG vor über 80 Jahren in Wiesbaden. Klein haben wir begonnen und uns mit großen Ideen ins rechte Licht gerückt. Ob damals die elektrische Beleuchtung auf dem Marktplatz oder heute Elektrotankstelle, Photovoltaik und Biogas – ESWE stellt die Energie zuverlässig und sicher bereit.

ESWE Energie CENTER, Kirchgasse 54, Wiesbaden, Tel.: 0611 780-2275.

www.eswe-versorgung.de

ESWE VERSORGUNG

Darauf können Sie sich verlassen

"Zum Bären", Hotel und Badhaus, Wiesbaden

Das Badhaus und Hotel ‹Zum Bären› in der Bärenstraße.

War die Dachschrift tatsächlich so groß? Manipulieren und retuschieren war auch früher üblich. Das Auto wurde tatsächlich später eingefügt.

Der alte Bär

›Hotel zum Bären‹, Bärenstraße 3

Zeiten, die sich ihrer selbst sicher sind, sind großenteils rigoros: Was im Wege steht, wird zur Seite geräumt. Denkmalschutz spielt eine geringe Rolle, man baut ja selbst für die Ewigkeit.

Das war auch die Stimmung im Wiesbaden der ›Belle Epoque‹. Alles sollte besser, größer, schöner werden und wurde es auch. Zeit über Vergangenes und Vergehendes zu lamentieren, blieb da nicht.

Am Beispiel des uralten Badehauses ›Zum Bären‹ – früher an der Langgasse – lässt sich das besonders leicht belegen. Goethe wohnte 1814 und 1815 während seiner Wiesbadener Badekur im ›Bären‹; beim ersten Mal in einem relativ dunklen Gebäude, beim zweiten Mal war gründlich renoviert und umgebaut worden. Goethe in einem Brief: »Der dunkle Gang ist erweitert, eine durchaus zusammenhängende Reihe von Zimmern angelegt. Der Vorplatz mit dem Balcon macht jetzt mein abgeschlossenes Vorzimmer; so ist es auch auf der anderen Seite u.s.w.« 1840 wurde aufgestockt.

1854 verkündet ein Inserat: »Das Etablissement liegt an der Hauptstraße Wiesbadens, der Post gegenüber und hat hinter dem Haus einen mit Blumen und Weinreben bepflanzten Garten; es bietet also den lebhaften Verkehr der Straße wie den Genuß der ländlichen Stille. Hundert und zehn Zimmer und ein Conversationssaal sowie 60 Bäder nebst Dampfbädern und Douchebad stehen zur Verfügung der verehrlichten Gäste. Table d'hôte wird nicht gehalten, sonst aber Alles verabreicht, und ist für jede Bequemlichkeit und gute Bedienung bestens gesorgt. Aus der Hauptquelle wird das Wasser zum Trinken in den Garten geführt.«

Die Hauptquelle ist die Adlerquelle, die der Konkurrenz gehört; da kann man den Namen ›Adler‹ selbstverständlich nicht in den Mund nehmen.

1890 kauft die Stadt Wiesbaden das traditionsreiche Haus, reißt es ab und verwendet einen Teil des sehr weiträumigen Geländes für eine neue Straße. Die ›Bärenstraße‹ soll das enge Quellenviertel mit den Straßen aus dem Mittelalter heller und angenehmer machen.

1912 wird, sozusagen am anderen Ende der Straße, ein neues Hotel und Badhaus ›Zum Bären‹ gebaut und eröffnet. Bei der Gelegenheit verleibt es sich das Badhaus ›Zum Rheinstein‹ ein, das fünfzig Jahre früher von dem Badewirt Jakob Schmitt erbaut worden war. Dieses Haus von 1912, Adresse: Bärenstraße 3, existiert (im Prinzip) heute noch. In den Fünfziger- und Sechzigerjahren des letzten Jahrhunderts stieg hier vor allem Film-Prominenz ab.

Eine lange Geschichte und eine schöne Tradition wurde damit fortgeführt. Aus alten Urkunden kann man rekonstruieren, dass bereits 1471 an der Langgasse zwei Badhäuser nebeneinander lagen: der ›Bär‹ und der ›Riese‹, beide Besitz des Gelen Hen und seiner Frau Else.

Im Jahre 1710 wurde der Plan für ein neues Badhaus gezeichnet, zweistöckig, 142 Fuß lang, 36 Fuß tief mit einem Seitenflügel, einem großen und zwei kleinen Bädern und Stallungen für achtzig Pferde. Der Kostenanschlag belief sich auf 11 588 Gulden, was den Bau um zwanzig Jahre hinausschob. 1730 stand das neue Gebäude, den ›Riesen‹ gab's aber auch noch, zu der Zeit ein Badhaus ersten Ranges. Beide Häuser gehörten wohl auch damals einem Besitzer. 1747 war jedenfalls »eine Thüre aus dem Riesen in den Bären zu brechen«; die Rechnung ist erhalten geblieben.

›Hotel zum Bären‹ um 1860.

Nächste Doppelseite: Entwickelte sich von der Poststation und dem Gasthaus zum repräsentativen ›Hotel und Badhaus Adler‹. 1814 verbrachte Goethe hier seinen Kuraufenthalt.

Internationaler Hotel-Telegraphen-Schlüssel

Telegramm-Adresse:
ADLERKRONE WIESBADEN

TELEFON 685

ADLER-KOCHBRUNNEN
64,6° C.

Adlerquelle 64

Hote...

Langgasse
in nächster ...

THERMAL- u. KOHLENSAURE-BÄDER
TRINKKUR IM HAUSE

Wiesbad...

Adler Badhaus

44 u. 46 gegenüber der Bärenstrasse
vom Kurhaus u. Königl. Hoftheater

BESITZER: **Ludwig Walther**

den 5/5 07.

Krankenhäuser – Schulen

Sehr gesund

»Dank der vorzüglichen sanitären und hygienischen Einrichtungen, dem günstigen Klima und seinen Wohnverhältnissen usw. steht Wiesbaden nach amtlicher Statistik in Bezug auf Sterblichkeit in der günstigsten Reihe unter den deutschen Städten.

Durchschnittlich gibt es nur 18 Sterbefälle jährl. auf 1000 Einwohner. Berücksichtigt man, dass Wiesbaden vielfach von älteren Leuten bewohnt wird, die sich nach einem arbeitsamen Leben unter Fabrikschornsteinen hier in reiner Luft und günstigen Lebensbedingungen erholen wollen, dann erscheint die geringe Sterblichkeit besonders günstig und berechtigt Wiesbaden zu der oft gewählten Bezeichnung als ›Stadt der Gesundheit‹.

An Heilanstalten sind vorhanden:

1. Das große städtische Krankenhaus (chirurgische und medizinische Abteilung), Höhenlage, großer Park, 600 Betten, entspricht den weitgehendsten hygienischen Anforderungen (2 Oberärzte, 12 Assistenzärzte).
2. Das Sanatorium vom Roten Kreuz, 65 Betten, Höhenlage mit prachtvoller Aussicht, großer Garten.
3. Das Hospiz zum Hl. Geist, 85 Betten, Stadtlage.
4. Das St. Josephs-Hospital, 90 Betten, Höhenlage, großer Garten.
5. Wilhelms-Heilanstalt für Offiziere der Armee und Marine, 140 Betten, Stiftung weiland Seiner Majestät Kaiser Wilhelm des Großen.
6. Garnison-Lazarett, 44 Betten.
7. Das Paulinen-Stift, 65 Betten, freie Lage, großer Garten.
8. Die Augenheilanstalt für Arme (öffentliche Wohltätigkeitsanstalt).
9. Die Elisabethenheilanstalt (Kinderhospital, Wohltätigkeitsanstalt).
10. Allgemeine Poliklinik.
11. Die Mutterberatungsstelle.

Städtisches Krankenhaus auf dem Röderberg (Architekt Martin Gropius) und ›Kaiser Wilhelms Heilanstalt‹ am Schlossplatz.

St. Josephs-Hospital
am Langenbeckplatz

An Privat-Heilanstalten sind in Wiesbaden ca. 26 hervorragende Institute unter Leitung berühmter Ärzte vorhanden.

Unter allen Großstädten nimmt Wiesbaden die erste Stelle ein, in Bezug auf Zahl der Ärzte zur Einwohnerzahl (rd. 25 Ärzte auf 10 000 Einwohner), darunter Vertreter aller Spezialfächer.«
(Aus: ›Residenzstadt Wiesbaden – Vorzüge als Kurort und Wohnsitz‹, herausgegeben auf Grund amtl. Materials vom Städt. Verkehrsbureau.)

Chemisches Laboratorium Dr. Fresenius in der Kapellenstraße.

NICHT FÜR DIE SCHULE LERNEN WIR …

Für seine hunderttausend Einwohner und ihre Kinder bot die Stadt um die Jahrhundertwende am Luisenplatz ein (humanistisches) Königliches Gymnasium und ein Kgl. Realgymnasium, eine Städt. Oberrealschule in der Oranienstraße und ebenfalls in der Oranienstraße eine Höhere Töchterschule an. Es gab eine Vorbereitungs- und höhere Töchterschule in der Stiftstraße 30 sowie eine Mittelschule in der Lehrstraße 10, eine weitere Mittelschule in der Rheinstraße und eine dritte am Markt, geleitet von Hauptlehrer H. Müller. Dazu kamen Elementarschulen in der Bleichstraße, auf dem Schulberg und in der Kastellstraße. Mindestens ebenso interessant waren die sonstigen Lehrinstitute, die zum Teil Weltgeltung hatten, wie das ›Chemische Laboratorium von Geh. Hofrat Prof. Dr. B. Fresenius‹, Kapellenstraße 9–13, und das ›Hofrat Dr. Schmitt'sche chem. Laboratorium‹, verbunden mit der Amtl. Lebensmitteluntersuchungsanstalt, Schwalbacher Straße 30. Berühmt war auch das Landwirtschaftliche Institut auf Hof Geisberg. Von mehr lokaler Bedeutung waren die Gewerbeschule in der Wellritzstraße 34, Vorstand: Chr. Gaab, Director; das Musik-Pädagogium, Director: H. Spangenberg, Taunusstraße 40, und das Freudenberg'sche Conservatorium, Director: A. Fuchs, Rheinstraße 54.

Da Mädchen und junge Frauen vor allem auf Ehe und Haushalt vorbereitet werden sollten, kam den entsprechenden Pensionaten große Bedeutung zu.

Für Mädchen gab es in der Kaiserzeit zahlreiche Pensionate, im Jahr 1900 insgesamt sechzehn: Angefangen mit dem Institut Acker und Harcourt in der Walkmühlstraße bis zum Pensionat des Fräulein Wiskemann in der Rheinstraße 88. Für Knaben existierten immerhin sieben vergleichbare Einrichtungen, ebenfalls über ganz Wiesbaden verteilt. Alles zusammen ein interessantes, die Stadt bereicherndes Angebot von Arbeits- und Ausbildungsplätzen – vorzüglich für Frauen und Mädchen. Doppelt bemerkenswert in einer Zeit, in der halbwegs bezahlte Arbeitsplätze für Frauen rar waren.

Das Hotel und Badhaus ›Pariser Hof‹ war nach dem II. Weltkrieg erste Station im Westen für mehrere Verlage aus Leipzig.

ALTSTADT

Die Straßen und Gassen zwischen Webergasse, Langgasse und Luisen- bzw. Rheinstraße bildeten den Kern der Stadt, die Innere Stadt, wie die Wiener sagen.

In vielen ihrer Namen spiegelt sich noch immer ihr ursprüngliches Leben, der Goldgasse etwa oder der Häfnergasse, der Mühlgasse und der Herrnmühlgasse, der Mauergasse, der Metzgergasse (heute Wagemannstraße), der Grabenstraße und der Schulgasse. Die Kirchgasse hatte ihren Namen von der Mauritiuskirche, die hier stand, und die Große Burgstraße nach der uralten Burg, auf deren Grund ab 1837 das Herzogliche Stadtschloss, heute Hessischer Landtag, errichtet wurde. Andere Orte haben sich um eine Kirche, eine Burg, ein Schloss entwickelt; für Wiesbaden waren allzeit die heißen Quellen bestimmend. Die Badhäuser, die sich teils Jahrhunderte lang in diesem Areal hielten, machten den Charakter Wiesbadens aus.

Die Spiegelgasse, die den Kranzplatz (seinen Name hatte er von einem Oval aus Bäumen, das im 18. Jahrhundert hier stand) mit der Unteren

ALTSTADT

Webergasse und der Kleinen Burgstraße verband, ist eine der typischen Straßen dieses Viertels. An ihrem Beginn das Badhaus ›Zum Spiegel‹, das der Gasse ihren Namen gab. Über sein Schicksal siehe Seite 73. In der Belle Epoque existierten in der engen Straße aber auch noch das Hotel ›Belgischer Hof‹, Spiegelgasse 3 (»Thermalbäder aus eigener Quelle, Pension von 7 Mark an«), das Hotel ›Goldenes Kreuz‹, Spiegelgasse 10 (»30 Bäder«), das Hotel ›Zum Hahn‹, Spiegelgasse 15 (»Fünf Bäder mit direkter Zuleitung aus dem Kochbrunnen; rituell«), vor allem aber Hotel und Badhaus ›Pariser Hof‹, Spiegelgasse 9.

Zur wilhelminischen Zeit war der ›Pariser Hof‹ ein angesehenes Haus mit fünfzig Zimmern und einer ›anheimelnden‹ Fassade aus dem Biedermeier. Es gab ein Restaurant im Haus, und die Thermalbäder wurden aus eigener Quelle verabreicht.

In dieser Epoche war der ›Pariser Hof‹ ein Badhaus wie viele andere. Seine Geschichte ist jedoch lang und unübersichtlich. Wahrscheinlich ist ein Vorgängerbau schon beim verheerenden Brand des Jah-

Das ›Hotel und Badhaus Spiegel‹ gab der kleinen Gasse am Kranzplatz ihren Namen.

HOTEL U. BADHAUS SPIEGEL, WIESBADEN

GÜNSTIGE PREISE

»Nach den amtlichen Statistiken sind die Preise für Lebensmittel in Wiesbaden als günstige zu bezeichnen. Die große Anzahl von Hotels und Restaurants und der starke Fremdenverkehr sichern eine bedeutende Lebensmittelzufuhr, dabei kommt in Wiesbaden nur erstklassige Ware zum Verkauf. Auskunft über die amtlich festgestellten Lebensmittelpreise sind durch das städtische Verkehrsbureau kostenfrei erhältlich.«

ALTSTADT

res 1547 wie die ganze Stadt in den Flammen untergegangen. Seit 1724 gehörte das Haus (damals hieß es ›Zum Rebhuhn‹) ›Schutz‹-Juden und war eins der wenigen Wiesbadener Gasthäuser, die Juden aufnahmen. Man rätselt bis heute, ob sich im Keller eines Anbaus sogar eine ›Mikwe‹ befunden hat, ein rituelles jüdisches Tauch- und Reinigungsbad. 1830 wurde der alte Bau abgerissen und durch einen Neubau ersetzt – durch das Haus, wie es heute noch steht.

Isaak Jakob Hiffelsheimer, der damalige Besitzer, hatte sich mit dem Neubau finanziell übernommen und musste verkaufen. Damit endete die Tradition des ›Judenbadhauses‹. Das in ›Pariser Hof‹ umgetaufte Badhaus profitierte dann von der Prosperität der Stadt, die sich in den Jahrzehnten des Herzogtums Nassau (bis 1866) entfaltete und in preußischer Zeit ihren Höhepunkt hatte. In der Glanzzeit Wiesbadens hatte der ›Pariser Hof‹ jedenfalls beachtliche Preise und ›gutes Publikum‹.

Im Frühjahr 1945 wurde das Haus ein Stück Zeitgeschichte. Damals wurde der ›Pariser Hof‹ für einige Jahre Mittelpunkt des literarischen Lebens in Deutschland. Bis zum Kriegsende war Leipzig das Zentrum des deutschen Buchwesens. Die bedeu-

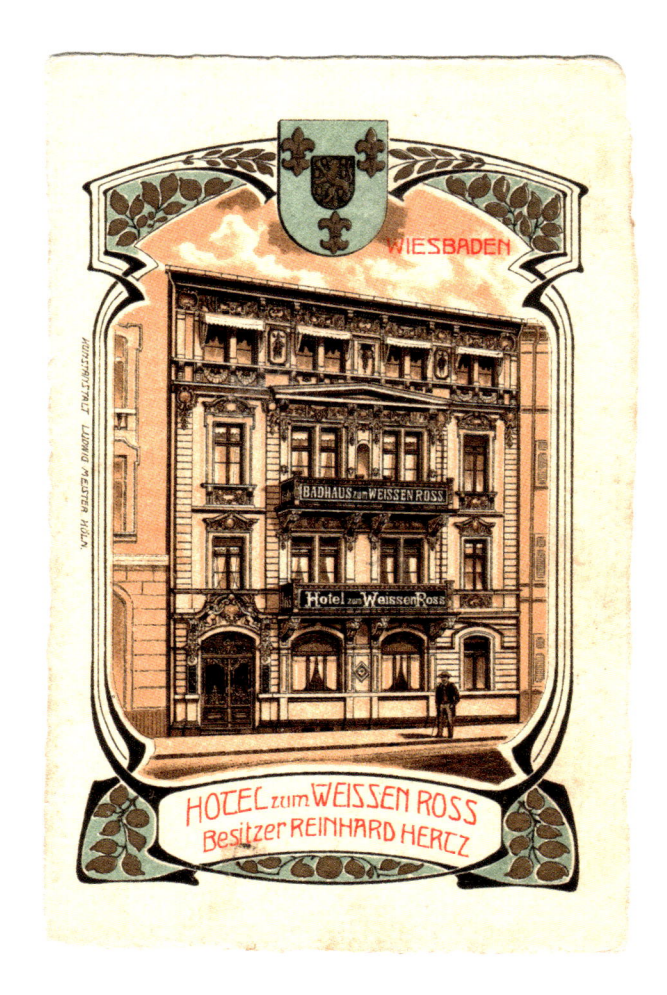

Das Hotel ›Zum weißen Ross‹ am Kochbrunnenplatz hatte 70 Zimmer.

Das verwinkelte Hotel und Badhaus ›Kölnischer Hof‹ in der Kleinen Burgstraße ist durch die Bombardierung 1945 zerstört worden.

Links: An der Spiegel-/Ecke Webergasse stand dieses beeindruckende Haus mit der ›Pension Winter‹.

Rechts: Im Erdgeschoss des ehemaligen Hotels ›Saalburg‹ in der Saalgasse befindet sich heute das Restaurant ›Rheingold‹.

tendsten Verlage hatten dort ihren Sitz, zum Teil seit Jahrhunderten. Auch die Standesorganisation der Buchhändler und Verleger, der ›Börsenverein‹, war in Leipzig angesiedelt.

Am Ende des Krieges war Mitteldeutschland für kurze Zeit amerikanische Besatzungszone. In den zwei Monaten bis zum 1. Juli 1945 kümmerten sich deshalb amerikanische Dienststellen auch um das deutsche Verlagswesen. Sie boten den Leipziger Verlegern und ihren Familien (im Zweifelsfall auch ihren wichtigsten Mitarbeitern) an, sie nach Wiesbaden zu evakuieren. Der ›Pariser Hof‹ wurde gewählt, weil er den Luftkrieg fast unversehrt überstanden hatte – er lag damals inmitten einer Trümmerlandschaft. Im Haus kamen die Kommissionsbuchhandlung Fleischer, der Insel-Verlag, die Dieterich'sche Verlagsbuchhandlung und der Verlag des Börsenvereins unter. Außerdem richteten sich der Georg-Thieme-Verlag und der Verlag F. A. Brockhaus hier ein, alles in allem eine glanzvolle Versammlung.

In zwei mit Kunstwerken vollgestopften Räumen unter dem Dach blühte der ›Limes-Verlag‹ auf. Dieser Verlag gewann rasch Reputation, weil er vertriebene und vergessene deutsche Autoren wieder verlegte und Repräsentanten der zeitgenössischen in- und ausländischen Literatur vorstellte. Heute hat keiner dieser Verlage noch seinen Sitz in Wiesbaden.

Ja, das ›Quellenviertel‹ selbst vermittelt nur noch in Andeutungen seinen ehemaligen Charakter. Die meisten Häuser und die Straßenführung sind in den Jahrzehnten nach dem Zweiten Weltkrieg entscheidend verändert worden.

ALTSTADT

Links: Das Hotel ›Frankfurter Hof‹ war bekannt durch sein gutes Restaurant.

Rechts: In der Mühlgasse 3, der Wilhelm-Heilanstalt gegenüber, lag das einfache Hotel ›Mehler‹.

25 Zimmer hatte das rituelle Hotel und Badhaus ›Zum Hahn‹ in der Spiegelgasse 15.

MENÜKARTEN

Hochzeitsmenü am
8. Januar 1902 im
Hotel ›Nassauer Hof‹.

Sherry.

1890er Johannisberger.

1888er Château Mouton d'Armailhacq.
1893er Oberemmeler Herrenberg.
Vve. Clicquot Ponsardin.

Pommery & Greno
goût américain.

1865er Portwein.

8. Januar 1902.

Menu.

Huitres. — Caviar.
Tortue claire.
Truites de rivière au bleu, sauce Danoise.
Pommes perles.
Filet de Boeuf Prince Albert.
Ris de veau à la Carême.
Homards frais à la Néva.
Sorbet à l'Impériale.
Bécasses flanquées de grives.
Salade romaine. — Compôte fine.
Asperges en branches, sauce Mousseline.
Deliçieuses à l'ananas.
Bombe carola.
Tartelettes Diplomate.
Friandises. — Fruits.

Hôtel Nassau (Nassauerhof)
Wiesbaden.

EINFACHERE HOTELS

ETWAS EINFACHER

Wiesbaden war um 1900 nicht nur ›Weltkurstadt‹ – erfolgreicher als Baden-Baden, Karlsbad oder Nizza.

Wiesbaden war auch seit 1866 Hauptstadt des preußischen Regierungsbezirks Wiesbaden, gebildet aus den annektierten Ländern und Ländchen Nassau, Hessen-Homburg, dem Hessen-Darmstädtischen Hinterlandkreis und der Freien Stadt Frankfurt am Main.

Entsprechend hatten hier Beamte aus Berlin Besprechungen und Konferenzen mit ihren örtlichen Kollegen zu führen, Kläger und Anwälte hatten bei den Gerichten zu tun, Architekten und Bauunternehmer suchten vom Wiesbadener Bauboom zu profitieren. Und so weiter und so fort.

Je nach Rang und Spesen übernachteten diese Herren in den erwähnten Hotels von Rang, die in diesem Bildband vor-

Das Hotel ›Union‹ in der Neugasse 7 mit dem bekannten Restaurant ›Zauberflöte‹.

HOTEL UNION
verbunden mit
Restaurant Zauberflöte
Ecke Neugasse 7   Wiesbaden   Ecke Mauergasse 25
Telephon-Anschluss Nr. 569
Im Zentrum der Stadt. Nächster Nähe des Rathauses und des Kgl. Schlosses.
Reine Weine.   ff. Biere.   Reichhaltige Speisekarte.
Komfortable Fremdenzimmer von M. 1.50 an.
English spoken.   Zentralheizung.   Elektr. Licht.   On parle français.
Besitzer: Fr. Besier.

Für weniger hohe Ansprüche gab es das Hotel ›Erbprinz‹ mit Restaurant am Mauritiusplatz 1.

gestellt werden; sie waren aber unter Umständen auch mit etwas einfacherer ›Unterbringung‹ zufrieden: »Für die eine Nacht ist das vollkommen ausreichend, Hauptsache sauber.«

Die Häuser, die sich auf diese Klientel eingestellt hatten, siedelten sich in der Nähe des Bahnhofs, des Landeshauses oder der Gerichte an – etwa in der Bahnhofstraße das ‹Central-Hotel› (»Zimmer von 2½ Mk. an«), die Hotels ›Berg‹, ›Prinz Nicolas‹ (»Modernes Haus mit allem Komfort. Vornehmes Wein- und Bierrestaurant, Gesellschaftsräume«) und ›Reichspost‹ (»Bäder, Café, Automatenrestaurant«), alle ebenfalls in der Nicolas- respektive später Bahnhofstraße.

Der ›Aachener Hof‹ in der damaligen Goethestraße, der heutigen Matthias-Claudius-Straße, entstand 1906. Da wurde aus einem rund zwanzig Jahre alten Wohnhaus ein ›Kaffeehaus und Hotel‹. Eigentümer war zu dieser Zeit der Bademeister Bernhard Väth und dessen Ehefrau Maria, geborene Fritz. Das von ihnen zum Hotel umgebaute Haus trug den Namen ›Zum neuen Adler‹. Im Jahre 1922 wurde dieser ›Neue Adler‹ von dem Hotelier N. Peters übernommen und bis 1938 betrieben. Seit 1949 beherbergt das Haus unter einem neuen, dem jetzigen Namen ›Hotel Aachener Hof‹ wieder Gäste.

Heute stellt sich das Haus so vor: »Die Zimmer sind modern und komfortabel, so dass jetzt das Hotel garni im guten Dreisternebereich angesiedelt ist. Als eines der ersten Hotels in Wiesbaden bot das Hotel einen schnurlosen Internetanschluss für seine Gäste. Die Gäste – zu denen auch zahlreiche in Wiesbaden ansässige Firmen und Behörden zählen – schätzen die komfortable Atmosphäre und die familiäre Betreuung durch die Inhaber.«

So hätten es die entsprechenden Häuser in der Kaiserzeit auch sagen können. Etwa das Hotel ›Wiesbadener Hof‹ in der Moritzstraße 6, heute ›Apollo‹-Kino. Es warb mit dem Hinweis: »Mit

Oben: Hotel ›Wiesbadener Hof‹ in der Moritzstraße 6, heute befindet sich dort das Apollo-Kinocenter.
Unten: Damals Goethestraße, heute Matthias-Claudius-Straße, hier lag ›Peters Hotel neuer Adler‹, das heute Hotel ›Aachener Hof‹ heißt.

EINFACHERE HOTELS

Hotel u. Badhaus „Reichspost"
Bes. Emil Zorn
□ Wiesbaden □
Elektr. Licht. — Central-Heizung. — Lift.
50 Zimmer v. Mk. 2.— an. — Pension.
Garten. — Telephon.
□ Terrassen vor dem Hause. □

Hauptbahnhof

In der Nähe des Bahnhofs, in der Nicolasstraße 16/18 (heute Bahnhofstraße) lag das Hotel und Badhaus ›Reichspost‹.

HOTEL-RESTAURANT „ZUM LANDSBERG"
INH. HEINRICH BRADEMANN.
Wiesbaden, den

Zum Landsberg gibt's hier ein Hotel
Das teile ich Dir mit jetzt schnell
Dort giebt's ein Essen prima fein,
Ein frisches Bier, ein reiner Wein,
Der Wirt, ein echter, bied'rer, grader
Ist wohlbestellter Drillingsvater
Drei Buben sind's Du sieh'st sie oben
Das Werk kann seinen Meister loben,
Drum, komm'st Du einstens mal nach hier
Rat ich zum Ziel den „Landsberg" Dir.

Heinrich Brademann setzte seine Drillinge stolz und werbewirksam auf der Ansichtskarte seines Hotels und Restaurants ›Zum Landsberg‹ in der Häfnergasse ein.

Einfachere Hotels

Hotel-Restaurant zur Börse, Wiesbaden
Mauritiusstr. 8 (nächst der Kirchgasse)
Bes. A. Raky · Fernsprecher Nr. 6628

In der Mauritiusstraße 8 befand sich das Hotel-Restaurant ›Zur Börse‹.

Hôtel & Restaurant Nonnenhof
Gruss aus Wiesbaden.
Grosser Saal. Kleiner Saal.
Besitzer: Gebr. Kroener.

Das Hotel und Restaurant ›Nonnenhof‹ in der Kirchgasse/Ecke Luisenstraße hatte sich auf reisende Kaufleute eingerichtet.

Mit der Nähe zum Hauptbahnhof warben auf ihren Ansichtskarten das Hotel ›Central‹, ebenso das Hotel ›Prinz Nicolas‹.

Central Hôtel gegenüber dem Bahnhof.

Hotelrestaurant. Gut bürgerlicher Mittagstisch, Bäder, Garten.« Das Hotel ›Terminus‹, Kirchgasse 23 (»mit gut bürgerlichem Restaurant; Billard«) und das Hotel ›Nonnenhof‹ in der Kirchgasse wandten sich explizit an »reisende Kaufleute«. Das Hotel ›Union‹, Ecke Neugasse 7, bezeichnete sich als »Touristenhaus«, und für »bescheidene Ansprüche« gab es die Hotels ›Pfälzer Hof‹, Grabenstraße 5, ›Goldener Stern‹, Grabenstraße 28, ›Zur guten Quelle‹, Kirchgasse 3, sowie die Häuser ›Erbprinz‹, Mauritiusplatz 1 und ›Landsberg‹, Häfnergasse 6.

Keins von ihnen hat die Zeiten überlebt; Häuser dieser Kategorie sind heute in den Außenbezirken zu finden, oft sind es Ableger großer Ketten. Aber das ist eine andere Geschichte.

Bahnhof.

WOHNUNGEN ZU VERMIETEN

Zahlreiche Gäste zogen es vor, die Kur bzw. ihre Ferien (»eine Zeit stärkender Ruhe«) in Wiesbaden in möblierten Wohnungen zu verbringen. Diesen Besuchern waren das ›Städtische Verkehrsbureau‹ und der Haus- und Grundbesitzerverein e. V. gern mit Rat und Tat behilflich, ganz gleich, ob man die Wohnung für Wochen oder für mehrere Monate mieten wollte, ob in oder außerhalb der Saison (»Noch günstigere Preise!«).

Auskunft über Wohnungen, ihre verschiedenen Lagen und Preise erteilten »bereitwilligst und kostenlos« die Agenturen O. Engel, Adolfstraße 3; J. Chr. Glücklich, Inh. Christian u. Heinrich Glücklich, Wilhelmstraße 56; P. A. Herman, Kleine Langgasse 2; Lion & Co., Bahnhofstraße 8; J. Meier, Rheinstraße 101 und J. Schottenfels & Co., Theater-Kolonnade 29/31. Schottenfels & Co. vermittelten auch Theaterbilletts.

Insgesamt galt: »Die Wohnungspreise sind in Wiesbaden nicht hoch, wenn man in Betracht zieht, dass die Wohnungen fast durchweg modern ausgestattet und mit allen sanitären Einrichtungen versehen sind. Mehr wie zur Hälfte hat die ›Gartenstadt Wiesbaden‹ offene Bebauung, Villen mit Gärten und mehr wie Dreiviertel aller Straßen sind schöne Wohnstraßen, meist mit Vorgärten.« (Informationen aus ›Fremdenführer durch Wiesbaden und Umgebung‹ von Franz Bossong.)

Hotel „PRINZ NICOLAS" ∴ Wiesbaden
Vornehmes Wein- u. Bier-Restaurant ∴ Gr. Garten (Tivoli)
Nicolasstr. 29—31 (400 Meter vom Hauptbahnhof) :: Telefon No. 251

Sonntagsspaziergang

Spitzweg hat ihn gemalt, den Sonntagsspaziergang, und ganze Generationen von Kindern haben ihn gehasst, wenn sie im Matrosenanzug oder im feinen Kleidchen hinter den Eltern hertrotten mussten.

Wiesbadens klassische Ziele waren der Neroberg mit dem Neroberg-Hotel und der ›Griechischen Kapelle‹. Die Fahrt hinauf auf den Berg mit der Nerobergbahn kostete damals 25 Pfg., die Talfahrt 15 und das ›Retourbillett‹ 30 Pfg. Beliebt war auch der Spaziergang zur ›Leichtweiß-Höhle‹ hinter der ›Felsengruppe‹ im Nerotal. Angeblich hatte in der Höhle jahrelang ein schrecklicher Wilderer gehaust; wahlweise wurde er auch als Räuberhauptmann mit Geliebter verkauft.

Ebenfalls sehr romantisch der Aufstieg durch den Hohlweg ›Wolkenbruch‹ hinauf zum prächtigen Waldpark ›Unter den Eichen‹ mit seinen uralten Bäumen und dem großen Festplatz. Während sich die ›Bürgerschützenhalle‹ und die ›Schießhalle des Schützenvereins‹ eher bürgerlich-solide

Zum Sonntagsspaziergang im feinen Kleidchen und Matrosenanzug.

Ein beliebtes Ausflugsziel war das ›Schützenhaus‹ Unter den Eichen.

gaben, war das elegante Café-Restaurant ›Orient‹ gegenüber mehr für Damen und Herren gedacht, die auch mal eine Flasche Champagner öffnen ließen, wohingegen man in der ›Schützenhalle‹ das gepflegte, heimische ›Germania‹-Bier zischen ließ. Das Café ›Orient‹ war im ›maurischen Stil‹ erbaut und sollte an ›Tausend und eine Nacht‹ erinnern. Von seinen Terrassen aus hatte man eine herrliche Aussicht auf den Rhein und das gegenüberliegende Rheinufer.

›Unter den Eichen‹ war auch Endpunkt der Linien III und IV der Städtischen Straßenbahn.

Herrschaften, die gut zu Fuß waren, wurde gern der Weg zum Luftkurort Bahnholz respektive zum Café Waldacker empfohlen. Beide Ziele waren sowohl von der Stadt wie vom Vorort Sonnenberg in einem halbstündigen Marsch zu erreichen und hatten herrliche Fernsicht. Das Café Waldacker war dabei eine originell eingerichtete Blockhütte (»Ländlich einfache Speisen. Milch. Apfelwein.«), während das ›Bahnholz‹ mit gebeiztem Lachs und feinen Torten aufwartete.

Die ›Fischzucht‹ (am leichtesten vom Bahnhof Chausseehaus aus zu erreichen) war Eigentum der Stadt Wiesbaden und wurde von dieser »in vortrefflichem Zustande er-

Eine Anzeige aus dem Jahre 1909: Die Milchkuranstalt Dietenmühle, unter tierärztlicher Kontrolle und mit Trockenfütterung.

Auf dem Promenadenweg nach Sonnenberg lag das Restaurant Dietenmühle.

Sonntagsspaziergang

Gruss von W. Kraft's Milchkur-Anstalt

Unter Controle des ärztlichen Vereins.

iesbaden den 6. Oktober 1901
Dotzheimerstrasse 65

Liebe Frau Krauß!

Ich möchte Sie bitten doch die Herren ... und ... bald zu ... Gruß.

Marie Kraft.

In der Dotzheimer Straße 65 lag der großzügige Hof von ›W. Kraft's Milchkur-Anstalt.‹

Aussichtspunkt Waldacker
Sonnenberg bei Wiesbaden am Heuweg

Hier liegt der **Wald** und dort der **Acker**
Und zwischendrin ein gastlich Haus,
Der fleiß'ge Landmann regt sich wacker,
Da lockt die Wanderlust hinaus.

Du liebes, schönes Stückchen Erde
Am grünen Wald, auf goldner Flur,
Ich fühl mich wohl an Deinem Herde
Im Mutterarme der Natur.

Hier rastend, laßt mich ringsum schauen
Des Taunus turmgekrönte Höhn,
Fruchtschwere Gärten, weite Auen,
Wo vor dem Pflug die Pferde gehn.

Drum, wenn es lenzt im Tal der Quellen,
Dann halt ich's in der Stadt nicht aus,
Wähl mir den Wind zum Weggesellen
Und rast als Gast im kleinen Haus!   Wilhelm Clobes.

Beau Site (Gartenansicht)
Stengel & Co., Dresden u. Berlin 3560

Links: Das ›Café Waldacker‹ pries seine Lage mit einem Gedicht. Rechts: Neben dem Restaurant und Hotel ›Beau Site‹ war eine hübsche Gartenterrasse mit Laubengängen und Pistolen-Schießstand.

Frischen Fisch gab es in der ›Fischzucht-Anstalt‹ und heiße Getränke im ›Holländischen Café‹ in den Nerotal-Anlagen.

halten«. Hier saß man an großen Weihern, die mit Forellen, Karpfen und anderen Fischen besetzt waren. Bestellte man ein Fischgericht, konnte man erleben, wie der zu verspeisende Fisch aus dem Becken genommen wurde; für Kinder nicht unbedingt ein erfreulicher Anblick. Die ›Fischzucht‹ servierte nur Fisch, ansonsten ausschließlich kalte Küche, Kaffee, Bier, Wein und für Kinder die frisch gepresste Limonade.

Eine Spezialität der Zeit waren die ›Milchkuranstalten‹, von denen es in Wiesbaden mindestens zehn gab. Sie boten frische, jedoch sterilisierte Milch an, zu bestimmten Zeiten sogar ›kuhwarm‹. Die bekannteste dieser Kuranstalten dürfte die ›Dietenmühle‹ gewesen sein, am Promenadenweg nach Sonnenberg gelegen. Auch auf der Adolfshöhe und im Adamstal gab es solche Möglichkeiten, kerngesunde Milch zu trinken. Sehr renommiert des Weiteren die Kur- und Kindermilchanstalt Dr. Koester & Reimund in der Bleichstraße, mit Filiale in der Webergasse.

Über das ganze Stadtgebiet waren ›Droschkenhalteplätze‹ eingerichtet, wo Fiaker mit Ein- und Zweispännern und (in der warmen Jahreszeit offe-

WIESBADEN
Fischzucht-Anstalt

Gruß aus dem „Holländischen Café" · WIESBADEN, in den Anlagen des Nerotals.
Inh.: B. Ford & B. Rabow.

SONNTAGSSPAZIERGANG

Wiesbaden

Droschkenhalteplatz auf dem Kranzplatz.

nen) Kutschen auf Fahrgäste warteten. Absolut klassisch war die Tour »Platt', Kapell' und Neroberg«, auf Hochdeutsch: die Rundfahrt über den Neroberg mit Besichtigung der ›Griechischen Kapelle‹, der Grabkirche für die erste Gemahlin des Herzogs Adolf von Nassau, der blutjungen Zarennichte Elisabeth Michajlowna, verstorben am 28. Januar 1845 bei der Geburt ihres einzigen Kindes. Von der Kapelle mit ihren fünf goldenen Kuppeln ging es dann hinauf zum Jagdschloss Platte mit »einmaliger Fernsicht«.

Die folgenden Droschkentarife sind nur als Anhalt gedacht: Tourfahrten in der Stadt mit Einspänner für 1-2 Personen 60 Pfg.; mit Einspänner für 3-4 Personen 80 Pfg.; mit Zweispänner für 1-2 Personen 90 Pfg.; mit Zweispänner für 3-4 Personen 1,10 Mark. Aus den Bahnhöfen 20 Pfg. mehr.

Zeitfahrten in der Stadt mit Einspänner pro Stunde 2 Mk., mit Zweispänner 3 Mk. Fahrten außerhalb der Stadt nach Tarif. Bei Nachtfahrten (11 Uhr abends bis 6 Uhr resp. im Winter bis 7 Uhr morgens) doppelter Fahrpreis. Genauer Tarif in jeder Droschke.

VORNEHME BLÄSSE

Wenn je, dann war Wiesbaden in der ›Belle Epoque‹ ein Jahrmarkt der Eitelkeiten. Die Herren flanierten mit dem Flanierstock, für die Damen war jeder Spaziergang zugleich Modenschau. Um 1900 trug man als Dame von Welt eine Pelzstola, einen Hut mit Federn, Handtasche und Sonnenschirm. An heiteren und erst recht an heißen Tagen war der Sonnenschirm sogar ein Muss für die Dame. Damals galt es, sich eine vornehme, adlige Blässe zu bewahren. Ein blasser Teint wirkte attraktiv und edel; Bauers- und Marktfrauen waren braun gebrannt. Schminke galt nach wie vor als unzüchtig und blieb den Damen der ›Halbwelt‹ vorbehalten.

Der Sonnenschirm schützte nicht nur vor der Sommersonne, zusammengeklappt diente er als Spazierstock und gab in aufwändiger Ausstattung einen modischen Blickfang ab. Beliebt waren Spitzenbesatz und silberne, verschnörkelte Griffe, ansonsten war erlaubt, was gefiel. Rund einhundert Wiesbadener Boutiquen und Geschäfte boten Handschuhe und Spazierstöcke an.

123

Sonntagsspaziergang

Wiesbaden. Café Orient unter den Eichen.

Orientalische Pracht Unter den Eichen: Das Café Orient. Abgerissen wurde es Ende der 60er-Jahre.

Jährlich das kulturelle Ereignis: Die Maifestspiele.

AUF ALLERHÖCHSTEN BEFEHL

Das Wiesbadener Hoftheater und die ersten Wiesbadener Festspiele

Seit Mitte des 18. Jahrhunderts wurde und wird in Wiesbaden Theater gespielt – stets zur Erbauung der höheren Stände und zur Unterhaltung der Kurgäste.

Ab 1800 diente der Saal des Badhauses ›Schützenhof‹ als Spielstätte, eine Einrichtung mit festem Ensemble und großen Ambitionen. 1827 wurde ein eigener Theaterbau eröffnet: das ›Herzoglich Nassauische Hoftheater‹, 800 Plätze und im klassizistischen Stil gehalten. Es befand sich an der heutigen Wilhelmstraße, dort, wo nun das Grandhotel ›Nassauer Hof‹ steht.

Turgenjew, der große russische Schriftsteller, der für Wiesbaden im Allgemeinen gute Worte fand, äußerte sich in seiner Novelle ›Frühlingsfluten‹ nicht gerade begeistert über das im Theater Gebotene: »Man gab eins jener zahlreichen primitiven Stücke, in denen belesene, aber unbegabte Autoren in gewählter, aber papierner Sprache emsig, aber ungeschickt irgendeine ›tiefgründige‹ oder ›lebensvolle‹ Idee abhandeln, einen tragischen Konflikt darstellen und tödliche Langweile verbreiten, so tödlich wie Cholera.«

1866 war Schluss mit der Herrlichkeit der Herzöge von Nassau, die Preußen kamen und mit ihnen der Aufschwung. Wiesbaden wurde ›Weltkurstadt‹, eine Stadt luxuriöser Hotels, eleganter Geschäfte, zahlreicher Ärzte und Alterssitz wohlsituierter Pensionäre. Aus dem herzoglich-nassauischen Hoftheater wurde ein königlich-preußisches, das von Berlin aus beaufsichtigt wurde.

Wiesbaden erfreute sich der besonderen Sympathie der neuen hohen Herrschaften. Kaiser Wilhelm I. ›weilte‹ von 1871 an bis 1884 jährlich hier, der Kronprinz kam häufig mit Familie zur Kur. Und die Liebe Wilhelms II. für Wiesbaden glich der eines Liebhabers zu seiner Favoritin.

Mit dem beschaulichen Theaterbau aus dem Jahre 1827 war nun nicht mehr länger Staat zu machen. Die Frage eines Theaterneubaus stand deswegen jahrelang im Mittelpunkt der öffentlichen Diskussion. Vor allem über den Standort konnte man sich nicht einigen. Am 16. Oktober 1894 erfolgte schließlich die Einweihung des neuen Hauses. Es stand genau da, wo der Kaiser es gewollt hatte – am Warmen Damm –, hatte 1300 Plätze und eine repräsentative Kaiserloge. Der Zuschauerraum war mit malerischem und plastischem Schmuck überladen und das Foyer war ein Palast für sich.

Schon zwei Jahre nach Eröffnung des Hauses wurden die ersten ›Kaiser‹-, später ›Maifestspiele‹ abgehalten. Sie entwickelten sich zum grandiosen Höhepunkt der Kursaison, zumal dann, wenn der Kaiser anwesend war. Wilhelm II. hatte dabei gleich drei Rollen: Er gab Geld aus seiner Privatschatulle und machte damit den Betrieb erst möglich, er war ranghöchster (begeisterter) Zuschauer und diente als Objekt der Bewunderung. Bis 1914 erlebte der Kaiser hundert Vorstellungen im Königlichen Hoftheater, erklärtermaßen seinem Lieblingstheater.

Intendant war Graf Georg von Hülsen-Haeseler, Sohn des Berliner Generalintendanten und Jugendfreund Wilhelms II. Bei der Programmgestaltung orientierte er sich stets am Geschmack

Das Theater vor 50 Jahren bedeutet hier etwa die Zeit um 1850

Der Theaterplatz um 1870: rechts das Hoftheater (erbaut 1827), in der Mitte das Hotel Nassauer Hof und links das Wohnhaus von Stadtbaurat Christian Zais.

Hoftheater

Wiesbaden. 13-8-09

Königl. Theater mit neuem Foyer.

Freitag abend 9 Uhr

Im Stil des Neobarocks wurde 1894 das ›Neue Königliche Hoftheater‹ für 1,8 Millionen Goldmark errichtet. Für etwa 600.000 Mark wurde 1902 das Foyer von Stadtbaumeister Felix Genzmer ausgebaut.

HOFTHEATER

seines Kaisers. Ein Zuschauer notierte sich: »Szenischer Luxus, exotische Ferien, malerische Tableaus und kolossalische Massenarrangements erregten das Entzücken des Publikums und der Presse gleichermaßen«.

Zeitgenössische literarische Strömungen waren dem Herrscher suspekt, jedes Werk mit sozial-kritischer Tendenz zeugte für den aufstrebenden Sozialismus und bedeutete somit eine Gefahr für die Monarchie. Naturalistische Dichter wurden deshalb in Wiesbaden unter Hülsens Intendanz wenig gespielt, im Programm der ›Kaiserfestspiele‹ fehlten sie ganz.

Eine ›Waffe‹ Wilhelms II. gegen den neuen Wind war das historische Schauspiel. Der Romanschriftsteller und Hauptmann Joseph Lauff hatte dem Intendanten Hülsen 1894 bei der Abfassung des angeblich sehr gelungenen Eröffnungsfestspieles geholfen. Der Kaiser bestellte bei Lauff daraufhin Dramen aus der Geschichte der Hohenzollern, die bei seinen Festspielen uraufgeführt wurden: 1897 ›Der Burggraf‹, 1899 ›Der Eisenzahn‹. Für sein Wirken wurde Lauff reich belohnt: Er wurde geadelt und zum Major befördert und, auch nicht unwichtig, er wurde Dramaturg des Hauses.

Wenn sich das Publikum auch hinter vorgehaltener Hand über die ruhmredigen Lauff'schen Werke mokierte, Stücke ›moderner Autoren‹ wie Ibsen, Hauptmann oder Sudermann wollte es ebenfalls nicht sehen. Man genoss, was man kannte: die Klassiker, in klassischer Weise dargeboten, die Kostüme so originalgetreu wie möglich und so viel Theaterdonner, wie noch eben zu vertreten. Der eigentliche Höhepunkt jeder Aufführung war die Pause.

Warum Kaiser Wilhelm seinen Jugendfreund Georg, immerhin Berufsoffizier, zum Leiter des Wiesbadener Hoftheaters berief, lässt sich heute nicht mehr sagen. Wahrscheinlich hielt er den jungen Mann einfach für fähig.

Nach allem, was man weiß, war Hülsen ein gebildeter (Zwei-Meter-)Mann, elegant im Auftreten und von bestrickender Liebenswürdigkeit, ein Mensch ›von Charakter und vornehmer Gesinnung‹, wie er von Zeitgenossen beschrieben wurde. Im Laufe seiner zehnjährigen Tätigkeit in Wiesbaden verschaffte er dem Hoftheater internationalen Ruf. Die Stadt dankte ihm den kulturellen und wirtschaftlichen Aufschwung, den seine Anstrengungen brachten (während der Festspieltage waren die Hotels überbelegt!) mit der Verleihung der Ehrenbürgerrechte. Auch nach seinem Weggang aus Wiesbaden – er leitete danach

Die pompöse ›Rückseite‹ des Theaters mit dem 1905 eingeweihten Schillerdenkmal.

Nach wie vor ist die Henkell & Co. Sektkellerei KG offen für Besucher aus aller Welt. Nach vorheriger Anmeldung organisieren wir an Wochentagen Kellereiführungen mit kommentierter Sektprobe.
Weitere Informationen erhalten Sie unter **www.henkell.de** oder telefonisch unter
Telefon 0611 63-0

HOFTHEATER

Eine Jahreskarte 1906/07 für 50 Vorstellungen des Wiesbadener Theaters.

Die Theaterkolonnade ist noch heute mit 129m Länge die längste Säulenhalle in Europa.

Elisabeth Prinzessin zu Wied, Königin von Rumänien, gab unter ihrem Künstlernamen Carmen Sylva als Dichterin eine Benefiz-Vorstellung.

die königlichen Berliner Bühnen – nahm Hülsen bis zum Ende des Ersten Weltkriegs die Oberleitung der Wiesbadener Hofbühne war.

Sofort nach Übernahme der Amtsgeschäfte ging Hülsen daran, den gesamten Theaterbetrieb von Grund auf zu reformieren: »Auf der Bühne des Wiesbadener Hoftheaters herrschte eine streng soldatische Disziplin, deren Innehaltung durch besonders dazu angestellte Beamte kontrolliert wurde. Sie trugen Armbinden mit dem Aufdruck ›Bühnenpolizei‹«.

Verboten war zum Beispiel, die Türen laut zuzuschlagen (3 Mark Strafe und mehr) oder auf der Bühne während der Vorstellung ein privates Wort zu sprechen (10 Mark Strafe). Vergehen wurden sofort geahndet und die Art der Bestrafung an der Anschlagtafel am Bühneneingang bekannt gegeben

Trotz der strengen Disziplin wurde Hülsen von seinen Künstlern und Technikern geschätzt. »Er wurde mit den schwierigsten Künstlern, ob sie Schauspieler oder Dirigenten, Sänger oder Regisseure waren, geradezu spielend fertig«, urteilte Eckart von Naso über ihn. Hülsen selbst umriss sein Credo so: »Ein offenes Ohr – ein gleiches Recht für alle. Der letzte Arbeiter ist so gut Mensch wie der erste Künstler; behandle beide gleich vornehm«.

Sein funkelnagelneues Theater besaß die modernste Bühnenmaschinerie. Alle Teile des Bühnenbodens konnten unabhängig voneinander in beliebiger Geschwindigkeit gehoben, versenkt, gedreht oder schräg gestellt werden. Die Möglichkeiten, die Bühne zu verändern, waren damit unbegrenzt. Die hochmodernen technischen Mittel erlaubten es, Szenerien zu zaubern, die von den Zeitgenossen als sensationell empfunden wurden.

Die Bühnenbilder wurden mit einer Akkuratesse nach historischen Vorlagen ausgeführt, die heute unbegreiflich ist. Alle Kostüme wurden neu geschneidert; zum ersten Mal mussten die Damen des Wiesbadener Hauses ihre Roben nicht mehr selbst stellen. Schon bei von Hülsens Vorgänger waren praktisch alle zeitgenössischen Musikgrößen aufgetreten – als Gäste und bei Gastspielen. Für die ›Kaiserfestspiele‹ wurden weitere Koryphäen engagiert.

Die größte Attraktion war aber ohne Zweifel der Kaiser selbst. Seine Majestät besuchte während der ersten Festwochen unter anderem eine Aufführung von Wagners ›Fliegendem Holländer‹, wiewohl ihm Wagner nicht unbedingt zusagte (die Musik war ihm ›zu laut‹) und ›Theodora‹, ein Schauspiel von Victorien Sardou. Mit

Das von Felix Genzmer nachträglich angebaute Theaterfoyer.

der Aufführung dieses Stücks konnte Hülsen die technischen Möglichkeiten der neuen Bühne besonders eindrucksvoll demonstrieren.

Die ersten Festspiele wurden mit Mozarts ›Zauberflöte‹ eröffnet. Um das ägyptische Lokalkolorit zu treffen, hatte man sich für das Bühnenbild an Abbildungen aus dem Ägyptischen Museum in Berlin und an photographische Aufnahmen vom Nil gehalten. Der Auftritt der Königin der Nacht und die Szenen in Sarastros Tempel und in den mondbeglänzten Zaubergärten wurden prompt als ›einmalig‹ empfunden und entsprechend bewundert. Die musikalische Qualität der Aufführung steht außer Frage. Am Pult stand der Dresdner Generalmusikdirektor Ernst von Schuch, einer der ganz Großen seiner Zeit.

Um 1900 war die königliche Schauspielerin Leili Lüttgens ›der‹ Bühnenstar in Wiesbaden.

Alle Jahre wieder: Festspiele zu Wiesbaden mit Kaiser Wilhelm II.

WILHELMSTRASSE

Wilhelmstrasse, vormals Alleestrasse

»Zu den vornehmsten Verkehrspromenaden Wiesbadens gehört die Wilhelmstraße, ein äußerst eleganter, boulevardartig angelegter Straßenzug mit großartigen Hotels und Kaufläden aller Art«, sagt ein Reiseführer von 1902 über die ›via triumphalis‹ der Stadt.

Die Wilhelmstraße mit dem Hotel ›Vier Jahreszeiten‹ mit dem vorgebauten Säuleneingang.

Und weiter: »Die Wilhelmstraße zieht sich in gerader Richtung von Süden nach Norden, sie ist auf der einen Seite von den prächtigen Kuranlagen des Warmen Dammes und auf der anderen von imposanten Bauwerken, darunter dem Kronprinzenpalais und zahlreichen Hotels begrenzt. An ihrem Ende befinden sich die Bahnhöfe der verschiedenen Bahnlinien, mit denen man Wiesbaden erreichen kann.« Letzteres galt bis 1906.

Die Wilhelmstraße war vom ersten Augenblick an als Pracht- und Paradestraße angelegt: Vier Mal so breit wie die üblichen städtischen Straßen und immer noch doppelt so breit wie die übrigen Straßen des ›historischen Fünfecks‹, die zur gleichen Zeit angelegt wurden. Auf der Ost-

Lenbach und Thoma waren. Außerdem wurden Altertümer ausgestellt, in der Hauptsache in der Nähe von Wiesbaden gefundene Gegenstände der Steinzeit, der Bronzezeit und der vorrömischen Eisenzeit. Des Weiteren: Römische Waffen, Werkzeuge, Metallgeräte, schöner Pferdeschmuck, antiker Schmuck.

Auch eine Jupitersäule von 221 n. Chr., bei Schierstein ausgegraben, war hier zu bewundern. Es gab eine Naturhistorische Abteilung (»Die vortreffliche Sammlung in- und ausländischer Schmetterlinge und Käfer ist in Schränken verschlossen, die der Aufseher auf Verlangen öffnet«), und im obersten Stockwerk war die ›Nassauische Landesbibliothek‹ untergebracht. Sie zog im Juli 1913 in den Neubau an der Rheinstraße,

HERMANN HESSE: WIE EIN KÜNSTLER EIN ZIMMER AUSSUCHT

»Ein Hotelzimmer zu nehmen, ist für normale Menschen eine Kleinigkeit, ein alltäglicher, in keiner Weise affektbetonter Akt, mit dem man in zwei Minuten fertig ist. Für unsereinen aber, für uns Neurotiker, Schlaflose und Psychopathen phantastisch überladen, zum Martyrium.«

seite der Straße wurde eine doppelte Reihe Akazien gepflanzt, insgesamt 416 Bäume. Ursprünglich standen an der ›Alleestraße‹ (erst später erhielt sie ihren heutigen Namen; nach Herzog Wilhelm, nicht nach einem der preußischen Kaiser) nur zweistöckige Wohnbauten. Ausnahmen: Das ›Vierjahreszeiten‹, in jeder Hinsicht ein Solitär, und das sogenannte ›Erbprinzenpalais‹, heute Sitz der Industrie- und Handelskammer.

Straße, Palais und das Grandhotel ›Vierjahreszeiten‹ sind das Werk des jungen nassauischen Baurats Christian Zais, eines Baugenies. Das Palais errichtete er ab 1813 für den damals 23-Jährigen Erbprinzen Wilhelm. Als das Palais im Rohbau stand, war der junge Mann bereits Herzog von Nassau und residierte in Biebrich und im (alten) Stadtschloss.

In der Kaiserzeit diente das Palais an der Ecke Wilhelm- und Friedrichstraße als Museum. Es enthielt die städtischen Sammlungen: eine Gemäldegalerie, deren Glanzpunkte Werke von Dürer, das Museum bezog erst nach dem Ersten Weltkrieg ein eigenes Haus, auf dem Gelände eines der früheren Bahnhöfe und mit einem monumentalen Goethe vor der Tür.

Die Wilhelmstraße, links das Erbprinzenpalais.

Gruss aus W...

ZWEIGHAUS AUGUST ENGEL KGL. HOFLIEFER...

Rhein-strasse.

RUD BECHTOLD & CO
WIESBADEN.

Die Wilhelmstraße/Ecke Rheinstraße auf einer Lithographiekarte aus dem Jahre 1904.

WILHELMSTRASSE

VISIONÄR

Hotel ›Vier Jahreszeiten‹
Kaiser Friedrich-Platz

Ein interessantes Problem: Warum fällt es Genies oft so schwer, Geld zu verdienen?

Christian Zais, begnadeter Städtebauer und gescheiterter Unternehmer, zeigt, dass Theorie und Praxis oft schwer unter einen Hut zu bringen sind. Seine Ideen zur Wiesbadener Stadtentwicklung tragen heute noch Früchte; sein Hotel ›Zu den Vier Jahreszeiten‹ an der Alleestraße, der heutigen Wilhelmstraße, hat ihn ruiniert.

Die ›Vier Jahreszeiten‹ sind für immer dahin. Allerdings gibt das gleichnamige Appartementhaus, das nach dem Zweiten Weltkrieg an dessen Stelle errichtet wurde, einen Eindruck von der Größe des Zais'schen Hotelkomplexes.

Zu seiner Zeit (das ›Vier Jahreszeiten‹ wurde zwischen 1818 bis 1821 errichtet) existierte weit und breit nichts Vergleichbares. Das Haus war elegant in den Formen, elegant eingerichtet und auch insofern etwas Besonderes, als es Hotellerie und Badeeinrichtungen unter einem Dach vereinte. Vorher hatte man die beiden Zweige des ›Kurwesens‹ aus gutem Grund in verschiedenen Gebäuden untergebracht.

Zais hatte sich mit dem Bau des Kurhauses und des Kronprinzenpalais Verdienste erworben, die jeder anerkannte – bis auf die Einheimischen. Die hassten den Bauinspektor ohne Wenn und Aber. Sein Kurhaus lag weit außerhalb der Stadt auf der ›grünen Wie-

Hotel ›Vier Jahreszeiten‹ um 1900.

13 Maj 1903

Wiesbaden

Kjære elskede
lille søde
Angela!
Du kan her
kigge ned
ad Wilhelm=
strasse. Jeg
ved ikke, om
Du kan øjne
Blums Kon=
ditori, hvor
Mor og Du un=
dertiden drak
The og spiste
Kager.
Hilsen fra lille Far.

drichs-Platz und Wilhelmstrasse

Hôtel de Bains
des Quatre Saisons.

Wilhelmstrasse

Hotel et Bains des Quatre Saisons. **Hotel u. Kurhaus Vier Jahreszeiten.** *Four Seasons Hotel & Baths.*

Hotel ›Vier Jahreszeiten‹ mit ›y‹.

Flanier- und Spazierstöcke

Die feine und stilvolle Welt der Kavaliere, Gentlemen und Salonlöwen kam nicht ohne den Spazier- respektive den Flanierstock aus – das war der Spazierstock in seiner verfeinerten Form. Während der eigentliche Stock meist aus Ebenholz war, wurden Elfenbein, Gold, Silber, Porzellan, Juwelen, Emaille und sogar Glas für den Stockknauf verwendet. Es soll Besessene gegeben haben, die mehr als tausend Stöcke ihr eigen nannten. Der Flanier- und Spazierstock gehörte ebenso zur Grundausstattung des Herrn, wie Hut und Handschuhe. Der kostspielig und individuell angefertigte Stock unterstrich die Persönlichkeit, hatte aber auch nicht selten praktische Zwecke. Es gab sogenannte ›Systemstöcke‹, in die Behältnisse für Zigarren und/oder Alkohol, Uhren, Spiele oder Instrumente jeder Art raffiniert eingebaut waren. Der Knauf konnte zum Beispiel ein Parfumflakon sein – der Träger war damit für jede Lebenslage gerüstet: »Die eine Hand führt die Dame, die andere hält den Flanierstock.« Damen, die weiter dachten, trugen ›Vinaigrette‹-Stöcke. Hier war im Griff ein Schwamm mit einer »universal anwendbaren Medizin« parat, Essig nämlich. Fiel die Trägerin in Ohnmacht (was oft genug vorkam; am Anfang des 20. Jahrhunderts war das ungesündeste Korsett in Mode, das die Geschichte der Frauenkleidung kennt), fiel die Dame also in Ohnmacht, konnte sie auf der Stelle und mit Bordmitteln wieder zum Leben erweckt werden.

Während der verschiedenen Unruhen in Frankreich wurde den Franzosen das Tragen von Stöcken an öffentlichen Plätzen und während öffentlicher Versammlungen verboten, weil diese oft tödliche Waffen wie Klingen, Spitzen und sogar Pistolen verbargen.

Seit der Kaiserzeit hat sich viel verändert.

Mercedes-Benz: 125 Jahre Automobilgeschichte.

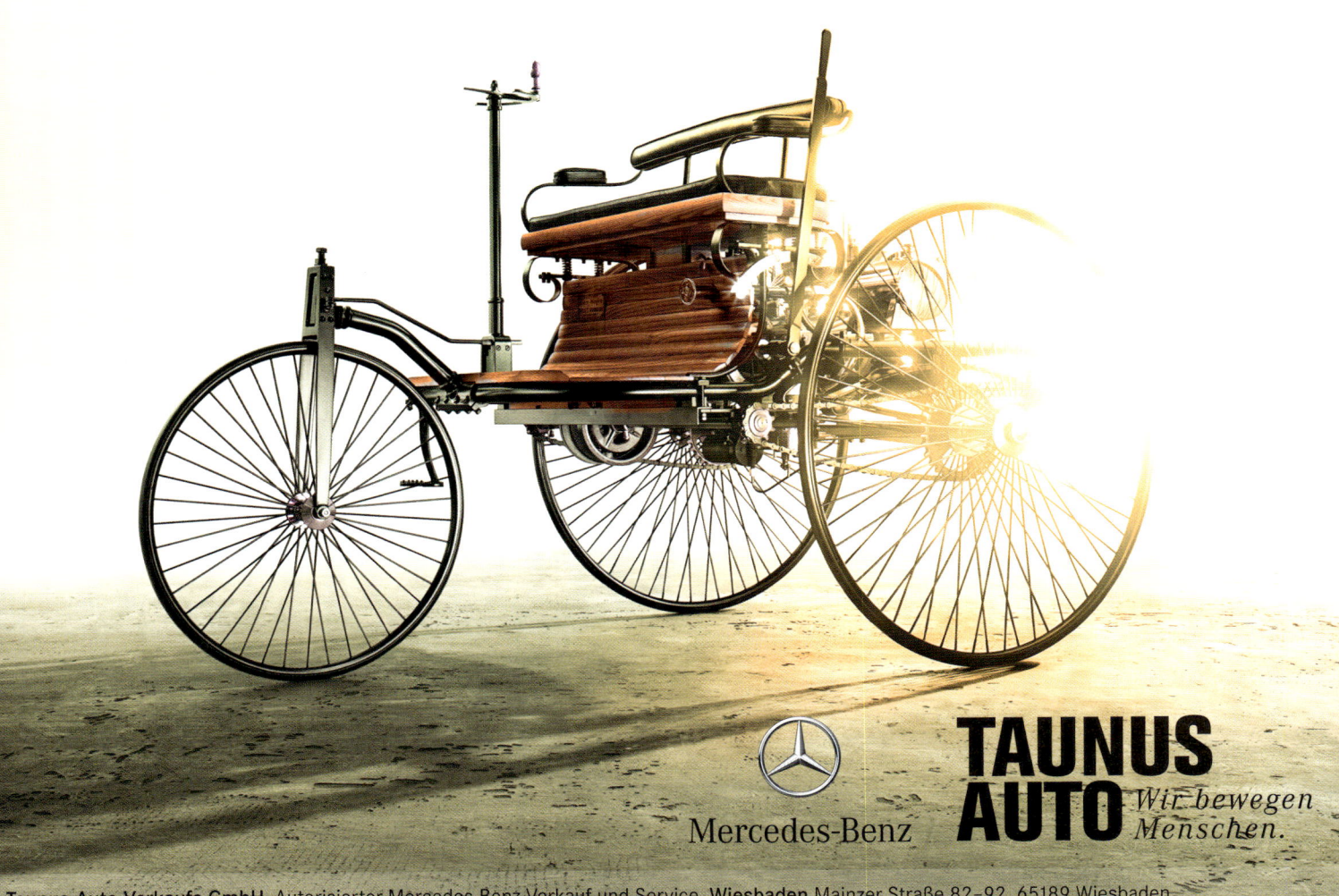

Mercedes-Benz

TAUNUS AUTO *Wir bewegen Menschen.*

Taunus-Auto-Verkaufs-GmbH, Autorisierter Mercedes-Benz Verkauf und Service, **Wiesbaden** Mainzer Straße 82–92, 65189 Wiesbaden,
Idstein Black & Decker Str. 11, 65510 Idstein, **Taunusstein** Erich-Kästner-Str. 1, 65232 Taunusstein, **Schierstein** Schoßbergstr. 20, 65201 Schierstein
Telefon 0611/777-0, www.taunus-auto.de, info@taunus-auto.de

Die Flaniermeile der Wilhelmstraße mit Blick auf das Hotel ›Vier Jahreszeiten‹.

Blick vom Kureck auf die Wilhelmstraße. Rechts das Hotel ›Cecilie‹, dahinter der ›Nassauer Hof‹.

ASCENSEUR.

se‹ (damit die grünen konnte, mussten erst mal Ziegeleien und Wäschereien abgeräumt werden), die neue Prachtstraße trennte das Kurhaus und das künftige Kurviertel von der Stadt und damit von den teils jahrhundertealten Badehäusern, wie ›Adler‹ oder ›Schützenhof‹.

Und nun wollte er ihnen mit einem Palast auch noch direkte Konkurrenz machen. Zais plante ein Badhotel, das als monströs empfunden wurde – und als ruinös. Wie sollte man mit diesem ›Badehaus für höchste Ansprüche‹ konkurrieren? Die Realisierung des Zais'schen Großprojektes scheiterte, weil die nassauische Ständeversammlung (der Landtag von Nassau) 1818 Zuschüsse für Neubauten strich. Zais plante um, alles wurde eine Nummer kleiner. Das Verhängnis: Er baute nun ausschließlich mit eigenem Geld (und dem seiner Familie). 1821 wurde das Haus eingeweiht. Es hatte immer noch 140 Zimmer und bestach durch seinen Luxus plus neueste Badevorrichtungen.

Zais erlebte die Eröffnung des Hauses nicht; er starb 1820, an gebrochenem Herzen, wie man damals sagte. Es hatte furchtbaren Streit mit den übrigen Badewirten gegeben, der zu Prozessen und Verhandlungen vor dem Dillenburger Hofgericht führte. Man hatte ihm vorgeworfen, er wolle zu viel Kochbrunnenwasser für sein Haus abzwacken, und er grabe damit den alteingesessenen Badehäuser im wahrsten Sinne des Wortes das Wasser ab. Es hatte sogar einen regelrechten Aufstand gegeben, in dessen Verlauf die Thermalwasser-Zuleitungen zu den ›Vier Jahreszeiten‹ zerstört wurden.

Der Bau und die Baugeschichte rissen Zais (und beinahe auch seine Familie) ins Unglück. Sieben Jahre nach der Eröffnung respektive acht Jahre nach dem Tod des Gründers hatte die Familie immer noch Schulden in Höhe von über 200 000 Gulden.

Am Ende rentierte sich das Haus dann doch: Über Jahrzehnte war das Hotel- und Badhaus ›Zu den Vier Jahreszeiten‹ das Maß der Wiesbadener Dinge. Hier stiegen Könige und Königinnen ab, wenn sie hierorts kurten, und Prinzen und Prinzessinnen auch. Kaiserin Elisabeth von Österreich (›Sissi‹) bettete hier ihr sorgenerfülltes Haupt, Zar Nikolaus von Russland war hier, und Kaiser Wilhelm I. lieh sich die Badewanne aus, wenn er im Wiesbadener Schloss zu Gast war!

1881 erhielt das Haus als einziges Wiesbadener Etablissement die Erlaubnis, sich ›Hotel und Kurhaus zu den Vier Jahreszeiten‹ zu nennen. Mit der Jahrhundertwende von 1900 wurden die ›Vier Jahreszeiten‹ von der Konkurrenz überflügelt: Hotelpalais, wie der neue ›Nassauer Hof‹, die neue ›Rose‹, das funkelnagelneue ›Palast Hotel‹ öffneten ihre Pforten. Prachtbauten, wie das ›Victoria‹, das ›Bellevue‹ oder das ›Monopole/Metropole‹, allesamt verschwenderisch ausgestattet, zogen nun die ›gute Gesellschaft‹ an.

Die ›Vier Jahreszeiten‹ waren, ohne dass man wusste warum, nicht mehr ganz up to date. Der Bürgerschaft allerdings waren die neuen Großbauten oft zu ›seelenlos‹, ›zu protzig, zu großkotzig‹. In ihren Augen verkörperte nun das Hotel- und Badhaus ›Zu den Vier Jahreszeiten‹ das wahre Wiesbaden – nicht ›nachäfferisch‹ und nicht ›liebedienerisch‹, vielmehr klassizistisch, gediegen, selbstbewusst.

Die Preise allerdings waren immer noch exorbitant. Volle Pension von 12 Mark an!

Kurhaus zu den Vier Jahreszeiten. **WIESBADEN.**

Wilhelmstrasse

Mit Blick auf Schiller

Hotel und Badhaus ›Kaiserbad‹, Wilhelmstraße 48, Hotelpension ›Britannia‹, Wilhelmstraße 46

»Im Mittelpunkt des Kurlebens, gegenüber dem Königl. Theater und dem Kurhause« befanden sich Hotel und Badhaus ›Kaiserbad‹ sowie die Hotelpension ›Britannia‹; das ›Kaiserbad‹ an der Ecke Wilhelmstraße und Burgstraße, die Hotelpension nebenan. Beide Häuser gehörten um 1910 einem Besitzer, nämlich Herrn Alfred Kretschmer. Das ›Kaiserbad‹ präsentierte sich damals (nach gründlichster Renovierung) mit dem allerneusten Komfort. Dazu zählte unter anderem eine »Vacuum-Reinigungs-Anlage für reine, gesunde Luft«; Klimaanlage würden wir heute sagen. Es gab zwei Personen-Aufzüge im ›Kaiserbad‹, elektrisches Licht und Warmwasser-Zentralheizung in allen Räumen. Und einen direkten Blick auf das Schiller-Denkmal am Warmen Damm bzw. Theater. Dieser Blick wurde in den Prospekten gern herausgestellt.

Zum Hotel ›Kaiserbad‹ mit seinen 65 Betten gehörte ein Badhaus mit »Mineral- und Douche-Bädern, kalten und warmen Süßwasser-Bädern, eine hochgewölbte Badhalle; das Wasser ist von gleichmäßiger und angenehmster Temperatur«.

Im Hotel ›Kaiserbad‹, Wilhelmstraße, befand sich das legendäre ›Café Lehmann‹.

Während das ›Kaiserbad‹ zu den Ia-Häusern zählte, wurde die Pension ›Britannia‹ in der Kategorie: ›Ferner zu empfehlen, etwas einfacher‹ geführt.

Bemerkenswert ist, dass sich das damals schon seit Jahrzehnten eingeführte Haus 1872 den neuen Namen ›Kaiserbad‹ zulegte – ein Jahr, nachdem es mit Wilhelm I. wieder einen Deutschen Kaiser gab. Des Weiteren konnte Wiesbaden mit dem ›Kaiserhof‹ in der Frankfurter Straße dienen, einem ›Fürstenhof‹ in der Sonnenberger Straße, einer ›Villa Royale‹ und einem Hotel ›Hohenzollern‹. In der Sonnenberger Straße existierte außerdem ein Hotel ›Impérial‹. Im Ganzen schlug sich aber die Preußen-Begeisterung des Bürgertums nicht in den Hotelnamen nieder; man blieb bei traditionellen Bezeichnungen wie ›Adler‹, ›Spiegel‹, ›Weiße Lilien‹ und ›Weißes Roß‹.

Sowohl das ›Kaiserbad‹ wie das ›Britannia‹ beherbergten zwei überaus erfolgreiche Cafés: Im Erdgeschoss des ›Kaiserbads‹ betrieb der Hoflieferant G. A. Lehmann sein ›Kaiser-Café‹. Es galt als etwas versnobt, hatte durchweg ›gehobenes Publikum‹. Unmittelbar daneben, in der Wilhelmstraße 46, lud die ab 1878 hier ansässige ›Hofkonditorei Blum‹ zum Verweilen ein. Beide Konditoreien präsentierten sich auf dem breiten Bürgersteig auch als Straßencafés und gehörten zur Kurstadt Wiesbaden wie das Café Kranzler zu Berlin.

Die Säle des Café Blum waren in dessen Glanzzeit groß wie Bahnhofshallen, und hier eine Schokolade zu nehmen oder sich an den berühmten Nusstörtchen zu delektieren, glich einem Besuch im Paradies.

Seit 1878 existiert die ›Conditorei & Café Blum‹ in der Wilhelmstraße.

Wilhelmstrasse

Ein Hauch von Paris

›Hôtel du Parc et Bristol‹
Wilhelmstraße 34 und 36

Die Häuser Wilhelmstraße 34 und 36, einst das Hotel ›Spehner‹, später ›Bristol‹, und das ›Hôtel du Parc‹, nachher schlicht ›Parkhotel‹, überdauerten die Zeiten und wurden äußerlich nur unwesentlich verändert. Beide ehemaligen Hotels zeigen noch heute Fassaden in der Art der italienischen Hochrenaissance.

Das Hotel Bristol fing als ›Spehners Privat-Hotel‹ an. 1868 wurde das Anwesen von dem Restaurateur und Weinhändler Joseph Spehner erworben. Anfang der 1880er-Jahre ließ er das ursprünglich schlichte Gebäude so umbauen, dass es zu den neuen Pracht- und Prunkbauten der Straße passte. In Anzeigen warb Spehner 1883 für sein »neu erbautes und elegant möblirtes, mit Bädern eingerichtete Hotel ersten Ranges«.

Etwa sieben Jahre später übernahm der Hotelier Paul Sieben den Betrieb und gab ihm den Namen ›Bristol‹. Damit wollte er auf die reisenden Engländer ansprechen, die seit beinahe hundert Jahren am Rhein geschätzt und hofiert wurden. Manche Häuser, die sich auf englische Gäste spezialisiert hatten, flaggten aus Anlass der englischen Nationalfeiertage; das Bild des englischen Königs oder der Queen Victoria hing wie selbstverständlich im Empfang.

Das ›Hôtel du Parc‹ nebenan zielte auf die große Welt als solche und auf elegante Franzosen im

Luxus an der Wilhelmstraße: ›Hôtel du Parc & Bristol‹.

Parkhotel u. Bristol, Wiesbaden

1912 schon Statussymbol: Autos vor dem Hotel.

WILHELMSTRASSE

Besonderen. Das ganze Haus hatte erkennbar französisches Flair. Die Franzosen bevorzugten jedoch traditionell Baden-Baden; selbst zur Zeit, als Wiesbaden ›Weltkurstadt‹ war. Dem Geschäft tat dies keinen Abbruch, beide Hotels florierten.

Am Ende des 19. Jahrhunderts kaufte Adolf Neuendorff, der Eigentümer des ›Hôtel du Parc‹, das ›Bristol‹ hinzu. Die Häuser fusionierten und firmierten eine Weile unter dem pariserisch klingenden Namen ›Hôtel du Parc et Bristol‹. Nach Neuendorffs Tod im Oktober 1905 teilten die Erben den Besitz; das ›Parkhotel‹ blieb, was es war, nämlich ein Grandhotel, aus dem ›Bristol‹ wurde ein Geschäftshaus. Die Dresdner Bank eröffnete hier schon vor dem Ersten Weltkrieg eine Filiale.

In seiner Glanzzeit konnte das ›Bristol‹ unter anderem Kaiser Wilhelm II. und seine Gemahlin (am 19. Oktober 1896) begrüßen; einen Tag zuvor waren der russische Zar Nikolaus II., die Zarin Alexandra und zwei russische Großfürstinnen hier abgestiegen. Man bat die Majestäten und Fürstlichkeiten, ihre werte Anwesenheit mit einem Autogramm zu bestätigen und zwar nicht wie üblich im ›Goldenen Buch des Hauses‹, sondern (mit einem Diamantstift) auf einer speziellen Fensterscheibe.

Die hohen Herrschaften kamen der ungewöhnlichen Bitte lächelnd und huldvoll nach. Im Laufe der Zeit gravierten noch einige gekrönte Häupter ihre Namen ein, unter anderem König Christian IX. von Dänemark und sein Sohn König Georg von Griechenland.

Der Garten des ›Hôtel du Parc et Bristol‹ mit Blick auf die Marktkirche.

Der Briefkopf des Hotels.

HÔTEL BRISTOL, WIESBADEN.

Menu

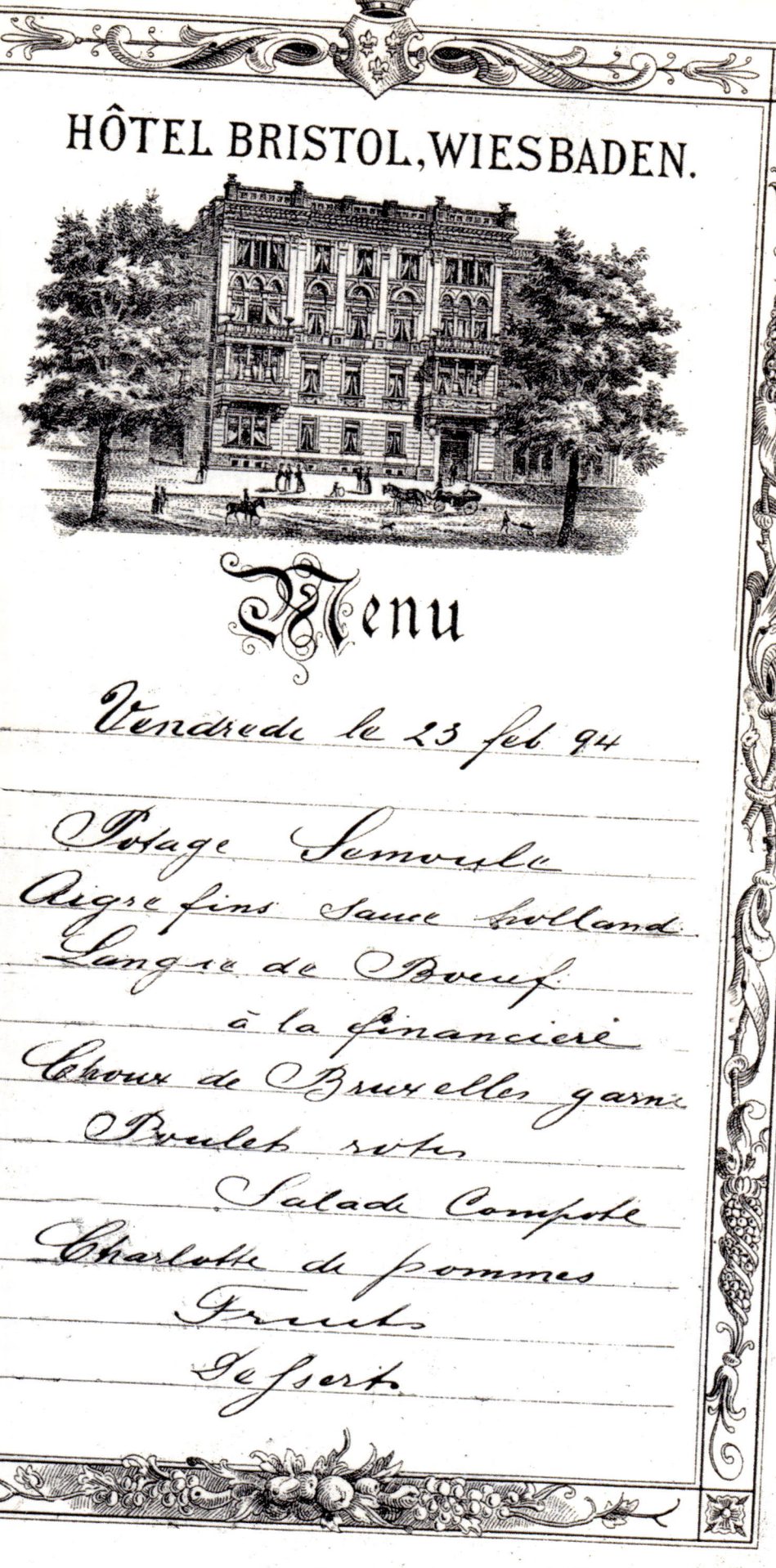

Vendredi le 23 fév 94

Potage Semoule
Aigrefins Sauce hollande
Langue de Boeuf
    à la financière
Choux de Bruxelles garni
Poulet rôti
Salade Compote
Charlotte de pommes
Fruits
Dessert

Die berühmte Fensterscheibe im Fürstensalon des ›Hôtel du Parc‹ mit den eingeritzten Autogrammen des europäischen Hochadels.

Eine Menükarte vom Hotel Bristol aus dem Jahre 1894. Gefunden wurde sie bei Renovierungsarbeiten beim Juwelier Stoess: Sie klebte als Makulatur unter der alten Tapete.

Die Wilhelmstraße mit dem ›Hôtel du Nord‹.

Der Tod des Guten

›Hôtel du Nord‹
Wilhelmstraße 6, später Wilhelmstraße 8

Am 25. Juli 1868 erwarb Johann Philipp Eckardt, früher Kellner im Kursaal und zwischenzeitlich zu Vermögen gekommen, das Anwesen Wilhelmstraße 6 (später 8) und eröffnete dort sein ›Eckhardt's Privat-Hotel‹. Das Haus verfügte über 64 ›neu und comfortable‹ eingerichtete Zimmer. Auf jeder Etage befanden sich Mineral- und Süßwasserbäder. Sowohl Stallungen und Remise als auch ein großer Garten waren vorhanden.

Sieben Jahre später wurde der Name in ›Hôtel du Nord‹ geändert. Er klang weltläufig, und für jeden Fremden war klar, dass sich das Haus in der Nähe eines Bahnhofs befand. Tatsächlich waren die drei Bahnhöfe nur einen Steinwurf weit entfernt.

Nach dem Tod seiner Frau entschloss sich Philipp Eckhardt 1884 zum Verkauf des Hauses und lebte von nun an von den Zinsen seines Vermögens – wie viele seiner früheren Gäste.

Zehn Jahre lang wurde das Hotel von Herrn Otto Ortenbach betrieben, bis dieser es um 1895 an den Architekten Ludwig Bind verkaufte. Bind ließ die Räume im Erdgeschoss zu Läden umbauen, die zunächst an eine Samt- und Seidenwarenhandlung sowie ein Silber- und Schmuckwarengeschäft vermietet wurden. Die eleganten Geschäfte waren

WILHELMSTRASSE

ebenso Markenzeichen der Wiesbadener Wilhelmstraße wie die Tatsache, dass sich hier ein Hotel ans andere reihte.

Aus dem ›Hôtel du Nord‹ wurde um die Jahrhundertwende das funkelnagelneue ›Hotel Monopole‹, und dieses wurde kurze Zeit später Teil des triumphalen ›Metropole/Monopole‹. Aber das ist eine andere Geschichte, siehe diese ...

Internationale Weinspezialitäten vom Hoflieferanten.

HOFLIEFERANT

In den glanzvollsten Zeiten Wiesbadens warben relativ viele Firmen mit der ehrenden und verkaufsfördernden Bezeichnung ›Hoflieferant‹. Oft hingen gläserne Tafeln mit Wappen und Namen der Belieferten an goldenen Ketten in den Schaufenstern. Auch auf den Eingangstüren war zu lesen, welcher Hof sich just hier eindeckte.

Zum Glück für die Geschäftswelt gab es an der Jahrhundertwende zum 20. Jahrhundert Königs- und Adelshäuser in Hülle und Fülle. Allein im Deutschen Reich: Vom Deutschen Kaiser und König von Preußen angefangen, über die Könige von Bayern, Württemberg und Sachsen, die Großherzöge von Baden und ... Und so weiter und so weiter. Wer hielt nicht alles Hof! Man konnte zum Beispiel Juwelier des Herzogl. Sachsen-Coburgischen und des Gothaischen Hofes werden.

Und dann gab's ja auch noch die ausländischen Hoheiten von Brüssel, London, St. Petersburg bis Albanien und Serbien.

Wie alles im Leben, kostete auch dieser Titel. In Wien konnte man die begehrte Auszeichnung ganz legal erwerben, musste dafür nur die ›Hoftitel-Taxe‹ entrichten.

Mit dem Titel schmückten sich gern Apotheken (in der Taunusstraße kann man den entsprechenden Titel heute noch lesen), Herren- und Damenschneider, Schuhmacher, Wein- und Delikatessenhändler, Zigarren- und Zigarettenfirmen, Wäschefirmen, Klavierhäuser und Musikalienhandlungen, eigentlich jedermann, der etwas ›Feines‹ anzubieten hatte. Die Goldschmiede waren entsprechend ›Hofjuweliere‹. Für sie beschrieb der Titel die pure Wirklichkeit.

WILHELMSTRASSE

WAGEMUT

Hotel ›Monopole/Metropole‹, Wilhelmstraße 8 und 10
Hotel ›Carlton‹, Wilhelmstraße 6
›Café Hohenzollern‹, Wilhelmstraße 12

Die Stimmung der Jahrhundertwende von 1900 war längst nicht so naiv fortschrittsfreudig, wie sie gern geschildert wird. Unter einer Schicht von Euphorie lag die Angst vor der kommenden großen Krise. Sie wurde als naturnotwendig erachtet – so ungebremst aufwärts und vorwärts würde es auf Dauer unmöglich weitergehen.

Wie hätte man auch anders empfinden können. Die erste große Krise der Gründerzeit mit Offenbarungseiden, Selbstmorden und Familientragödien lag ja noch keine dreißig Jahre zurück!

Andererseits war die Zeit dem Wagemutigen noch immer hold, wie man es damals formulierte. Die Gebrüder Beckel sind geradezu ein Musterbeispiel dafür, was man mit dem Mut zum Risiko auf die Beine stellen und bei passender Gelegenheit wieder verlieren konnte.

August, der Ältere, war 1859 geboren, seine Brüder Eduard 1864 und Christian 1870, und alle drei waren Hoteliers. 1895 begannen Eduard und Christian auf dem Grundstück Wilhelmstraße 8 (später: 10) die Bauarbeiten für einen neuen Hotelpalast, der unter dem Namen Hotel ›Metropole‹ 1896 eröffnet wurde.

Um 1900 kauften sie das ›Hôtel du Nord‹ auf, tauften es in ›Monopole‹ um und vereinigten es mit dem ›Metropole‹ zu einem Bau der Extraklasse: Marmortreppen, vergoldete Geländer, Säulen in der weiten Eingangshalle, Palmen im Wintergarten unter einer Kuppel. Der Speisesaal für 200 Personen war im Stil des Rokoko gehalten. Insgesamt verfügte das Hotel über 240 Betten in 160 Zimmern, ein Thermalbad und 60 Privatbäder mit direkter Zuleitung vom Kochbrunnen.

Gartenterrasse im ›Hotel Metropole‹.

Grüße zu Weihnachten und zum Jahreswechsel aus dem Jahr 1902.

Gemeinsam mit ihrem älteren Bruder August kauften die Beckel-Brüder jetzt auch noch das auf der anderen Seite der Luisenstraße gelegene Haus Wilhelmstraße 10 (später: 12), in dem sie im September 1901 das ›Café Hohenzollern‹ eröffneten – so prächtig, wie der Name vermuten ließ.

Als ob es damit noch nicht genug wäre, erwarben sie auch das Gebäude Wilhelmstraße 4 (später: 6) und richteten das Hotel ›Carlton‹ samt dem eleganten ›Carlton‹-Restaurant ein.

Um dieses Imperium aufbauen zu können, zu dem auch noch das Hotel ›Römerbad‹ am Kochbrunnen und – Eigentum von Christian Beckel – der ›Pfälzer Hof‹ in Mainz gehörten, hatten sich die Besitzer hoch verschuldet. Ihr Vermögen addierte sich Ende Februar 1911 auf die immense Summe von 8,8 Millionen Mark; demgegenüber beliefen sich ihre Schulden allerdings auch auf rund 5,5 Millionen.

Der Betrieb des ›Carlton‹ wurde um 1913 eingestellt, das Haus Wilhelmstraße 6 verkauft. 1920 trennten sich die Brüder Beckel von dem übrigen Grundbesitz. Der Erste Weltkrieg hatte Wiesbaden ruiniert und auch die Brüder Beckel. August Beckel starb bereits 1917, seine jüngeren Brüder 1928.

WILHELMSTRASSE

Hotel Metropole u. Wein-Restaurant Carlton — Gruss aus Wiesbaden — Café Hohenzollern

Das Hotel ›Metropole‹ mit dem berühmten Wein-Restaurant ›Carlton‹.

Das ›Metropole/Monopole‹ schleppte sich als Hotel noch bis 1963 dahin; sein eigentliches Ende war aber bereits 1914 mit dem Ausbruch des Ersten Weltkrieges gekommen. Äußerlich sind nur noch Reste des alten Glanzes erhalten.

Das ehemalige ›Café Hohenzollern‹ (heute Café Kunder) nebenan ist mit seinen Kuppeln und der Prachtfassade im Neo-Barock dagegen noch immer reinster Wilhelminismus und damit wahres Wiesbaden.

Küchen-Brigade des ›Metropole‹ im Jahr 1908.

Wiesbadener Stil

Hotel und Badhaus ›Bellevue‹
Wilhelmstraße 32

Das ehemalige Hotel ›Bellevue‹ im Zentrum der Wilhelmstraße wurde wie so viele der Wiesbadener Prachthotels kurz nach der Jahrhundertwende erbaut, genau gesagt 1904. Sein Vorgängerbau – er war gerade fünfundzwanzig Jahre alt geworden – hatte dem Fortschritt weichen müssen. Architekt und Bauherr entwickelten beim Neubau Ehrgeiz: Sie wollten ein Haus im gerade hochmodernen Jugendstil hinstellen, andererseits aber auch Kaiser Wilhelm II. nicht vergrätzen. Dieser Wohltäter Wiesbadens verachtete den Jugendstil wie alles Moderne in der Kunst. Deswegen verschmolz man in Wiesbaden beide Stilarten: den barock-wilhelminischen, auf Repräsentation bedachten Baustil mit dem eher nüchternen Jugendstil zu einem speziellen ›Wiesbadener Jugendstil‹.

Im Wiesbadener Jugendstil auf der Wilhelmstraße: Hotel ›Bellevue‹

HOTEL UND BADHAUS „BELLEVUE", WIESBADEN, Wilhelmstr. 32

WILHELMSTRASSE

Fassade und Inneres des ehemaligen Grandhotels ›Bellevue‹ haben den Ersten und Zweiten Weltkrieg weitgehend unbeschadet überstanden, der Hotelbetrieb leider nicht. Zu seiner Hochzeit hatte das Haus fünfzig Zimmer, ein gerühmtes Restaurant, Garten, Bäder, eine Automobilgarage und war laut den Hotelführern ein »eleganter Bau«.

Mit dem 1906 errichteten benachbarten ›Promenade‹-Hotel (vorher Hotel ›Dasch‹), Wilhelmstraße 30, bildet es heute noch eine gewisse architektonische Einheit, wie die Wilhelmstraße hier am deutlichsten Geist und Formen der ›Kaiserzeit‹ spiegelt. Aber man muss wohl hier fremd sein, um dies zu bemerken.

Hotel ›Bellevue‹: Großer Speisesaal (heute für Ausstellungen genutzt).

KURVERHÄLTNISSE ODER DER FREMDE IST NICHT GENIERT

»Was die Kurverhältnisse im Allgemeinen anbetrifft, so unterscheiden sich dieselben hier in Wiesbaden durch die glückliche Verbindung von Großstadt und Kurort wesentlich von anderen Kurorten, namentlich von solchen, in welchen das Kurleben auf die Sommermonate beschränkt ist. Daselbst entwickelt sich durch den engeren Zusammenschluss einer kleineren Zahl von Kurgästen ein intimeres Kurleben leichter als hier, wo der Fremdenverkehr das ganze Jahr nicht aufhört.

Die bauliche Ausdehnung ist in Wiesbaden auch bedeutend größer und neben der Kur und den spezifischen Kurvergnügungen kommt eine ganze Reihe anderer Unterhaltungen und Zerstreuungen in Betracht. Trotzdem ist der Kuraufenthalt bei der vorhandenen größeren Konkurrenz in Wiesbaden keineswegs teurer als anderswo. Derselbe lässt sich bei richtiger Ausnutzung der vielseitigen Hilfsquellen, die die Großstadt bietet, verhältnismäßig billig einrichten. Selbstverständlich bieten sich auch hier vielfache Gelegenheiten, sei es im Kurhause, am Kochbrunnen, oder anderen Orts, alte Bekanntschaften zu erneuern oder neue zu schließen. Der große Vorteil des Aufenthaltes besteht eben darin, daß der Fremde hier in keiner Weise geniert ist, und daß jeder sich einrichten und leben kann, ganz wie er will. Es herrscht nicht der oft als lästig empfundene Zwang zur Geselligkeit, noch irgend welche Verpflichtungen, an geselligen Veranstaltungen teilnehmen zu müssen. Je nach Wunsch und Neigung kann sich der Kurgast in Wiesbaden den größten Komfort oder die gemütlichste Einfachheit verschaffen.«
(Text: Städtische Kurverwaltung, 1910)

Hotel u. Badhaus Bellevue, Wiesbaden, Wilhelmstrasse 32.
(Vornehmste Kurlage, am Kurhaus u. kgl. Theater)
Thermalbäder mit direkter Zuleitung von der Quelle am Kochbrunnen.

Jugendstil mit wilhelminischem Historismus: Das Hotel und Badhaus ›Bellevue‹.

Wilhelmstrasse

An der Promenade

›Residenz-Hotel‹
Wilhelmstraße 3 und 5

Das ›Residenz-Hotel‹ an der Wilhelmstraße und dem heute nicht mehr existierenden Bismarck-Platz gelegen, hatte die für ein First-Class-Hotel selbstverständlichen Annehmlichkeiten: Thermal- und Süßwasserbäder, schicke Einrichtung, aufmerksames Personal. Man warb aber mit anderem: Mit dem Vorgarten und dass man ›zur Alleeseite hin situiert‹ war, dass man, mit anderen Worten gesagt, an der Promenade lag.

Heute ist nur schwer nachzuvollziehen, wie wichtig die schattige Allee, das ›grüne Dach‹ für einen Kurort waren. Auf der Promenade stellte sich die Gesellschaft zur Schau. Hier traf man sich, sah und wurde gesehen. Man ging hier nicht einfach, man schritt würdevoll, man promenierte. ›Der Gute Ton‹ von 1895 verlangte: »Beim Gehen befleißige man sich eines gemessenen, harmonischen Schreitens und hüte sich vor dem Laufschritt; er steht besonders Damen schlecht. Der Gang der Damen sei anmutig und leicht, derjenige der Herren fest und sicher, ohne schwerfällig zu werden. Jeder bewege sich ruhig und gelassen vorwärts.«

Die Promenierenden grenzten sich mit ihrer besonderen Art des Gehens von der arbeitenden Klasse ab, die oftmals die Promenaden nicht einmal betreten durfte. In Wiesbaden war es nicht ausdrücklich verboten, man erwartete aber, dass sich Personal auf der ›Wilhelmspromenade‹ nur blicken ließ, wenn es dort auch etwas zu suchen hatte. Kindermädchen wurden auf der Wilhelmstraße geduldet, aber nicht in ihrer Freizeit!

Die Promenade an der Wilhelmstraße hatte einen besonderen Ruf.

Wiesbaden 18.9.03. Promenadenweg der oberen Wilhelmstrasse.

Frauen, denen in der Kaiserzeit kaum öffentliches Leben zugebilligt wurde, genossen auf der Kurpromenade etwas mehr Freiheiten als anderswo. Sie durften langsamer gehen und sogar stehen bleiben, um mit Bekannten einige scherzhafte Worte zu wechseln, ohne gleich als ›leichte Mädchen‹ abgestempelt zu werden.

Es wurde sogar als statthaft empfunden, dass sich Damen auf der Promenade von Herren, mit denen sie im Laufe des Kuraufenthaltes bekannt geworden waren, bei ihrem Spaziergang begleiten ließen. Kurorte waren schließlich auch immer Heiratsmärkte; irgendwo musste man sich ja näher kommen.

Auf dem Promenadenweg der Wilhelmstraße galt das Motto: Sehen und gesehen werden.

RESIDENZ-HOTEL, WIESBADEN · Bes. A. Grün
Wilhelmstrasse 3–5 (Alleeseite) und Bismarckplatz · Telefon 930
— Vornehmes Haus für Familien-Bäder —
3 Minuten vom Hoftheater, Kurhaus, Kochbrunnen und Centralbahnhof

RESIDENZ-HOTEL, WIESBADEN · Bes.: A. Grün · Partie vom Bismarckplatz gesehen
Telefon 930 : Wilhelmstrasse 3–5 (Alleeseite) und Bismarckplatz : Bäder
Vornehmes Haus für Familien. 3 Minuten vom Hoftheater, Kurhaus, Kochbrunnen und Centralbahnhof.

Das ›Residenz-Hotel‹ am Bismarckplatz, unmittelbar an der Wilhelmstraße.

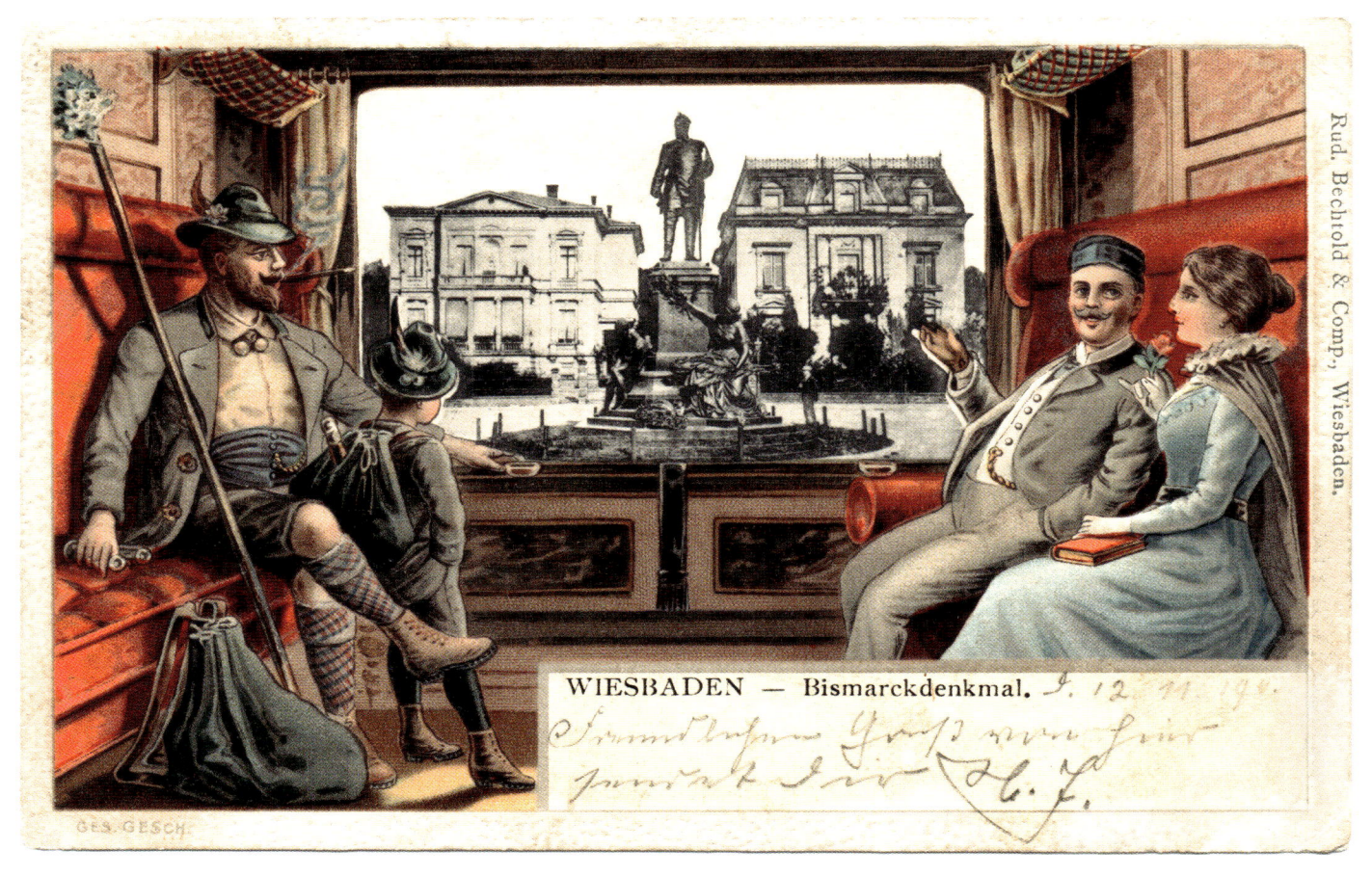

Wilhelmstrasse

Die Ansichtskarte macht's möglich: Mit dem Zug direkt an den Bismarckplatz.

Klingeln

Das Hotel – und speziell das Grandhotel – ist ohne Klingeln nicht vorzustellen: In einer Zeit, in der das Zimmertelefon und die Gegensprechanlage noch nicht erfunden waren, rief man die ›dienstbaren Geister‹ mit dem Druck auf den Klingelknopf herbei. Der Gast rief das Zimmermädchen, der Empfangschef den Hausdiener, der Koch die Kellner. Im Englischen heißt der Hotelpage bell-boy, wörtlich ›Klingeljunge‹. Er hatte die flinksten Beine und wurde losgeschickt, die Wünsche der Gäste zu eruieren. Stets klingelte es irgendwo im Haus – manche der Klingeln arbeiteten mit optischen Signalen, Lampen leuchteten auf und ähnliches. Das funktionierte zwar, aber nicht immer. Die Klingel war einfach durchdringender und hörte erst auf zu nerven, wenn man sie abstellte. Damit war die akustische Klingelanlage allen anderen überlegen. Carl Theodor Wagner, Uhrmacher, Erfinder und Unternehmer, 1805 in Usingen geboren und seit 1863 in Wiesbaden, stellte in seiner Firma »Haustelegraphen und elektrische Signal- und Schellen-Apparate nach eigener Erfindung und solidester Konstruktion für Hotels, Herrschaftshäuser und Fabriken sowie Sicherheits-Apparate gegen Diebe« her. Nach dem Tod des Gründers führten die Söhne die »C. Theod. Wagner Elektrotechn. Fabrik« fort. Sie war weltweit die führende Firma für elektrische Uhrenanlagen. Wagner war Hauptlieferant der Deutschen Reichsbahn, aber auch vieler ausländischer Bahnen. Von Amsterdam bis Buenos Aires und Sydney und selbst in chinesischen Städten tickten die Grau-Wagnerschen Uhrenanlagen aus Wiesbaden; manche heute noch.

Wechsel und Wandel

›Victoria‹ Hotel und Badehaus
Wilhelmstraße 1

Das ›Victoria‹ am Beginn der Wilhelmstraße liebte allzeit das Understatement. In der wilhelminischen Epoche bestand es aus zwei miteinander verbundenen Bauten; der ältere Teil an der Ecke Rhein- und Wilhelmstraße zeigte eine erstaunlich schlichte, neoklassizistische Fassade, der jüngere Bau, ein wenig zurückgesetzt, bot eine etwas prunkvollere Front. Gemessen an dem, was zu dieser Zeit Standard war, gab sich auch dieser Teil dezent-zurückhaltend.

Das Haus wurde um 1900 als ›vornehmes Familien- und Passanten-Hotel‹ annonciert. Es besaß 120 Zimmer, eigene Thermalquellen und direkten Zulauf aus dem Adler-Kochbrunnen, eine Restaurant-Terrasse an der Wilhelmstraße, sowie eine ›Kraftwagenhalle‹. Der ältere Teil des Hauses war 1842 von einem Gastwirt namens Johann Daniel Düringer, vorher Pächter und Teilhaber des Grandhotels ›Zu den Vierjahreszeiten‹, eröffnet worden, und zwar als ›Hotel Düringer‹. 1857 wechselte das Haus seinen Besitzer, neue Eigentümer wurden die Kompagnons Joseph Hellbach und Karl Holzapfel.

Sie kauften das Haus für 95000 Gulden und steckten noch mal 50000 Gulden in die Modernisierung. Offenbar rechnete sich die Investition. Bereits im ersten Betriebsjahr erzielten die Herren Hellbach und Holzapfel einen Umsatz von 72000 Gulden und, was für sie erfreulicher war, einen stattlichen Gewinn.

Es stand auf der östlichen Seite der Wilhelmstraße/Ecke Rheinstraße, das ›Victoria-Hotel‹.

WILHELMSTRASSE

Das Hotel ›Victoria‹ hatte schon im Jahr 1877 eine Rollschuhbahn, 1000 Paar Rollschuhe standen zum Ausleihen bereit.

GEORGE D. PAINTER IN SEINER PROUST-BIOGRAPHIE:

»Proust war bekannt für seine großzügigen Trinkgelder. Eines Abends, nachdem er sämtliche Trinkgelder verteilt hatte, bemerkte er, dass der Portier leer ausgegangen war, und sagte zu ihm: ›Können Sie mir fünfzig Francs leihen?‹ Und als ihm der Portier das Geld entgegenstreckte: ›Behalten Sie es, es war für Sie.‹ Am nächsten Tag beglich er seine Schuld.«

Das Haus hatte nun einen neuen Namen, angeblich weil Hellbach – er hatte als Kellner angefangen – vor seiner Zeit als Hotelbesitzer drei Jahre lang die Restauration auf einem Rheindampfer namens ›Victoria‹ betrieben hatte. Möglicherweise wollte man sich auch nur bei den Engländern beliebt machen.

Mag es nun so oder so gewesen sein, das Haus genoss jedenfalls einen ausgezeichneten Ruf und wurde sogar vom europäischen Hochadel geschätzt.

Angesichts steigender Gästezahlen baute Joseph Hellbach (sein Partner Holzapfel war bereits tot) Anfang der 1880er-Jahre um und aus. Ein weiterer Hoteltrakt mit den Annehmlichkeiten der Zeit entstand. Damit und mit anderen Investitionen übernahm sich Hellbach.

1887 ging das Haus in den Besitz der Brüder Heinrich und Wilhelm Schweisguth über. Diese geboten nun über die erwähnten 120, allesamt neu hergerichteten Zimmer und ein Heer von Angestellten. Allein der Speisesaal bot Platz für 500 Gäste. Man kann sich die Schar von Kellern, Oberkellnern und Chef de Rangs vorstellen, die hier dienerten und wieselten.

Im Frühjahr 1901 wurde August Jahn, der vormalige Direktor des Hotels ›Metropole‹ auf der gegenüberliegenden Straßenseite, neuer Besitzer, zehn Jahre später der Hotellöwe Alfred Kretschmer. Auch in den nächsten Jahrzehnten – in guten wie in schlechten Zeiten – war das ›Victoria‹ Badhaus und Hotel. In der Nacht vom 3. Februar 1945 wurde es beim großen Bombenangriff auf Wiesbaden zerstört und nie wieder aufgebaut.

Der riesige Speisesaal im Hotel ›Victoria‹.

Rhein-Dampfschiffstation

»Rhein-Dampfschiffstation für Wiesbaden ist Biebrich. Durch den regen Verkehr der elektrischen Straßenbahn zwischen Wiesbaden und Biebrich (Rheinufer) ist die Verbindung leicht und angenehm. Fahrzeit vom Kurhaus bis Landebrücke 25 Minuten. Die Agentur der Cöln-Düsseldorfer Gesellschaft, Langgasse 20, bei W. Bickel, übernimmt die direkte Beförderung nach allen Stationen rheinauf und -ab, auch nach Rotterdam und London. Ein Gepäckwagen fährt morgens 8 Uhr von Wiesbaden nach Biebrich und im Laufe des Vormittags nach Wiesbaden zurück. Außerdem ist Biebrich Station der niederländischen Dampfschiffe, welche zwischen Amsterdam und Mannheim verkehren (Agentur Ludwig Engel, Wilhelmstraße 52). Die Reederei Aug. Waldmann unterhält außer einer ausgebreiteten Rhein- und Seeagentur einen regen Personen- und Güterverkehr zwischen Wiesbaden-Biebrich und Mainz.«

Die Dampferanlegestelle in Biebrich mit dem Hotel ›Nassau‹.

KURHAUS

Das schönste Kurhaus der Welt

Altes und neues Kurhaus

Wiesbaden. Kurhaus.

»Das neue Kurhaus – ein imposanter Bau nach den Plänen des genialen Münchner Architekten Friedrich von Thiersch – bildet mit seinen luxuriösen Einrichtungen und herrlichen Anlagen naturgemäß den gesellschaftlichen Mittelpunkt des gesamten Kurlebens. Hier findet sich die große Welt zusammen, um sich im internationalen Sprachenaustausch über die Ereignisse des Tages zu unterhalten, sich an den Klängen der vortrefflichen Kurmusik zu erfreuen und den Chic und den Reichtum der zur Schau getragenen Toiletten zu bewundern. Finden alsdann noch die großen Gartenfeste statt, bei welchen der Kurgarten mit seinen prächtigen Baumriesen und plätschernden Wasserkünsten in einem vieltausendfarbigen Lichtmeere erstrahlt, so ist das Auge geblendet von der feenhaften Pracht dieses überwältigenden Schauspiels.«

In der Tat: Idee und Ausführung des (neuen) Wiesbadener Kurhauses – Kaiser Wilhelm II. nannte es bei der Eröffnung am 11. Mai 1907 »das

Im Geschmack der italienischen Grottenarchitektur: Der Muschelsaal.

Oben Mitte: Der Weinsalon im Kurhaus.

Links: Am 11. Mai 1907 wurde das neue Kurhaus mit einem prachtvollen Blumengarten eröffnet.

Folgende Doppelseite: Das alte Kurhaus auf einer Ansichtskarte aus dem Jahre 1902.

Kurhaus

Verlag & Druck Kunst Anstalt Rosenblatt Frankfurt a/M.

GRUSS AUS WIESBADEN.

Kursaalplatz

Kurhaus

Die Kurhaus-Gartenseite mit Weiher.

schönste Kurhaus der Welt« – können heute wieder wie damals gewürdigt und genossen werden; viele Jahrzehnte lang galt es vor allem als wilhelminischer Pomp. Heute bewundert man jede Tür und jeden Handlauf.

Der Rohbau wurde in erstaunlich kurzer Zeit erstellt, in den achtzehn Monaten von Januar 1905 bis Juni 1906. Der Ausbau brachte dann enorme und angeblich unvorhersehbare Kostensteigerungen. Thiersch machte den Magistrat rechtzeitig darauf aufmerksam, riet aber gleichzeitig sehr vom Sparen ab: »Nach den schon in Verwendung gekommenen Edelmaterialien ist ein Rückzug zur Einfachheit

Kurhaus zu Wiesbaden.

Grosser
Weihnachts-Fest-Ball
30. Dezember 1902.

War ein beliebter Treffpunkt: Die Gartenseite des Kurhauses mit der Konzertmuschel.

nicht anzuempfehlen.« Der Architekt sparte wirklich nicht mit Marmor, Mosaiken, Edelhölzern, gewaltigen Lüstern und schwer vergoldetem Mobiliar. Der Magistrat seufzte und bewilligte eine halbe Million Mark zusätzlich. Am Ende kostete das Kurhaus statt der ursprünglich geplanten 3,15 Millionen rund 6 Millionen Goldmark.

Von allem anderen abgesehen beeindruckt die enorm kurze Bauzeit von zweieinhalb Jahren für das komplizierte Gebäude, das im Grunde viel größer ist als es aussieht und dabei über und über dekoriert. Zur Ausführung zog Architekt Thiersch eine Vielzahl von Bildhauern, Malern, Dekorateuren und Kunsthandwerkern hinzu, die alle nach seinen Entwürfen und Ideen arbeiteten.

Das alte Kurhaus, zwischen 1808 und 1810 nach den Plänen von Christian Zais an gleicher Stelle errichtet und wegen des neuen, größeren Kurhauses abgerissen, war zu seiner Zeit nicht weniger bewundert worden. Eines der vielen anerkennenden Urteile über diesen Bau: »… würde die Zierde jeder Hauptstadt sein!«

Schon 1883 war die Gewichtskontrolle angesagt

TANZKARTE

Die Bälle im Wiesbadener Kurhaus waren Höhepunkte der Saison – manche Dame zehrte ihr Leben lang von dem ›unvergesslichen Erlebnis‹, hob die Tanzkarte mit dem Namen des ›Einen‹ für alle Zeiten (gut versteckt) auf oder wischte seinen Namen auf dem ›Carnet de Bal‹ ihr Leben lang nicht weg.

Eine Tanzkarte war eine Art Grußkarte, auf der die Besucherin eines Balls ihre Tanzpartner für die einzelnen Tänze des Abends notieren konnte. Diese Tanzkarten wurden vom Gastgeber speziell hergestellt und den Damen am Eingang überreicht; für den Herrn gab's einen Bleistift. Die Außenseite der Karte war verziert, etwa mit einem Kranz lieblich flatternder Amoretten, die sich mit Rosen bewarfen. Auf der Innenseite fand sich eine Auflistung aller Musikstücke des Abends, jeweils mit einer freien Fläche, in die sich die Tanzpartner der Dame ›verewigen‹ konnten: »Gestatten, Gnädigste, dass ich mich für den übernächsten Tanz eintrage?« Bei einem gehauchten »Es wäre mir eine Ehre« kam der erwähnte Bleistift zum Einsatz.

Die höhere Form der Tanzkarte war das ›Carnet de Bal‹, ein Notizblock der besonderen Art. Hier konnte die Dame auf dünnen Elfenbeintäfelchen in Form eines Miniaturfächers die Reihenfolge der Tanzpartner notieren. Die Bleistifteintragungen ließen sich mit dem Finger wieder spurlos entfernen. Das Carnet wurde am Gürtel getragen oder in der Abendtasche verwahrt. Bisweilen waren diese ›Carnets de bal‹ sehr aufwendig ausgeführt und sind deshalb heute gesuchte Sammelobjekte.

169

Hotel Kaiserhof

Extraklasse

Hotel ›Kaiserhof‹ und ›Augusta-Victoria-Bad‹
Frankfurter Straße 17

Das Hotel ›Kaiserhof‹ mit dem ›Augusta-Victoria-Bad‹ in der Frankfurter Straße/ Ecke Victoriastraße, gehörte zu den größten Wiesbadener Hotels.

Der ›Kaiserhof‹ an der Frankfurter Straße, Ecke Victoriastraße, ein erstklassiges Hotel mit zweihundert Zimmern und allem Luxus der Belle Epoque, war selbst für das verwöhnte Wiesbaden etwas Besonderes. Zum Haus gehörte das komfortable ›Augusta-Victoria-Bad‹, ein Triumph der Balneologie.

Diese Kur- und Schwimmanstalt bot alles, was die Badeheilkunde der Kaiserzeit an Heilmethoden kannte: Bäder mit und ohne Kochbrunnenwasser, Inhalationen, pneumatische Kammern, Elektrotherapie, Massage, schwedische Heilgymnastik, Trinkkur und Kaltwasserbehandlung. Originell war, dass die Schwimmhalle als öffentliche Einrichtung jedermann zur Verfügung stand. Schwimmvereine trugen hier Wettkämpfe aus; später wurde die Schwimmhalle sogar Städtisches Hallenbad. Ebenfalls ungewöhnlich, dass jeder in Wiesbaden praktizierende Arzt seine Patienten im ›Augusta-Victoria-Bad‹ behandeln durfte.

AUGUSTA-BAD

Das Grandhotel ›Kaiserhof‹ mit den Preisen um 1910.

TARIF.

1 Zimmer mit 1 Bett, inkl. Licht, Bedienung und Heizung, je nach Lage, von Mk. 2.50 an.

1 Zimmer mit 2 Betten, inkl. Licht, Bedienung und Heizung, je nach Lage, von Mk. 5.— an.

Erstes Frühstück, komplett . . . Mk. 1.25
Diner . . . . » 3.—
Souper . . . . » 2.—

Alle Mahlzeiten werden an kleinen Tischen serviert.

PENSION bei Aufenthalt von 3 Tagen an, inkl. Licht, Bedienung und Heizung, von Mk. 8.— an.

THERMALBÄDER à Mk. 1.—, per Dutzend Mk. 10.—.

Für den WINTER-AUFENTHALT besondere PREISERMÄSSIGUNG und sind in den Monaten Dezember, Januar und Februar die Bäder in den Pensionspreis eingeschlossen.

Das Badhaus war ein lang gestrecktes Gebäude im Stil der Neorenaissance. Es umschloss zwei Innenhöfe und wurde von drei Kuppeln gekrönt. Zwei überdeckte und beheizte Gänge führten vom Hotel ins Badhaus. Das Hotel selbst kam mit seinen Fassaden im Stil der italienischen Frührenaissance und seinem luxuriösen Inneren einem Palast gleich. Vom repräsentativen Vestibül gelangte der Gast in die Gesellschafts- und Restaurationsräume sowie in den Wintergarten. Die ungewöhnlich großen Zimmer und Suiten mit jeweils eigenem Balkon waren ausgesprochen luxuriös ausgestattet – »nach dem Vorbild der Schlösser in Würzburg, Brühl und Ansbach«.

Dazu kam die »einzig schöne Lage«: »Hotel- und Bade-Gebäude erheben sich inmitten eines herrlichen Gartens und schattiger Parkanlagen. Ein liebliches Bild in ruhiger Vornehmheit, idyllisch versteckt im Grünen und umgeben von saftigen Rasenplätzen, lauschigen Baumgruppen und farbenprächtigen duftigen Blumenbeeten. Von den Fenstern und Balkons des Hotels schweift das Auge über Stadt, Gärten und Villen hinweg, hinüber zum Neroberg und den Hügelketten des Taunus. Die Natur hat hier im Verein mit dem Menschen alles geschaffen, was dem Gaste, besonders dem Erholung suchenden, nützlich und angenehm sein kann. Die eigene Thermalquelle ist zu allen Badezimmern geleitet und die Küche sorgt mit ganz besonders erprobter Sorgfalt für genaueste Berücksichtigung der verschiedenen ärztlichen Diätvorschriften. Fordern Sie den Prospekt an, den die Direktion bereitwilligst verabfolgt, und dessen Bilder am besten für sich selbst sprechen.«

Das Hotel, ursprünglich von einem Konsortium begonnen, hatte schon in der Bauphase seine ersten Geldprobleme. Ende des Jahres 1892 kam der Konkurs. Ein Bauunternehmer ersteigerte den Rohbau und stellte ihn fertig.

Im März 1895 wurden Hotel und Badhaus eröffnet. Bis zum Ersten Weltkrieg florierte der ›Kaiserhof‹. Im Krieg diente er als Reservelazarett; in der Weimarer Zeit mühte er sich erfolglos, seine frühere Bedeutung zurückzugewinnen. 1938 ging

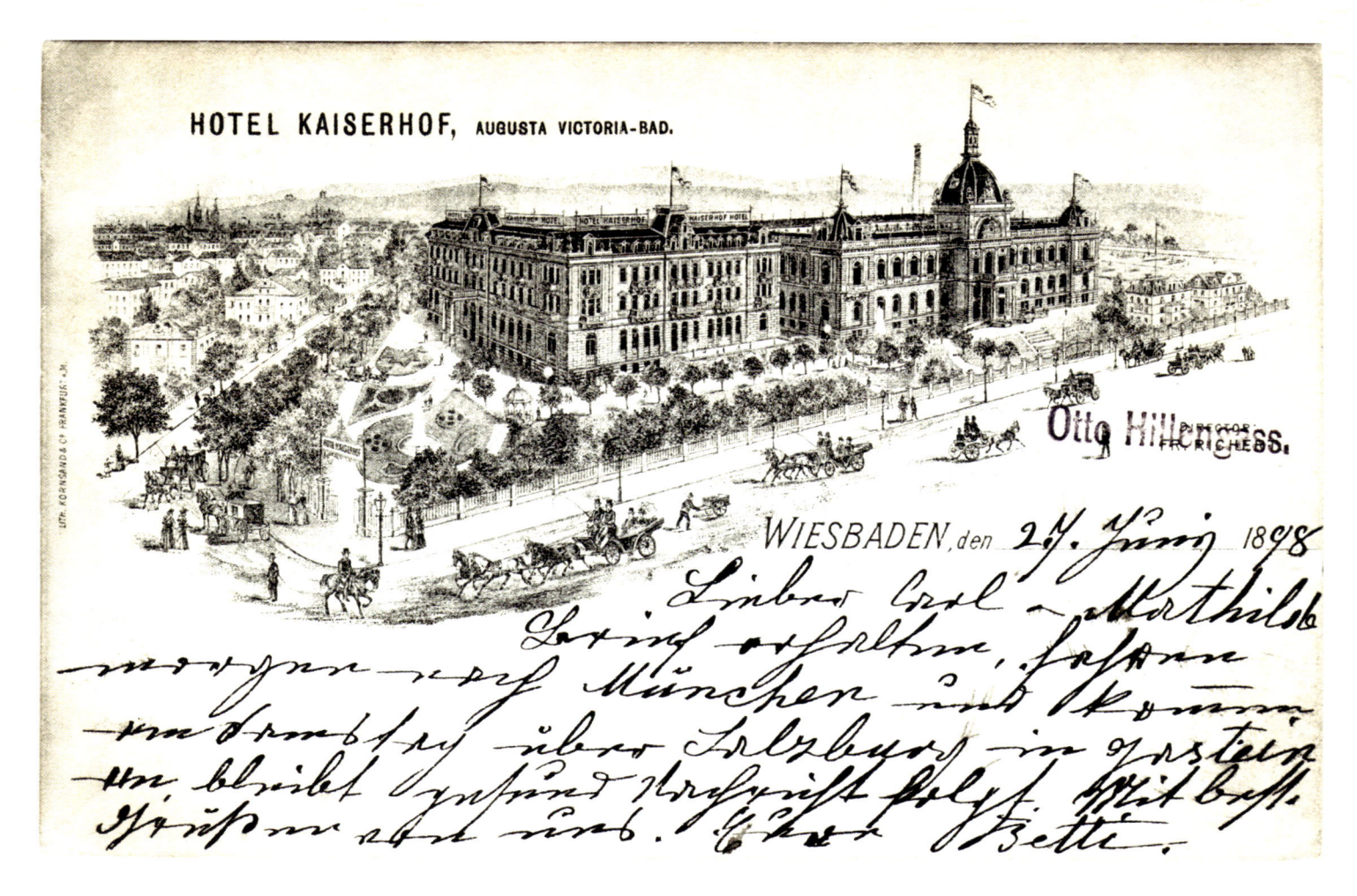

Eine Ansichtskarte des Hotel ›Kaiserhof‹ aus dem Jahre 1898.

das Hotel in den Besitz des Reichsfiskus über. Kaiserhof und Augusta-Victoria-Bad wurden beim großen Bombenangriff auf Wiesbaden im Februar 1945 zerstört. 1951 errichteten die Amerikaner auf dem Grundstück ein Appartementhaus für ihre Armeeangehörigen.

Wegen seines ungewöhnlichen Grundrisses in Form zweier miteinander verbundener, jeweils fünfflügeliger Bauten wurde es von den Wiesbadenern ›Stern-Hotel‹ getauft. So wie es damals gebaut wurde, steht es noch immer, ist aber aus dem Blickfeld verschwunden.

HOTEL KAISERHOF – AUGUSTA-BAD

DER KÖNIG VON SIAM

Am 22. August 1897, einem Sonntag, traf König Chulalongkorn, der König von Siam, nebst Thronfolger, weiteren Prinzen und großem Gefolge in Wiesbaden ein – für eine Nacht. In der Presse wurde das etwas umschrieben. Da hieß es, der König und sein Gefolge hätten im Hotel Kaiserhof ›Absteigequartier‹ genommen.

Der König kam aus Köln. Während des Tages hatte er an Bord eines Rheindampfers namens ›Elsa‹ die Schönheiten des Rheins genossen und war dann mit einem Sonderzug von Biebrich nach Wiesbaden gereist. Beim Eintreffen im ›Rheinbahnhof‹ (einem von drei Bahnhöfen an der Rheinstraße) wurde er vom Wiesbadener Oberbürgermeister begrüßt.

Danach ging's mit der Kutsche zum nur wenige hundert Meter entfernten exquisiten ›Kaiserhof‹, wo der Direktor den König und sein Gefolge am Portal aufs Herzlichste willkommen hieß. Im ›Kaiserhof‹ hatte man eine Flucht für die hohen Herrschaften reserviert und verschwenderisch dekoriert, und auf dem Haus wehte die königlich-siamesische Flagge, »die auf rothem Feld den weißen Elephanten führt.« Nach Fahne und Elefant wurde König Chulalongkorn auch gern als der »Herrscher aus dem Reich des weißen Elefanten« vorgestellt.

Der König war damals vierundvierzig Jahre alt und wurde als »eine sympathische Erscheinung« empfunden und als »äußerst liebenswürdig«. Be-

Das Riesenschwimmbassin im ›Kaiserhof‹, und links König Chulalongkorn, König von Siam.

Riesenschwimmbassin

Hotel Kaiserhof – Augusta-Bad

sonders fiel auf, wie herzlich er mit seinen Kindern umging. Mehrere seiner Söhne wurden zu der Zeit in Deutschland erzogen, andere in England. Siam, das heutige Thailand, galt als aufstrebendes Reich und sein König als ein großer König: »Ostasiatische Staatsmänner messen der Persönlichkeit dieses Herrschers eine große Bedeutung bei. Li Hung Chang, der kluge Chinese, erklärte ihn für den begabtesten Monarchen Asiens, und der Japaner Marquis Ito sagte, daß wenn König Chulalongkorn an der Spitze von China stände, er es zur unüberwindlichen Vormacht Asiens hätte machen können.«

Der König von Siam war 1897 zum ersten Mal in Europa und wurde entsprechend vom Publikum bestaunt und bejubelt. Zwar trat er meist in »dunkler Civilkleidung mit dunklem Filzhut« auf, also im europäischen Straßenanzug, aber unverkennbar umwehte ihn Exotik. Man hätte gern mehr von ihm gesehen, vor allem die Frauen.

Jedoch, es hieß scheiden. Am nächsten Morgen, am 23. August also, reisten die hohen Gäste weiter zum Sächsischen Hof nach Dresden und Leipzig, von da zum deutschen Kaiser Wilhelm II. (er empfing den König in Potsdam), auch zum Altreichskanzler Bismarck. Und immer fuhr man mit einem ›Sondertrain‹ von zwanzig Achsen, einem bequemen Salonwagen, gezogen von der treuen Lok ›Mühlhausen‹.

Der ›Kaiserhof‹ warb nachher jahrzehntelang damit, dass Seine Majestät, der König von Siam, im Haus genächtigt hatte.

Die Küche im ›Kaiserhof‹ und rechts eine Anzeige aus dem Reiseführer.

Cuisine.   Küche.   Kitchen.

CARL JULIUS WEBER ÜBER DIE QUELLEN:
»Der Kochbrunnen, der Sprudel Wiesbadens, verbreitet eine solche dichte Dunstwolke über Stadt und Gegend, dass ich ihn für die heisseste Quelle Deutschlands halte.«

Hotel Kaiserhof, Wiesbaden
Vornehmes Familien-Hotel.
Frankfurterstraße, Ecke Viktoriastraße.
Ruhige, gesunde prächtige Lage im eigenen großen Park. Große bequeme Zimmer. Unvergleichliche Gesellschaftsräume. Sorgfältigste Küche und Diätküche.
Eigene Thermalquelle für Bade- und Trinkkur.
Prospekte und Auskunft durch die Direktion.

Medico Mechanisches Zanderinstitut.
Mit dem Hotel Kaiserhof verbunden ist die
Physikalisch-Orthopädische Kuranstalt
Augusta-Victoria-Bad
Einzigartig eingerichtetes Thermenhaus zur **Spezialbehandlung von Gelenkerkrankungen.**   Leit. Arzt: Dr. C. Hülsemann.
Prospekte und Auskunft durch die Direktion.
Siehe Textseite 88.

Shopping

Handel und Wandel in Wiesbaden

Anzeige der Firma J. Chr. Glücklich um 1900.

Hunderttausend, am Ende von Glanz und Gloria sogar zweihunderttausend Kurgäste pro anno, wollten unterhalten werden – und sich unterhalten. In der Belle Epoque war zum ersten Mal so viel Geld im Umlauf, dass man aus dem Einkaufen ein Vergnügen für die ›höheren Stände‹ machen konnte.

Und die nutzten die Chance; kauften alles, was zu haben war, vom Badebecher mit herzigen Motiven bis zu Grundstücken in ›aussichtsreicher Lage‹ und Villen mit neuestem Komfort, einschließlich Luft-Heizung und zentraler Staubsauge-Anlage im Keller.

Das Immobiliengeschäft blühte. 1912 berichtete die Zeitschrift ›Weltkurstadt‹ über den Makler Johann Christian Glücklich: »Wie bedeutsam die vielfach unterschätzte Arbeit des Immobilienvermittlers ist, kann durch den Hinweis auf die vor einigen Jahren durch Vermittlung der Firma Glücklich erfolgte dauernde Niederlassung eines nach deutschen Begriffen Multimillionärs erläutert werden, der nach Kurgebrauch abreisen wollte, trotzdem es ihm hier sehr gefiel und der nur durch die Bemühungen der Firma veranlasst wurde, Wiesbaden zu seinem Wohnsitz zu machen und sich hier anzukaufen. Die Zahl der reichen und wohlhabenden Perso-

Ein Einspänner mit Delikatessen der Firma Peter Quint vor seinem Geschäft in der Marktstraße 14 (Ecke Ellenbogengasse).

SHOPPING

nen und Familien, die, veranlasst durch die Bemühungen Glücklichs, sich in Wiesbaden dauernd niedergelassen haben oder Gelder in hiesigen Werten festlegten, beläuft sich im Flusse der Jahre auf tausende.«

Einkaufen als Kunst und Zeitvertreib war praktisch in allen Straßen innerhalb des klassischen Fünfecks möglich. Angeboten wurde, ungewöhnlich für eine Stadt dieser Größe, alles, was Paris und London auch zu bieten hatten: Schmuck, Juwelen, Diamanten, Verlobungs- und Trauringe, kostbare Uhren, Kunst, Möbel, Musikinstrumente (vom Flügel bis zum in Wiesbaden produzierten ›Heckelphon‹), Antiquitäten und Kleider – viele Kleider.

In der Kirchgasse existierten gleich zwei Kaufhäuser, die Großstadt-Niveau hatten, das Warenhaus Bormass & Co und die große Konkurrenz S. Blumenthal. Bormass befand sich an der Ecke Kirchgasse und Schulgasse und war der Vorläufer von Karzentra und Karstadt; Blumenthal wurde an der Ecke Luisenstraße und Kirchgasse hochgezogen. Im Tagblatt vom 21. Juli 1905 war zu lesen: »An Stelle des alten Hotels Nonnenhof wächst das mächtige Warenhaus mit Rieseneile in den Himmel. Täglich stehen Hunderte von Neugierigen vor dem Neubau und beobachten die technische

Aus einem Prospekt des Kaufhauses Blumenthal.

Das elegante Kaufhaus von Seligmann Blumenthal & Co befand sich in der Kirchgasse 39-41 und hatte 250 Angestellte.

Das Warenhaus Bormass & Co. befand sich in der Kirchgasse 45, am Mauritiusplatz, dort wo heute Karstadt steht.

Fähigkeit, die hier zu Hilfe genommen ist, um den Bau so rasch wie nur irgend möglich zu Ende zu führen«.

Als er, der Bau, dann Anfang 1906 im Rekordtempo vollendet war, beschrieb eine andere Lokalzeitung voller Anerkennung, dass Seligmann Blumenthal innerhalb von fünfundzwanzig Jahren vom kleinen ›Kurzwaren‹-Geschäft, mithin einem Laden für Knöpfe und Litzen, Hosenträger und Stricknadeln, betrieben vom Inhaber, seiner Frau und einer ›treuen Kraft‹, zu einer Firma mit 250 Angestellten herangewachsen sei.

Mindestens ebenso imposant präsentierte sich das Warenhaus Bormass am Mauritiusplatz, ein »Glaspalast mit mehreren Stockwerken, in einem eigenartigen, für Wiesbaden gänzlich neuen Stil erbaut«. Wiewohl hochmodern, gewährte »das Ganze durchaus einen vornehmen und schönen Eindruck«. Vor allem aber bot der neue ›Einkaufstempel‹ mehr von allem, viel mehr sogar.

Die geschätzte Kundin geriet angesichts der Fülle und Schönheit der Waren in Ekstase: Enorm günstige Jupons aus flaumzarten Wollstoffen, Pailletteroben, Pailletteblusen, alles zu Spottpreisen; seidene Blusen ab 15 Mark. Ein unglaublicher Hut mit Reiherfeder kostete drei Mark, ungarnierte Hüte keine Mark! Man wollte kaufen und kaufen; für den Göttergatten vielleicht eine Weste oder ein Sommerpaletot. Sommerstaubmäntel ab acht Mark!

Links: Großzügige Galerien umrahmten den glasüberdachten Innenhof über drei Etagen des Kaufhauses Blumenthal.

Rechts: Dieses imposante Treppenhaus ›lockte‹ die Käufer in die drei Etagen des ›Einkaufstempel‹ vom Kaufhaus Bormass.

Die Zentrale des Hoflieferanten August Engel (Delicatessen, Wein, Cigarren) war in den Häusern Nr. 12, 14 und 16 der Taunusstraße. Eine große Filiale war in der Wilhelmstraße 2/Ecke Rheinstraße, gegenüber der alten Bahnhöfe.

Den Besorgten, die mit der Ausbreitung der Kaufhaus-Kultur den Untergang des Einzelhandels voraussahen, rief ein Dr. M., freier Mitarbeiter des Feuilletons, zu: »Das Warenhaus macht niemanden tot. Es ist ein legitimer Sprößling des großstädtischen Trieblebens. Wie Lokomotive und Automobil die Droschke und den Fuhrkarren nicht beseitigt haben, so schaltet auch das Warenhaus den kleinen und mittleren Geschäftsmann nicht aus. Er wird bestehen wie der Handwerker neben dem Fabrikanten«.

Eine Kreuzung von Warenhaus und Spezialgeschäft war das Kaufhaus W. Eichhorn am Beginn der Langgasse, Inhaber Friedrich von Hirsch. Man hatte 1851 mit Tapeten und Teppichen begonnen und sich im Laufe der Jahrzehnte auf alles spezialisiert, was in irgendeiner Weise mit der Verschönerung der Wohnräume zu tun hatte. Um 1900 firmierte man als ›Kauf-Haus für Wohnungs-Schmuck‹. Man bot der verehrten Kundschaft immer noch Tapeten und Teppiche, nun aber auch Möbelstoffe, Gardinen, Tisch- und Bettwäsche, dazu ›Cocosläufer‹, Wachstuch-Artikel und Linoleum. Linoleum war anfangs zu Tapeten verarbeitet worden, zur Jahrhundertwende hatte es sich als strapazierfähiger Bodenbelag durchgesetzt.

Die Engels-Filiale in der Rheinstraße Ecke Kaiser-Friedrich-Ring informierte die Passanten über die Mobilmachung am 2. August 1914.

bulthaupwerkstatt

werkstatt | planen einrichten
wiesbaden GmbH
Marktstrasse 10
65183 Wiesbaden

Telefon +49 (611) 174 967
Telefax +49 (611) 174 9699
info@bulthaup-wiesbaden.de
www.bulthaup-wiesbaden.de

SHOPPING

Kirchgasse 56: Herrenausstatter Bruno Wandt, links der Eingang zur Kleinen Schwalbacher Straße.

Mitarbeiter einer Kolonialwarenhandlung in der Emser Straße.

Zahlreiche Geschäfte waren im Eckhaus Luisenstraße/Bahnhofstraße.

Michelsberg 14: Die Samen- und Kolonialwarenhandlung A. Mollath.

Krämerladen der Familie Bretschneider.

Das Bankhaus Berlé am Kranzplatz.

Die Langgasse vom Kranzplatz aus gesehen. Rechts das legendäre Restaurant ›Mutter Engel‹.

Blick in die Kirchgasse im Jahr 1905.

Die Kirchgasse im Jahr 1910.

Marktstraße 25 mit dem Haus des Metzgers Menges, rechts die Hirsch-Apotheke.

Faulbrunnenstraße 11: Das Lebensmittelgeschäft von Willy Mühlenbeck und das Bilderrahmengeschäft von Albert Schäfer.

180

In der Rheinstraße befand sich die Wurstfabrik von Conrad Heiter.

Langgasse 37: Die Löwenapotheke von Dr. Hermann Kurz.

Für gehobene Ansprüche: Hotels, Geschäfte, Cafés und Restaurants in der Wilhelmstraße.

Ein Blick in die Mühlgasse. Eingerüstet ist das Haus Nr. 6, das Stammhaus der Uhrenfabrik Wagner.

Blick in die Neugasse mit dem Weinrestaurant Christian Jacobi.

Blick in den Schalterraum einer damaligen Volksbank.

Wochenmarkt hinter der Marktkirche. Was wurde wohl in den großen Körben transportiert?

Damals Museumstraße 4, heute Karl-Glässing-Ecke De Laspée-Straße: das Geschäftshaus für Teppiche und Gardinen der Firma J. & F. Suth.

Die Kirchgasse Richtung Friedrichstraße mit der Photo-Handlung Tauber im Haus Nr. 6.

Mit dem Schlitten durch die Taunusstraße: Hier vor dem Haus Nr. 5 mit der Parfümerie und Drogerie von Bruno Backe.

Blick vom Kaiser-Friedrich-Platz in die damalige Webergasse. Links im Haus Nr. 8 das ›Grand Wiener Café‹ mit großer Konditorei.

Shopping

Blick in die Kirchgasse mit dem Kaufhaus Blumenthal und dem Marzipanladen ›Zum süssen Onkel‹.

Das Geschäftshaus (Leinenprodukte) der Familie Baum in der Friedrichstraße 51 Ecke Kirchgasse.

W. Eichhorn war stolz darauf, »Hoflieferant Sr. Majestät des Königs« zu sein, ein Titel, den manches andere Wiesbadener Traditionsgeschäft ebenfalls führte.

Der Titel suggerierte, die Damen und Herren des Hofes, der Kaiser und König an erster Stelle, erwarteten ungeduldig das Eintreffen der neuesten Raffinessen, geliefert vom treuen Hoflieferanten. Die hohen Herrschaften lechzten etwa nach edlen Cigarren und Cigaretten, die findige Importeure für sie eingekauft hatten und die sie nun gnadenhalber auch dem breiten Publikum zur Verfügung stellten. In Wirklichkeit war der Titel ›Hoflieferant‹ gegen Geld zu haben; allerdings musste der jeweilige Händler ›unbescholten‹ sein und tatsächlich eine gewisse Qualität garantieren.

Sehr beliebt war es auch, mit Gold- und Silbermedaillen zu werben, die man bei Leistungsschauen gewonnen hatte. Besonders attraktiv: die Goldmedaillen von ›Weltausstellungen‹. Sie wurden auf den jeweiligen Produkten abgebildet, an der Firmentür, den Briefbögen. Manche Spirituosenflasche kam festlich dekoriert daher, sah aus wie ein General nach siegreichem Feldzug.

August Engel, ›Delicatessen und Tabakwaren‹, Stammsitz in der Taunusstraße 12, 14 und 16, war eine der Firmen, die sich bereits zu Anfang der 1880iger Jahre sowohl als ›Hoflieferant Seiner Majestät des Königs von Preußen‹ bezeichneten als auch stolz Goldmedaillen präsentierten. Die Firma Engel, von zwei Brüdern betrieben, gliederte sich in drei Sparten: Abteilung I Weingroßhandlung mit Weinbergbesitz und eigenen Kellereien im Rheingau, Abteilung II Conserven und Delicatessen, Colonialwaren und Kaffee-Rösterei im Großbetriebe, Specialität: Engel's Thee, Abteilung III Cigarren, Cigaretten und Tabake, Specialität: Havanna-Importe.

Die Kaffee- und Teehandlung Linnenkohl in der Ellenbogengasse war ein anderes, sehr geschätztes Wiesbadener Traditionsgeschäft. Die Firma, 1852 gegründet, bestand bis 2011. Und vermarktete außer Kaffee, Tee und Alkoholika vor allem Nostalgie. Im Laden erfreuten den Kunden noch immer die alte Einrichtung und die verwirrenden Düfte. Kaffeefreunde fanden hier ausgefallene Mischungen, Teeliebhaber eine riesige Auswahl an Tee-Sorten… Nun, auch das Geschäftsleben kennt den Rhythmus von Werden und Vergehen.

Emil Hees in der Großen Burgstraße bezeichnete sich als ›ältestes Feinkosthaus am Platze‹ und war

Seit über 150 Jahren
stets zu Ihren Diensten.

**Ihre
Wiesbadener
Volksbank.**

Seit 1852 gibt es die Kaffe- und Teehandlung Linnekohl in der Ellenbogengasse.

In der Webergasse 8 war das älteste Specialhaus für Damen-Confection der Gebr. Reifenberg, Nachf. Mit eigener Ansichtskarte.

Das Hildnersche Haus (Benannt nach dem Architekten) in der Langgasse 1-3 Ecke Marktstraße kurz vor der Ferstigstellung 1906. Auch die Straße wurde neu gepflastert.

tatsächlich die Adresse für Gourmets: Austern, Hummer, Caviar waren sozusagen Standardware, Delikatessen aller Couleur wurden entweder selbst hergestellt oder von speziellen Fabrikanten bezogen. Sehr stolz war man auf den aus Afrika eingeführten ›Kolonial-Kakao‹, seine vorzüglichen Weine und ein Patent für ›schnellgerösteten Kaffee‹. Selbstverständlich war man ›kaiserlich-königlicher Hoflieferant‹.

Im Wiesbaden der Jahrhundertwende existierten rund fünfhundert! Wein- und Spirituosen-Handlungen. Eine der renommiertesten war die Firma Carl Acker am Marktplatz, ein Weinhandel von internationalem Ruf. Ihr Weinkeller galt als fortschrittlich, die Weinprobierstube glich einem mittelalterlichen Thronsaal; täglich Weinprobe.

Ein begnadeter Weinfachmann war auch der Weinhändler und Restaurateur Wilhelm Ruthe, seit 1891 Pächter des Kurhaus-Restaurants. Vor ihm waren Essen und Trinken im Kurhaus teuer, aber nicht weiter der Rede wert. Ruthe – ursprünglich Geschäftsführer des bekannten ›Weinhaus Dressel‹ in Berlin – machte aus den Restaurationsräumen des alten und des neuen Kurhauses aufregende Lokalitäten; seine Feste und Soireen galten als ›phänomenal‹, auch als ›frappant‹, sogar als himmlisch. Im Gegensatz zu den Titular-Hoflieferanten lieferte Ruthe tatsächlich (vor allem Rheingauer) Spitzenweine an die kaiserliche Hofhaltung sowie an viele andere europäische Höfe. Ruthes Verdienste um den Rheingauer Wein sind bis heute unvergessen; ein Denkmal in der Hattenheimer Lage Marcobrunn erinnert an ihn.

Wo so viel gefeiert wurde, wurden auch viele Feuerwerke geboten. Pulver und Raketen für die beliebten Kurpark-›Feenerien‹ lieferte der ›Hof-Kunstfeuerwerker August Becker‹, später die ›Wiesbadener Kunstfeuerwerkfabrik‹. (»Abgabe auch an Private.«) Ihre scheinbar immerwährende Konjunktur ging zu Ende wie die vieler Luxusgeschäfte in der ›Weltkurstadt‹ Wiesbaden, als im Herbst 1914 die Lichter in Europa gelöscht wurden. Die Kunstfeuerwerker konnten sich aber wenigstens mit der Produktion von Leucht- und Signalmunition über Wasser halten; die war jetzt gefragt.

AUFSTIEG

Hotel ›Oranien‹
Platter Straße 2

Das Hotel ›Oranien‹ an der Platter Straße begann als eine ›Herberge zur Heimat‹. Solche Herbergen gab es damals in vielen Städten in Deutschland und der Schweiz. Sie waren gedacht, wandernden Handwerkern (›auf der Walz‹) ein Bett in christlicher Umgebung zu bieten. Das war die Zeit, in der die Kirchen dem marxistischen Ungeist etwas Handfestes gegenüberstellen wollten. In ganz Deutschland existierten damals Christliche Vereine junger Männer, meist als ›Männer- und Jünglingsverein‹ abgekürzt. Es war die Zeit, als Gemeinschaften, wie die ›Innere Mission‹, der ›Verein zur Verbreitung religiöser Schriften und Bilder‹ und auch die ›Judenmission‹ Seelen zu retten suchten. Eine ›Gesellschaft der freiwilligen Armenfreunde‹ war tätig und ›Christliche Jungfrauen‹ gab's auch.

Die Wiesbadener ›Herberge zur Heimat‹ fing im Oktober 1879 in einem ausgesprochenen Arbeiterquartier an. In einem Hinterhaus standen zehn Betten für Handwerker und Arbeiter auf Wanderschaft bereit. Den Männern ging es bei der Wanderung nicht unbedingt um die Erweiterung von Blick und Wissen, viele zogen einfach von Ort zu Ort, um Arbeit zu finden! Des Weiteren gab es in der Herberge drei kleine Gästezimmer für ›bemittelnde Fremde‹.

Nach kurzer Zeit hatte man so viel Nachfrage, dass ein Neubau her musste. In den Jahren 1907 bis 1910 wurde das ›Christliche Hospiz‹, wie das Haus nun hieß, erneut von Grund auf umgestaltet und erweitert. In Umfang und Größe entsprach das Hospiz fast dem heutigen Gebäudekomplex und bot seinen Gästen den neuesten Komfort. Es war nun mehr Hotel als Bleibe, ein Haus für kurende Geistliche und Familien ›mit christlicher Gesinnung‹.

Daraus wurde nach dem Zweiten Weltkrieg ein ›4-Sterne-Privathotel‹ mit 79 Gästezimmern und Konferenz- und Banketträumen, Restaurant, Hotelbar und Gartenterrasse. Wichtig: Am Haus gibt es einen großzügigen Parkplatz. Sollte noch fahrendes Volk kommen, kommt es auf teuren Mountainbikes. Immerhin erinnert noch eine Skulptur an der Hauptfassade an die Geschichte des Hauses. Da ist ein sehr stilisierter Wandergesell zu sehen, der die Hand zum Gruß hebt.

Von der ›Herberge zur Heimat‹ über das ›Christliche Hospiz‹ zum heutigen Hotel ›Oranien‹.

RHEINSTRASSE

»Die Rheinstraße, fast 1 km lang und mit einer doppelten Baumreihe bepflanzt, findet ihren Abschluss durch die Ringkirche«, sagt der von der Städtischen Kurverwaltung herausgebrachte ›Kurprospekt‹.

Der Kurprospekt bescheinigt der Rheinstraße einen »boulevardartigen, äußerst eleganten Charakter« und vergisst auch nicht, auf die »großartigen Hotels und die Läden aller Art« hinzuweisen, die hier zu finden waren.

Die Straße war sorgfältig gepflastert und somit ›staubfrei‹ – ein ganz wesentlicher Punkt in einer Kurstadt – verfügte über einen breiten, zum Flanieren einladenden Bürgersteig und einen Reitweg. Die eigentliche Attraktion war die Promenade unter den Platanen. Diese Allee (im Reiseführer wurde ausdrücklich erwähnt, dass sie über »viele Ruhebänke« verfüge) wurde abends beleuchtet und dies verlieh der ganzen Straße »südliche Atmosphäre«.

Der vornehme Charakter der Straße wurde auch durch mehrere palastartige öffentliche Gebäude verstärkt, unter anderem durch die Nas-

Die Rheinstraße in Richtung Ringkirche.

Wiesbaden. Rheinstraße

Mit diesen Farben wurde auf der Ansichtskarte das italienische Flair der Straße verstärkt.

sauische Landesbank (»ein sehr segensreich wirkendes Institut; Hypotheken, Feuer- und Lebensversicherung, Sparkasse«), die ›Falk'sche Mittelschule‹, das »stattliche neue Haupt-Postamt« und ab 1913 die neuerbaute Landesbibliothek: »Ein würdiger, großer Bau mit sieben niederen Stockwerken. Alle Bücher in Reichhöhe!« Der eigentliche Blick- und Anziehungspunkt war und ist natürlich die Ringkirche am oberen Ende der Straße mit ihren 65 Meter hohen Türmen. Sie wurde zwischen 1892 und 1894 erbaut. Ihr Schöpfer war Baurat Johann Otzen, der in Berlin zu den angesehensten Architekten seiner Zeit gehörte.

Die Rheinstraße wurde nie zu einer der Wilhelmstraße vergleichbaren ›Hotelmeile‹. Immerhin siedelten sich vor allem im Bereich zwischen der Bahnhofstraße (teilweise und zeitweise hieß sie auch Nicolasstraße) und der Wilhelmstraße Hotels verschiedener Kategorien an.

Das bedeutendste von ihnen war das ›Taunushotel‹, Rheinstraße 19, mit 150 Zimmern von 3 Mark an, Besitzer Fr. Schmitz-Volkmuth: »Wegen seiner ruhigen Lage ist es besonders Erholungs-

Wiesbaden, Rheinstraße mit Ringkirche – Rue du Rhin avec église – Rhine-street with church

Rheinstrasse

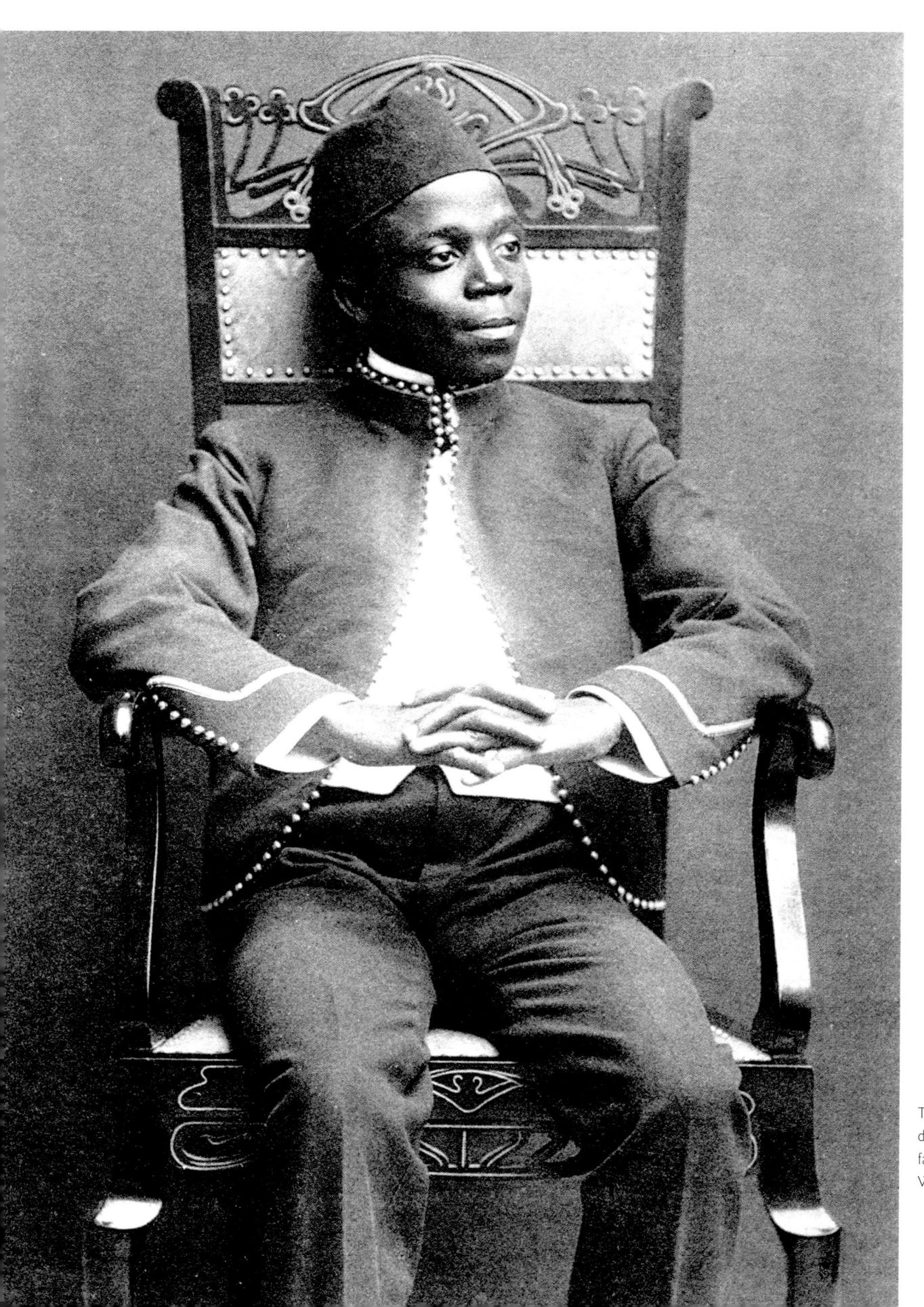

Tommy war der erste farbige Page in Wiesbaden.

RHEINSTRASSE

G. Pätzold's Taunus-Hotel, Wiesbaden - Trauungssaal

G. Pätzold's Taunus-Hotel, Wiesbaden — Bankettsaal

GOETHE ÜBER DAS HOFGUT GEISBERG:
»Man bedarf in Wiesbaden nur einer Viertelstunde Steigens, um in aller Herrlichkeit der Welt zu blicken, lieber, wenn die Musik nicht da war.«

bedürftigen und Nervösen als Aufenthalt zu empfehlen.« Das ›Taunus-Hotel‹ verfügte über das für ein Haus seiner Klasse übliche Restaurant (»Treffpunkt der feinen Welt«) und ein Café, aber auch über eine »elegante Bodega und Bar« samt »Hauskapelle«. »Das Haus hat sich in den letzten Jahren einen bedeutenden Ruf erworben und wird vom Deutschen Offiziersverein empfohlen. General-Feldmarschall von Haeseler nimmt bei seinem Aufenthalt in Wiesbaden hier stets Wohnung.«

GUT BÜRGERLICH
Links der Hauptpost befand sich das Hotel Vogel, Rheinstraße 27, »für weniger hohe Ansprüche«, 26 Zimmer von 2 bis 3 Mark, gut bürgerliches Restaurant, Garten, Bäder. Von ähnlichem Zuschnitt waren das Hotel ›Post‹, Rheinstraße 17, ein Garni-Hotel mit 19 Zimmern, von 2 Mark an, Frühstück 50 Pfg., und das Hotel ›Minerva‹, Rheinstraße 9, dreißig Zimmer ab 2½ Mark und mit Badeeinrichtung. Bemerkenswert auch das

Erst die Vermählung im Trauungssaal des ›Taunus-Hotel‹, dann das festliche Hochzeitsessen im Bankettsaal.

Das ›Taunus-Hotel‹ in der Rheinstraße (neben der neuen Hauptpost).

"Hansa-Hotel", Wiesbaden.

Das ›Hansa-Hotel‹ an der Rheinstraße-Ecke Bahnhofstraße (früher Nicolasstraße) gehört heute zur Best Western Gruppe.

RHEINSTRASSE

Das Hotel ›Schweinsberg‹ lag in der Rheinbahnstraße 5.

›Rhein-Hotel‹, Rheinstraße 22. Es hatte unmittelbar nach dem Krieg von 1870/71 eröffnet und zwar als ›Hôtel du Rhin‹. Bei dem Haus handelte es sich um einen (heute noch) sehenswerten Bau in den Formen des biedermeierlichen Klassizismus; anspruchsvoll vor allem der Eingangsportikus. Das Haus warb mit seinem »beliebten Restaurant ›Deutscher Kellner‹« und bot Pensionspreise von 6 Mark an.

Das ›Hansa-Hotel‹, Ecke Rheinstraße und Nicolasstraße (später Bahnhofstraße) war um 1865 entstanden, erhielt aber seine äußere, ebenfalls noch heute überzeugende Gestalt durch den Umbau in den Jahren 1907 und 1908.

Das Haus besaß 45 Zimmer, das billigste kostete pro Nacht und Mensch 2½ Mark. Und dies bei »vornehmer Einrichtung, Terrassen, Bier- und Weinrestaurant, Konzerte«. Herz, was willst du mehr!

Die lange Tradition des ›Hansa-Hotels‹ lebt bis heute. Derzeit firmiert das Haus als ›Best Western Hotel Hansa‹ und wirbt im Internet mit der Zeile: »Das Hotel, in dem sich der Gast wohlfühlt.« Und: »Mit 81 Zimmern und 1 Tagungsraum (max. 40 Pers.) ist das 3-Sterne-Haus sowohl für Geschäftsreisende als auch für erholungssuchende Privatreisende bestens geeignet.

Der Hauptbahnhof ist nur wenige Gehminuten entfernt und auch für Gäste, die mit dem Pkw anreisen, stehen Parkplätze zur Verfügung (gegen Gebühr). Von außen besticht das Hotel durch seine denkmalgeschützte Jugendstilfassade.«

RHEINSTRASSE

HOTEL-RESTAURANT „KARLSHOF", Bes: Anton Bayer

Das Hotel-Restaurant ›Karlshof‹ in der Karlstraße 14/Ecke Rheinstraße 72. Das ›Bavaria-Hotel‹ lag in der Rheinstraße 17 und hieß später ›Eisenbahnhotel‹. Das ›Hotel Vogel‹ befand sich in der Rheinstraße 27 (neben der Hauptpost).

CARL JULIUS WEBER ÜBER DAS WASSER:
»...die heissen Quellen werden auch in der Küche zum Backen, Brühen etc. gebraucht, aber zum Waschen des Linnen taugen sie nicht wegen des Okers, man müsste sich denn in die Isabellfarbe verliebt haben.«

„Hotel Vogel" · WIESBADEN · Rheinstrasse 27
(neben der Hauptpost)
5 Minuten vom Bahnhof
Besitzer: Wilh. Schäfer.   Teleph. 541.

GOTTESHÄUSER

SYNAGOGE AUF DEM MICHELSBERG

Der nassauische Oberbaurat Philipp Hoffmann, 1806 in Geisenheim im Rheingau geboren, 1889 in San Remo gestorben, in Wiesbaden beerdigt, war ein ungewöhnlich tüchtiger Baubeamter. Er schuf unter anderem die beiden Gotteshäuser, die Wiesbadens Silhouette zur Kaiserzeit bestimmten: die Synagoge auf dem Michelsberg und die russisch-orthodoxe Kirche auf dem Neroberg. Daneben baute er den Katholiken am Luisenplatz ihre Bonifatiuskirche und seiner Landesregierung zahlreiche Amtsgebäude, und alles in ansehnlichster Weise.

Genau deswegen, »wegen seiner vielseitigen Erfahrung und Kenntnis in Ausführung von Gotteshäusern«, hatte ihn die Jüdische (Reform-) Gemeinde mit dem Bau ihrer Synagoge am Michelsberg beauftragt. Hoffmann schlug einen phantasievoll nachempfundenen maurisch-byzantinischen Stil vor; einen Bau mit Türmen und Türmchen und einer weithin sichtbaren, bauchigen, leicht geschwungenen, leuchtend vergoldeten Kuppel. Der Vorschlag wurde akzeptiert. Gleich Salomons Tempel war die Synagoge von einem ummauerten Bezirk umgeben. Im Inneren war sie mit maurischen, orientalischen und exotischen Motiven reich geschmückt, die Kuppel mit goldenen Sternen übersät. Hier fand sich, ungewöhnlich für eine Synagoge, sogar Platz für eine Orgel.

Integriert in das pulsierende Leben der wachsenden Kurstadt: Die neue Synagoge am Michelsberg.

GOTTESHÄUSER

Blick auf die Apsis mit dem Allerheiligsten, dem Thoraschrein unter einem Baldachin.

Am 9. November 1938 wurde die Synagoge von Nationalsozialisten in Brand gesteckt. Der Totalabriss erfolgte 1939.

Am 13. August 1869 wurde die Synagoge eingeweiht. Diese frühe Darstellung stammt von 1881.

Und ebenso ungewöhnlich war, dass der Rabbiner ein Gewand trug, das sehr den Talaren evangelischer Pastoren glich. Die gemäßigt liberale Gemeinde, die den Bau bestellt hatte, wollte sich, soweit es ging, ihrer christlichen Umgebung anpassen und doch ihre eigene Art selbstbewusst bewahren.

1863 begann Hoffmann erste Entwürfe zu zeichnen, gebaut wurde ab 1865, vier Jahre später feierte man die Einweihung. Bemerkenswert: Bei Baubeginn der Synagoge bestand die Gemeinde nur aus 92 Mitgliedern mit insgesamt 524 Familienangehörigen. Diese kleine Gruppe Wiesbadener Bürger finanzierte den Bau ihrer Synagoge vollständig aus der eigenen Tasche. Dabei betrugen die Baukosten immerhin 108 648 Gulden, eine wahrhaft stattliche Summe, jedoch gut angelegtes Geld. Auf die prächtige Synagoge waren nicht nur die Gemeindemitglieder, sondern die gesamte Stadt Wiesbaden stolz.

Wiesbaden — Synagoge auf dem Michelsberg

Mit 35 Metern Höhe und einer mit goldenen Sternen überzogene Hauptkuppel gehörte die Synagoge zu einem der schönsten und repräsentativsten Gebäuden der Stadt.

GOTTESHÄUSER

RUSSISCHE KIRCHE AUF DEM NEROBERG

Eine Ansichtskarte aus dem Jahr 1902.

Im Januar 1844 heiratete der junge Herzog Adolf von Nassau die blutjunge russische Großfürstin Elisabeth Michailovna, eine Nichte des Zaren. Die Verbindung hatte eine gemeinsame Verwandte gedeichselt und nach allem, was man weiß, war es eine glückliche Verbindung. Doch nur ein Jahr später, 1845, verstarb die 18jährige Großfürstin im Kindbett, wohl an einer Krankheit, an der sie schon länger litt und die von den Ärzten schlicht als ›Heimweh‹ diagnostiziert worden war. Zum Andenken an seine verstorbene Frau und sein totgeborenes Töchterchen, auch als ›Grablege‹ (für die gläubige Russin gab es in ganz Deutschland keine rechtgläubig geweihte Erde) ließ der Herzog eine russisch-orthodoxe Kirche auf dem Wiesbadener Neroberg errichten. Die Kirche sollte sich hoch über der Stadt erheben und an einer Stelle befinden, die in direkter Sichtachse von seinem Biebricher Schloss lag.

Für Entwurf und Bauausführung kam kein anderer als Oberbaurat Philipp Hoffmann in Frage. 1846/47 reiste Hoffmann nach Russland, um sich dort mit dem traditionellen und zeitgenössischen Kirchenbau vertraut zu machen. Noch während seiner Russlandreise entschloss sich Hoffmann, seine Kirche nach dem Vorbild der Moskauer Erlöser-Kirche zu bauen beziehungsweise sich an deren Bauplan zu orientieren; die Kirche selbst stand zu der Zeit noch nicht. Die russischen Baumeister hatten sich zu einem Stil entschlossen, der an Traditionen altrussischer Baukunst anknüpfte und Elemente der byzantinischen Architektur aufnahm. Was für Moskau gut war, taugte auch für Wiesbaden.

Am 25. Mai 1855 wurde die Kirche der Heiligen Elisabeth geweiht und der Sarg mit der verstorbenen Prinzessin und dem toten Säugling in der folgenden Nacht in die Krypta der Russischen Kirche überführt. Das Grabmal führte der hochgeschätzte Berliner Bildhauer Emil Hopfgarten aus; er lehnte sich dabei an das Königin-Luise-Grabmal in Berlin-Charlottenburg an. Die Ikonostasis der Kirche stammt von Carl Timoleon von Neff, einem Erneuerer der russischen Ikonenmalerei; sein Stil ähnelte der romantisch-religiösen Malerei der Nazarener. Wegen des orthodoxen Ritus, der hier vollzogen wird, sprachen und sprechen die Wiesbadener von der Kirche auf dem Neroberg nur als der ›Griechischen Kapelle‹.

Großfürstin Elisabeth-Michailovna starb kurz nach der Geburt ihres Kindes. Hier die Grablege in der russischen Kirche.

Betritt man die Kirche über den jetzigen Westeingang blickt man direkt auf die Ikonostase.

WIESBADEN

Hielt man diese Karte an ein Licht, so leuchteten die Kirchenfenster und der zunehmende Mond strahlte. Diese ›Haltgegendaslicht‹-Karte wurde 1901 verschickt.

GOTTESHÄUSER

… UND RINGKIRCHE

Am oberen Ende der Rheinstraße, zur Kaiserzeit erst ein Reitweg, dann eine von Baumreihen gesäumte Promenade, wurde in den Jahren 1892 bis 1894 eine Kirche im wuchtigen Stil der Neo-Romanik errichtet; eine Kirche, die beispielhaft für viele andere evangelische Kirchen in Deutschland wurde.

Der Berliner Baumeister Johannes Otzen hatte seinen Bauplan nach dem damals neuen ›Wiesbadener Programm‹ entwickelt. Dieses Baukonzept sah den Kirchenraum vor allem als »Versammlungshaus der feiernden Gemeinde«. Das Abendmahl sollte sich »symbolisch, inmitten der Gemeinde vollziehen«. Daher waren alle Blicke auf den Altar auszurichten. Die Kanzel war »mindestens als dem Altar gleichwertig zu behandeln. Sie soll ihre Stelle hinter dem letzteren erhalten und mit der im Angesicht der Gemeinde anzuordnenden Orgel- und Sängerbühne organisch verbunden werden«.

Die Forderung Luthers nach einem »Priestertum aller Gläubigen« erfuhr damit ihre architektonische Umsetzung: Nichts trennt Klerus und Laien voneinander, die Kanzel (für die Verkündigung des Wortes) und die Orgel (für die musikalische Lobpreisung Gottes) werden zentral übereinander angeordnet. Die Sitzbänke schließen einen Halbkreis um diese Elemente, um den 1 300 Gläubigen bestmögliche Sicht und Nähe zu gewährleisten.

Otzen wollte seine Ringkirche zunächst in rotem Backstein ausführen, wie er bei den beiden anderen evangelischen Kirchen, der Markt- und der Bergkirche, verwendet worden war. Die Bauherren bevorzugten allerdings einen gelblichen Sandstein. Damit sollte nicht nur im Baustil, sondern auch im Material an die Tradition der rheinischen Dome in Speyer, Worms und Mainz angeknüpft werden.

Bei Fertigstellung war die Ringkirche für ihren Schöpfer Johannes Otzen ein »Denkmal deutscher Baukunst« und immerhin wurde sie 2002 zu einem ›Nationaldenkmal‹ erklärt.

Die halbrunden Bänke im Innenraum der Kirche sind wie im antiken Theater angeordnet.

Am oberen Ende der Rheinstraße steht die am Reformationstag 1894 eingeweihte Ringkirche.

Die Wiesbadener Millionäre

Von Winfried Schüler

Der Steuertarif setzte in Preußen bei einem jährlichen Nettoeinkommen von 900 Mark ein. Wer weniger verdiente, blieb steuerfrei und kann der sozialen Unterschicht zugerechnet werden. In Wiesbaden gehörten im Jahr 1907 rund 8,5% der Einwohnerschaft solchen nicht steuerpflichtigen Haushalten an.

Die nächste Gruppe umfasste Einkommen von 900 bis 3 000 Mark. Sie stellte fast 71% der Einwohnerschaft. Am unteren Ende der Skala rangierten hier die dauerbeschäftigten Taglöhner und Arbeiter, an ihrem oberen Ende bereits die Angehörigen des unteren Mittelstandes, während dazwischen das gesamte Kleinbürgertum angesiedelt war.

Die sich anschließende Einkommensgruppe von 3 000 bis 6 000 Mark war mit 11 549 Personen in 3 087 Haushalten oder mit 12% der Gesamtbevölkerung vertreten und entspricht im Wesentlichen dem Mittelstand. Die Spannweite reichte hier vom Inspektor und Hauptmann bis hinauf zum Oberregierungsrat und Oberstleutnant. Der obere Mittelstand begann bei den Einkommen von 6 000 bis 9 500 Mark. Dazu gehörten 3,4% der Wiesbadener Einwohner. Mit der fünften Gruppe, die die Einkommen von 9 500

Der Schein regiert die Welt.

Menükarte

Ein 5-Gänge-Menü mit Kaiser Wilhelm II. im ›Palast-Hotel‹.

Speisen-Folge.

Ochsenschwanz-Suppe

Helgoländer Hummer
warm
Geschlagene Butter

Lendenbraten
mit Gemüsen umlegt

Junge Truthühner
gefüllt
Salat und Dunstobst

Fürst-Pückler-Eis
Nussschnitten

27. Januar 1915.

Palast Hotel   Wiesbaden.

bis 30 500 Mark zusammenfasste, begann dann die Oberschicht.

Wenn man bedenkt, dass das Jahresbruttogehalt eines Generalmajors bei 10 500 Mark und das des Regierungspräsidenten bei 13 000 Mark lag, hatte Wiesbaden mit ganz außerordentlichen Zahlen aufzuwarten. Denn mit 4 980 Personen in 1 408 Haushalten stellte diese Gruppe nahezu 5 % der gesamten Einwohnerschaft.

Die Spitze der Einkommenspyramide bildeten 338 Haushalte mit 1 257 Personen oder 1,2 % der Bewohner. Sie hatten ein Einkommen zu versteuern, das zwischen 30 500 und 100 000 Mark lag, 50 Haushalte mit 185 Personen oder 0,18 % der Bevölkerung sogar ein Einkommen von mehr als 100 000 Mark.

Im Jahr 1905 weist die Vermögensteuer-Statistik aus, dass 332 Personen über ein Vermögen von 500 000 bis 1 000 000 Mark, 148 über ein Vermögen von 1 000 000 bis 2 000 000 und sechzig über ein Vermögen von über 2 000 000 Mark verfügten. Da sind sie also endlich, die vielberufenen Wiesbadener Millionäre, gut 200 an der Zahl! Das ist nicht eben viel nach heutigen Maßstäben! Doch es waren Goldmark-Millionäre. Würde man den heutigen Geldwert zugrunde legen, dann müsste man spätestens bei den Einkommen von 200 000 Mark beginnen oder sogar bis auf die Einkommen von 100 000 Mark zurückgehen und käme dann bereits auf rund 1 500 bzw. 2 700 Millionäre.

Zum Vergleich: Der durchschnittliche Taglohn betrug im Jahr 1909 für die bei der Stadt Wiesbaden beschäftigten Taglöhner 3,44 Mark, für die städtischen Arbeiter je nach Arbeitsplatz zwischen 3,67 und 5,35 Mark. Der durchschnittliche Jahresverdienst eines städtischen Arbeiters betrug etwa 1 250 Mark.

Ein Ansichtskarten-Aquarell vom neuen Hauptbahnhof.

BAHNHÖFE

Über Jahrzehnte besaß Wiesbaden drei Bahnhöfe: Den Taunus-Bahnhof nach Frankfurt am Main, den Rhein-Bahnhof für die rechtsrheinische Bahn mit der Zweigbahn nach Langenschwalbach und den Hessischen Ludwigsbahnhof nach Niedernhausen, im Anschluss an die Frankfurter-Limburger Bahn.

»Alle drei Bahnhöfe befinden sich nebeneinander im Süden der Stadt (Rheinstraße). Ein neuer Zentralbahnhof an der Mainzer Landstraße ist im Bau, ebenso direkte Bahn nach Mainz.« (Griebens Reiseführer Wiesbaden, 1904)

UNZUTRÄGLICHKEITEN

»Durch seine Lage, einige Kilometer nordwärts vom Rheinstrom und von der diesem folgenden großen rechtsrheinischen Eisenbahn, war Wiesbaden ehedem in Bezug auf die Zufahrtslinien nicht gerade günstig gestellt. Zwar führte fast jeder von Frankfurt ostwärts oder von Köln westwärts herkommende oder nach dorthin gehende Zug seine ›Wiesbadener Abteilung‹, deren Trennung oder Vereinigung auf den Stationen Kastel oder Biebrich-Moosbach erfolgte. Dies Verfahren war aber mit mancherlei Unzuträglichkeiten verknüpft, unter welchen die fast täglich vorgekommenen Fehlleitungen von Personen und Gepäck sowie längere Aufenthalte sozusagen unmittelbar vor den Toren der Stadt Wiesbaden zu nennen sind. Dieses ist mit einem Schlage anders geworden: Wiesbaden liegt jetzt unmittelbar an den Linien des großen Weltverkehrs.«

DER NEUE BAHNHOF

»Der neue Bahnhof liegt im Süden, am niedrigsten Punkte der Stadt, im Salzbachtal, 108 Meter hoch, 26 Meter über dem Rhein. Von den außer

Vom Taunus-Bahnhof fuhren die Züge Richtung Frankfurt ab, er lag dort, wo heute die Rhein-Main-Hallen stehen.

Rechte Seite: Die drei alten Bahnhöfe Wiesbadens auf einer Erinnerungskarte. Der neue Bahnhof wurde am 15. November 1906 eingeweiht.

Betrieb gesetzten und im Abbruch befindlichen alten Bahnhöfen an der Rheinstraße ist er 750 Meter entfernt. In Betrieb ist der neue Bahnhof seit dem 15. November 1906.

Das mächtige, in rotem Mainsandstein mit Goldverzierungen ausgeführte, grün bedachte Bahnhofsgebäude, ist trotz seiner Mengung verschiedener Stilarten (Barock und Renaissance, mit Anklängen an den modernen Jugendstil) von sehr guter Gesamtwirkung. Ein vierzig Meter hoher Uhrturm erhebt sich über dem Hauptportal, das von einem Flügelrad gekrönt ist und zu der zwanzig Meter hohen Empfangshalle führt. Von dem Hauptportal nach Westen zu besteht die Fassade aus einer Säulenhalle, die eine Terrasse trägt; die letztere gewährt den Wirtschaftsgästen während des Sommerbetriebs einen sehr hübschen Blick auf die Stadt. Die Nordwestecke ist von einer stattlichen Kuppel gekrönt; nebenan befindet sich ein zweiter Eingang.

Die oben erwähnte Empfangshalle ist ein mächtiger Raum von 38½ mal 15½ Meter in grau-weißem Pfälzer Sandstein mit hohen bunten Glasfenstern. Sie enthält die Fahrkartenschalter, die Gepäckabgabe und Gepäckabfertigung und direkt rechts am Eingang das Auskunftsamt.

Die Empfangshalle führt zu der kolossalen fast 200 Meter langen Bahnsteighalle. An ihr liegen nach der Stadtseite zu die Warte- und Restaurationssäle, von denen der Wartesaal II. Cl. besondere Beachtung verdient wegen seiner reichen Ausstattung in Nassauer Marmor, der schönen weißen Kassettendecke und der gemütlichen Inneneinrichtung. Der Wartesaal I. Cl., sehr klein und von distinguierter Einfachheit, ist vom Wartesaal II. Cl. aus zugänglich. An der Westseite der Haupthalle befinden sich noch die Post, die Frisier- und Waschräume und die Schalter für Sonntagsfahrkarten; an der Ostseite die Gepäckausgabe und die Diensträume. Noch weiter zurück, an der Südostekke des Bahnhofgebäudes, der Fürstenpavillon, den der Kaiser und seine Familie bei seinen Besuchen Wiesbadens benutzt.« (Aus: ›Wiesbaden Kurprospekt‹, 1910)

Ein Erinnerungsblatt an die drei Bahnhöfe zu Wiesbaden. 1906

Rhein-Bahnhof.   Taunus-Bahnhof.   Hessischer-Ludwig-Bahnhof.

Zur Erinnerung an die Eröffnung des neuen Bahnhofes in Wiesbaden, Nov. 1906.

S. M. Kaiser Wilhelm II.   Präsident v. Rabenau.   Exc. Minister Breitenbach.

NEROBERG

DIE KAFFEE-BURG

›Neroberg-Hotel‹
Auf dem Neroberg

Das ›Neroberg-Hotel‹ ist ein schönes Beispiel dafür, dass manche Objekte niemals rentabel werden: Weder in privater Direktion noch unter Regie der öffentlichen Hand.

Dabei war der ›Neroberg‹, der Wiesbadener Hausberg, wie die Zeitungen gern erklären, über Jahrzehnte ein beliebtes Ausflugsziel für Jung und Alt. Hier wurden die Geburtstage und Regierungsjubiläen des Herzogs von Nassau gefeiert, des gnädigen Landesherrn, und die Maifeiern der Arbeiterbildungsvereine ebenfalls. Hier wurden unerlaubterweise Freiheitslieder gesungen, politische Ansprachen gehalten, sogar gelegentlich die streng verbotene schwarz-rot-goldene Fahne der Demokraten geschwenkt.

Die klassische Kutschentour ab Kurhauskolonnaden verlief über »Platt', Kapell' und Neroberg«. Ganze Generationen sind mit der Nerobergbahn (eine Drahtseilbahn, 1888 eingeweiht und seitdem unfallfrei) sonntags mit Herzklopfen auf den Neroberg gefahren, um sich zu versichern, dass

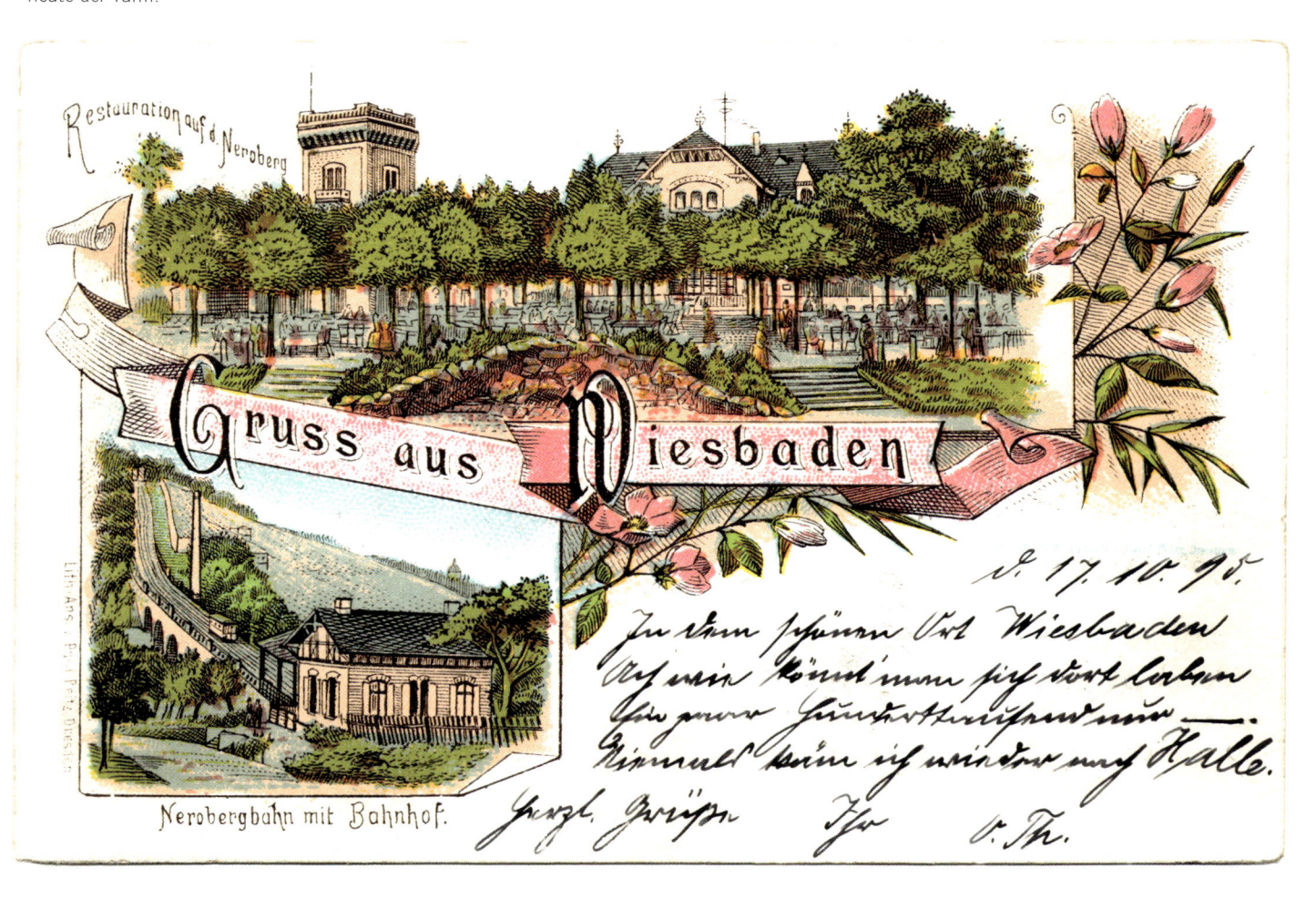

Eine Ansichtskarte vom Restaurant auf dem Neroberg aus dem Jahre 1890. Geblieben ist bis heute der Turm.

Das ›Hotel und Restaurant Neroberg‹ entwickelte sich in den Jahren zu einem stattlichen Komplex.

Der Wintergarten im ›Restaurant und Hotel Neroberg‹

Wiesbaden von oben immer noch so schön war wie eh und je. Und nicht wenige von ihnen gönnten sich ein Tässchen Kaffee und ein Stück Torte, für Kinder gab's einen Eisbecher. In seiner Blütezeit soll das Hotel an schönen Sonntagen fünftausend Gäste bewirtet haben und dabei einen Zentner Kaffee umgesetzt haben. Trotzdem war das Haus eine ewige Verlustquelle. Wieso?

Ursprünglich hatten eine kleine Kaffeebude und eine kleinere Restauration an seinem Platz gestanden. 1881 wurde mit dem Bau des Hotels begonnen. Mit seinem wuchtigen Turm und seinen gewichtigen Flügeln war es eine Mischung aus Burg und Schloss. Mit dem Bau der Bergbahn, von der man sich Wunder versprach, wurde das Haus 1888 erweitert und ausgebaut. Doch vom sonntäglichen Kaffeegeschäft allein können kein Hotel und keine Gastronomie existieren; der eigentliche Hotelbetrieb kam nie wirklich in Schwung. Das Haus mit seinen vierzig Zimmern und Pensionspreisen von 7½ bis 15 Mark war wohl zu abgelegen, und nur Wald und schöne Aussicht war den Gästen auch damals schon zu wenig. Jedenfalls wechselte das Anwesen mehrfach den Besitzer, war am Ende in städtischer Hand und fand sein unrühmliches Ende durch Brandstiftung.

Heute würde man es wohl mit ›Wellness‹ und ›Seminaren‹ versuchen. Wahrscheinlich würde das Hotel immer noch nicht laufen, so verbaut, wie es war.

Neroberg

HOTEL-RESTAURANT u. WEINHANDLUNG Gebrüder Krell.

Luftkurort Neroberg

Griechische Kapelle

Weinberg und Drahtseilbahn

Gruss aus Wiesbaden

Panorama auf Wiesbaden, Rhein u. Maingau.

LUDWIG FEIST, MAINZ, GES. GESCH. No 1046.

Der Luftkurort Neroberg gehörte zu den beliebtesten Ausflugszielen der Wiesbadener und der internationalen Kurgäste.

SANATORIEN

Für Leib und Seele

Neben den offiziellen Heilstätten, wie dem Städtischen Krankenhaus und der Wilhelms-Heilanstalt (für Offiziere und Soldaten), wies Wiesbaden zur Kaiserzeit zahlreiche ›Privat-Kuranstalten‹ auf.

Eine davon war das Sanatorium ›Lindenhof‹ in der Walkmühlstraße 61 und 63, sozusagen am Stadtrand und nur wenige Schritte von den Taunuswäldern entfernt. Beim ›Lindenhof‹, einer der typischen wilhelminischen Zwingburgen, handelte es sich um eine Wasserheilanstalt. Hier wurden Bäder aller Art verabreicht, und man war auf Entziehungs- und Mastkuren spezialisiert; Besitzer und leitender Arzt war ein Doktor van Meenen. Man wüsste sicher von beiden nichts mehr, wäre Heinrich Mann hier nicht von Februar bis Juni 1892 für fünf schreckliche Monate Patient gewesen. Der damals einundzwanzigjährige Heinrich Mann litt an Lungenblutung. Die behandelte man rigoros: »Man geht mir mit Luft und Wasser zu Leibe. Zweimal täglich liege ich eine Stunde auf dem verschneiten Balkon, so verpackt, dass ich mich nicht mehr rühren kann. Morgens und abends gibt's kalte Abreibungen. Auch muss ich Billard spielen – par ordre de Mufti, der Bewegung wegen.«

Beim Sanatorium Bad Nerothal, Nerotal 18, handelte es sich ebenfalls um eine Wasserheilanstalt. Hier rückte man mit »allen Arten von Bädern, elektr. Lichtbädern, Massage, Freiluftkuren usw.« Nervenkrankheiten zu Leibe. Das Haus war ursprünglich eine Tuchfabrik, hatte sich aber nur

Die ›Dr. Lehr'sche Kuranstalt Bad-Nerothal‹ ist heute Domizil des ›Thalhauses‹ und eines Kindergartens.

Armen-Augenheilanstalt von Geh. San.-Rat Prof. Dr. Pagenstecher in der Kapellenstraße, heute ein Altenheim und ›Sanatorium im Nerotal‹.

etwas mehr als zehn Jahre – von 1839 bis 1851 – als Manufaktur gehalten. 1851 wurde die Fabrik in eine Heilanstalt umgewandelt, 1905 wurde der Bau abgerissen und zwei Jahre später als prächtige Kurklinik ›Bad Nerothal‹ wieder eröffnet. Nach wechselvollem Schicksal ist das Gebäude heute Spielstätte des Privattheaters ›Thalhaus‹.

Eine andere der Wiesbadener Institutionen dieser Zeit war die Privatklinik Geh. Sanitätsrat Prof. Dr. H. Pagenstecher, Taunusstraße 63. Diese Klinik war, von Friedrich Hermann Alexander Pagenstecher gegründet worden, Dr. med., Hofrat und wegweisender Augenarzt. Pagenstecher war 1828 geboren und starb mit einundfünfzig Jahren. Durch einen unglücklichen Zufall hatte er sich mit seinem eigenen Gewehr eine Schussverletzung beigebracht, an der er am letzten Tag des Jahres 1879 starb. Pagenstecher, als junger Arzt am Wiesbadener Zivilhospital angestellt, gründete 1853 mit bescheidenen Mitteln die eigene ›Augenheilanstalt‹ in der Kapellenstraße. Dank seiner großen ärztlichen Fähigkeiten blühte seine Klinik bald auf: »Pagenstechers Operationen des grauen Stares, in geschlossener Kapsel, haben sich bis auf den heutigen Tag bewährt. Er ist, wenn man so sagen darf, der Erfinder dieser für die arme Menschheit so bedeutungsvollen Operation. Manchen armen Kranken wird dadurch das Augenlicht wieder gegeben. Patienten aus der ganzen Welt suchten und fanden bei ihm Heilung. Könige und Fürsten verdankten ihm die Erhaltung des Augenlichtes«, heißt es in einer Würdigung von 1928.

Pagenstechers ursprüngliche Gründung in der Kapellenstraße war zur Kaiserzeit in eine ›Armen-Augenheilanstalt für unbemittelte Augenkranke aller Stände‹ umgewandelt worden; die wohlhabenden Patienten wurden in der Taunusstraße behandelt.

Alle Wasser

Aus dem Fremdenführer ›Wiesbaden und seine Umgebung‹ von Kurdirektor Ferdinand Hey'l:
»Wir möchten an dieser Stelle nicht versäumen, unsere Leser auf eine besonders dankenswerte Einrichtung der Firma F. Wirth, GmbH., Taunusstrasse 22, hinzuweisen, welche alle medizin. Mineralwässer führt und den Kurgästen die große Annehmlichkeit bietet, neben dem Gebrauch der hiesigen Thermen, jede Heilquelle in ihrer natürlichen Temperatur trinken zu können. Die bestrenommierte, seit 1780 am Platze bestehende Firma hat in ihrem in Taunusstrasse 22 eigens zu diesen Zwecke schön hergerichteten Lokale eine Einrichtung getroffen, die es ihr ermöglicht, ein jedes in- und ausländische Mineralwasser in seinem natürlichen Zustande glasweise zu verabreichen. Es besteht wohl kein anderer Platz, an dem diese Gelegenheit geboten wird und wir freuen uns, konstatieren zu können, dass Wiesbaden auch in dieser Richtung an der Spitze der Badeorte steht.«

Damals wie heute ein beliebtes Ausflugsziel: Das Jagdschloss Platte mit Gasthof und Restauration.

Jagdschloss Platte

Zur Kaiserzeit befand sich auf der ›Platte‹, der höchsten Erhebung Wiesbadens (500 m hoch), ein bemerkenswert schönes Jagdschloss mit ebensolchem Ausblick. Einerseits sah man über Wiesbaden, bis hinüber zum Neroberg und zur ›Griechischen Kapelle‹, andererseits hinunter zum Rhein und über die Taunuswälder.

Dieses Jagdschloss hatte sich Herzog Wilhelm von Nassau von seinem Hofbaumeister Friedrich Ludwig Schrumpf errichten lassen; 1823 wurde mit dem Bau begonnen, 1826 war er fertig. Das Schloss diente als Ersatz für ein kleineres Jagdhaus, das bislang von der herzoglichen Familie und ihren Gästen genutzt worden war.

Das neue Jagdschloss war im Stil einer italienischen Villa gehalten, sehr edel in den Proportionen und im Inneren mit einer atemraubenden gegenläufigen Wendeltreppe ausgestattet. Nach dem Vorbild des römischen Pantheons wurde das Treppenhaus von einer offenen Kuppel überspannt. Einschließlich der Wirtschaftsräume hatte das Schloss 54 Zimmer, verteilt auf drei Etagen.

Insgesamt war es überreich mit Jagdtrophäen geschmückt. Die Tische und Stühle im Salon waren sogar ausschließlich aus Hirschgeweihen gearbeitet und gaben speziell diesem Raum eine ungewöhnliche Note. Ansonsten kein übertriebener Luxus und kein Übermaß an Schmuck. Vor dem Portal lagen zwei in Bronze gegossene Hirsche, das Werk des bedeutenden Berliner Bildhauers Christian Daniel Rauch.

Herzog Wilhelm, der Bauherr, war ein passionierter Jäger. Im Sommer verbrachte er mit seiner Familie ganze Monate auf der Platte. Hier galt nicht das strenge Hofzeremoniell, das für seine eigentliche Hofhaltung im Biebricher Schloss vorge-

Eine der seltenen Innenaufnahmen vom Jagdschloss Platte: Das Vestibül mit den gegenläufig geschraubten Treppen. Die Säulen waren aus nassauischem Marmor, in der Kuppel hingen 200 Geweihe. 1944 wurde das Schloss von Bomben zerstört.

JAGDSCHLOSS PLATTE

schrieben war. Zumindest die Kinder atmeten hier auf. War Herzog Wilhelm zwar ein tüchtiger Herrscher, doch auch ein einschüchternder Vater und ein rabiater Ehemann. Herzogin Luise, die erste Frau des Herzogs, starb noch während der Bauzeit des Schlosses, mit einunddreißig Jahren, erschöpft vom Eheleben. In ihren neun Ehejahren hatte sie vier Töchter und vier Söhne zur Welt gebracht. Herzog Wilhelm trauerte angemessen einige Jahre und heiratete dann im April 1829 zum zweiten Mal; diesmal die neunzehnjährige württembergische Prinzessin Pauline, die jüngste Tochter des Stuttgarter Prinzen Paul und passenderweise die Nichte seiner ersten Frau. Auch mit ihr ging Herzog Wilhelm recht rau um, sie war aber von anderer Natur als Luise und zeigte sich ihrem Gemahl gewachsen.

Erbprinz Adolf, der spätere Herzog von Nassau und seltsamerweise an seinem Lebensende Großherzog von Luxemburg, stammte aus Herzog Wilhelms erster Ehe. Er hatte nichts von der herrischen Natur seines Vaters. Als junger Mann wirkte er geradezu schüchtern, war »eher zart und schmächtig, ein Eindruck, den die schmale Nickelbrille noch besonders betonte«. Er kam ebenso vorzeitig auf den Thron von Nassau wie sein Vater – mit zweiundzwanzig Jahren. Anfangs fühlte er sich von den Pflichten überfordert und versteckte sich über Wochen regelrecht im Jagdschloss Platte.

Nach und nach wuchs der junge Herzog in seine Aufgaben und meisterte sie bravourös. Die Jagd und das Jagdschloss Platte bedeuteten ihm weiterhin viel. Bezeichnenderweise blieb das Schloss in seinem Besitz, als er 1866 sein Herzogtum verlor. Er hatte sich im deutsch-deutschen Krieg auf die falsche Seite gestellt, auf die österreichische nämlich, und der Sieger Preußen verleibte sich daraufhin sein Herzogtum Nassau ein. Nach Adolfs Tod im Jahr 1905 verkauften seine Erben dann das Jagdschloss für 400 000 Goldmark an die Stadt Wiesbaden, die es über Jahrzehnte für repräsentative Zwecke nutzte. Immerhin hatten hier der russische Zar Alexander II., die Zarin Maria Alexandrowna und Kaiserin Eugénie von Frankreich genächtigt.

Am Ende des Zweiten Weltkriegs wurde das Jagdschloss bei Bombenangriffen auf Wiesbaden zerstört; über Jahrzehnte kümmerte sich niemand um die Ruine. 1987 gründete sich die ›Initiative Jagdschloss Platte‹ und organisierte und finanzierte erste Aufräum- und Sanierungsarbeiten. Heute, in ungewöhnlicher Weise von dem Architekten Hans-Peter Gresser wieder aufgebaut, dient das ehemalige Jagdschloss als bemerkenswerter Veranstaltungsort. Selbst die Rauch'schen Hirsche liegen, als Nachgüsse, wieder vor den Portalen.

Schon 1849 wurde das Jagdschloss Platte für ›Events‹ genutzt.

Bronzehirsche am Eingangsportal und Rehe am Waldesrand – die Platte im Sommer.

Die verschneite Platte lockte schon vor hundert Jahren die Wintersportler an.

213

Spanisch: die ›Continental Bodega‹ in der Wilhelmstraße.

… ESSKULTUR

Esskultur

Den Wiesbadener Hotels und Pensionen der ›Kaiserzeit‹ war es selbstverständlich, die eigenen Gäste auch zu beköstigen; das ›Hotel garni‹ war die Ausnahme. Das ›Gabelfrühstück‹ oder das Souper kostete in den Häusern allerersten Ranges etwa 2½ Mk., das Diner 4 bis 5 Mk. Zu diesen allerfeinsten Restaurants zählten neben den Küchen der Grandhotels auch das Kurhausrestaurant (»mit Bierabteilg.«), das Restaurant im Foyer des Königlichen Theaters (»Diners nur von 1 Uhr bis zum Beginn der Vorstellung«) und das Bahnhofrestaurant, zumindest im Speisesaal I. Classe.

Vornehme Wein- und Bierrestaurants, in denen ein Diner zwischen 1½ Mk. und 3 Mk. kostete, waren unter anderem das ›Weinrestaurant Carlton‹ in der Wilhelmstraße, der Ratskeller, das ›Minerva‹ in der Kleinen Wilhelmstraße, der ›Europäische Hof‹ in der Langgasse (»mit Garten«). Wenn man sich etwas gönnen wollte, ging man auch ins ›Mutter Engel‹ in der Langgasse oder zu ›Loesch's Weinstuben‹ in der Spiegelgasse.

Neben vielen ›gutbürgerlichen‹ Restaurants, angefangen mit dem ›Einhorn‹ in der Marktstraße, dem ›Roten Haus‹ in der Kirchgasse (»Billard«) über den ›Deutschen Kaiser‹ in der Rheinbahnstraße, dem ›Friedrichshof‹ in der Friedrichstraße (»mit Garten; Konzerte«) bis hin zur ›Zauberflöte‹ in der Neugasse und dem Restaurant ›Wies‹ in der Rheinstraße (»Spez. Berliner Weißbier«) existierten eine Reihe von Spezialitäten-Restaurants: Etwa das ›Trocadero‹ oder die ›Central-Bodega‹ in der Wilhelmstraße.

Das pompöse Ambiente des ›Kaisersaals‹ in der Dotzheimer Straße. Später wurde er als ›Scala-Lichtspiele‹ genutzt.

Wiesbaden — Hôtel-Restaurant Kaisersaal, Inneres

Beliebter Wiesbadener Treffpunkt: das ›Walhalla‹ mit Theater/Varieté, Restaurant, Wintergarten, Kellerstube und Bar.

Unten: ›Häuser's vegetarisches Kur-Restaurant‹ in der Taunusstraße gehörte zu den größten Etablissements seiner Art in Deutschland.

Gewaltige Essensburgen waren die ›Wartburg‹ in der Schwalbacher Straße, der ›Turnerbund‹ (offiziell: ›Saalbau-Turngesellschaft‹ in der Schwalbacher Straße, »große Säle«) und das ›Walhalla‹ in der Kirchgasse 60 (»sehr großes vielbesuchtes Lokal«).

Das ›Walhalla‹ bezeichnete sich selbst auch als »Spezialitätentheater I. Ranges und Grand Restaurant«, bot also neben Essen und Trinken auch viel fürs Auge, Zauberkünstler, Hochradfahrer und Damenorchester etwa.

Die ›Mainzer Bierhalle‹ in der Mauergasse war ein »Original-Ausschank der Mainzer Aktien-Brauerei«, das ›Kulmbacher‹ in der Taunusstraße und ›Beckers Bierquelle‹ in der Kirchgasse waren ›Stehbierhallen‹ nach Berliner Vorbild.

Es gab drei ›Israelitische Restaurationen‹ in der Stadt, vier ›Vegetarische Speisehäuser‹: eins in der Herrnmühlgasse (»Spezialität: Wiener Mehlspeisen«), das ›Ceres‹, ein »Vegetarisches Kurrestaurant nach Dr. Lahmann« am Schillerplatz, ein weiteres in der Taunusstraße und schließlich »Kneipps Kurrestaurant im Kneipp-Haus, Rheinstraße 71, Parterre«.

Merkwürdigerweise existierten auch drei Automatenrestaurants – sozusagen das Neueste aus Amerika: das ›Kaiser-Automat‹, Marktstraße 19, das ›Reichshof-Automatenrestaurant‹ in der Bahnhofstraße 16 und eins im Hotel ›Zur Post‹, Rheinstraße 17.

Fesche Madeln im ›Restaurant zur Bayrischen Bierhalle‹ von Paul Otto in der Adolfstraße 3.

Fürs Nachtleben hatte man die Auswahl zwischen der ›American Bar‹ in der Bärenstraße, der Walhalla-Bar und der Taunus-Bar und schließlich dem ›Englisch Büffet‹ in der Taunusstraße. Selbstverständlich gab es in verschiedenen Häusern auch ›Chambres séparees‹, wie sie von Schnitzler beschrieben und in der ›Fledermaus‹ besungen worden sind, samt den dazugehörigen Damen und Dämchen, den »Anhängerinnen der freien Liebe«. In den Fremdenführern kamen sie nicht vor; man frage danach bei den Portiers und Concierges.

LOGISTISCHE GROSSTATEN

Hunderttausend Einwohner und zweihunderttausend Gäste pro Jahr und alle wollten essen. Wir machen uns nur mit Mühe klar, welche logistischen Großtaten dafür vollbracht werden mussten. Offenbar gab es zwischen 1870/71 und 1914 in Wiesbaden stets genug Fisch und Fleisch, Käse und Butter, ›Kolonialwaren‹ und Obst, um alle Hungrigen zu sättigen. Von einer Lebensmittelknappheit ist jedenfalls nichts bekannt. Im Gegenteil, gutes Essen ist nur möglich bei besten Zutaten, und offenbar standen sie bereit.

Lieferanten waren die Bauern der Umgebung und die Molkereien in und um Wiesbaden. Ein

Ein sehr renommiertes Weinlokal: ›Loesch's Weinstuben‹ in der Spiegelgasse.

Gut und vornehm speiste man bei ›Mutter Engel‹ in der Langgasse 52.

Vom ›Café Berliner Hof‹ aus hatte man das Kureck und die Wilhelmstraße im Blick.

Eines der ersten Automaten-Restaurants gab es schon 1904 in der Marktstraße 19a.

Das Restaurant ›Rotes Haus‹ in der Kirchgasse 60 um 1900.

ESSKULTUR

Im Jahre 1908 fand im Wiesbadener Paulinenschlösschen, das in den letzten Tagen des Zweiten Weltkriegs zerstört wurde, die erste große Kochkunstausstellung statt.

CAFÉS UND KONDITOREIEN

Kurhaus-Café-Restaurant
Café Berliner Hof
Taunusstraße 1 (hübscher Garten)

Café Blum Wilhelmstraße 46
Hofkonditorei

Café Hohenzollern
Wilhelmstraße 12
altrenommiertes Lokal,
Konditorei

Café Lehmann
Wilhelmstraße 48

Wiener Café Webergasse 8

Café Bauer Bärenstraße 6

Café Habsburg Kirchgasse 60
(die ganze Nacht geöffnet,
Konzerte)

Café Abler Taunusstraße 34

Café Maldaner Marktstraße 34

Café Vetterling Marktstraße 26

Café Orient Unter den Eichen
im maurischen Stil erbaut

Café Wenz Nicolasstraße 12

Café Wellenstein
Rheinstraße 41

Café Kunder Museumsstraße 5
Spezialitäten: Kunders
Ananas-Torten,
Wiesbadener Pflaumen

Café Nerbel Kirchgasse 78

van Houtens Kakaostube
Wilhelmstraße 58

Teestube der Ceylon-Tee-Niederlage Webergasse 3

Het Original Hollandsche Koffiehuis
Webergasse 9

Und das ›Holländische Café‹
»im Anfange des Nerotals hinter dem Kriegerdenkmal«.

Großteil der Lebensmittel wurde allerdings mit der Eisenbahn herangeschafft. Entsprechend gab es am Hauptbahnhof und im speziellen ›Güterbahnhof West‹ große Hallen, in denen Fisch, Fleisch usw. gelagert, gekühlt und umgeschlagen wurden. Der Güterbahnhof (die Gleise waren Abzweige der Aartalbahn) befand sich am damaligen Stadtrand zwischen den Neubaugebieten des Rings und Dotzheim.

HUNGERKÜNSTLER

Eine neue und vielbestaunte Kuriosität der Zeit war der ›Hungerkünstler‹, ein Artist der besonderen Art. Der erste Vertreter der modernen Hungerkunst war Dr. Henry Tanner, der im Sommer des Jahres 1880 vierzig Tage auf jegliches Essen verzichtete und lediglich Wasser zu sich nahm. Tanner wurde rund um die Uhr bewacht und zudem einer ständigen ärztlichen Versorgung unterzogen. Um die Jahrhundertwende war Schauhungern aufgrund des enormen Publikumsinteresses ein finanziell äußerst einträgliches Geschäft und verbreitete sich wie eine Pest. Der berühmteste Hungerkünstler der Zeit war Giovanni Succi, der Tourneen durch ganz Europa unternahm.

Wiesbadener Bretzel-Bub

Schipper Phot.

Fast Food um 1890: Der ›1ste Wiesbadener Brezel-Bub‹ war Georg Dagelmann. Aufgenommen vom Hofphotographen Carl Schipper in seinem Atelier in der Rheinstraße 31.

TAUNUSSTRASSE

Wiesbaden. Taunusstrasse.

TAUNUSSTRASSE

Die Wilhelmstraße war und ist Wiesbadens Vorzeige- und Promenadenstraße. Die Taunusstraße, zur gleichen Zeit angelegt, ist nach heutigen Maklerbegriffen 1b-Lage – näher am Kochbrunnen, dem Herz Wiesbadens, aber etwas abseits des Luxus. In ihrem unteren Teil beherbergte die Straße mit dem ›Berliner Hof‹ und dem ›Alleesaal‹ Häuser der 1. Kategorie. Je mehr sich die Straße aber dem Nerotal näherte, desto gutbürgerlicher wurde sie.

Dieser bürgerliche Teil (ab der Röderstraße) hatte bis etwa 1904 einen eigenen Namen, nämlich Elisabethenstraße. Darin spiegelt sich noch der große Plan eines begnadeten Mannes: des Wiesbadener Architekten und Städteplaners Christian Zais. Er hatte 1818 für die rasch wachsende Stadt einen Bebauungsplan entwickelt, der bis 1860 ausreichte, dann ergänzt werden musste. Der geniale Einfall: Zais legte um die alte, noch bäuerlich geprägte Stadt neue Straßenzüge, die dem Fortschritt vorbehalten waren und den Geist der neuen Zeit verkörperten: Wilhelmstraße, Taunusstraße, Röderstraße, Schwalbacher Straße und Luisenstraße (später Rheinstraße). Die Straßen ergaben ein Fünfeck, das historische Fünfeck, das noch heute die eigentliche Innenstadt bildet.

Bunt colorierte Ansichtskarten waren sehr beliebt. Links das Hotel ›Block‹ und rechts der alte ›Alleesaal‹.

In der Kaiserzeit blühten in der Taunusstraße insgesamt fünfunddreißig Hotels und Pensionen, aber auch Ladenlokale, die Ausgefallenes anboten: Der ›Hof-Vergolder‹ F. Alsbach, selbst mit verschiedenen Goldmedaillen prämiiert, war hier zu finden wie die ›Wiesbadener Glasreinigungsanstalt‹, die aufs Fensterputzen spezialisiert war, bezahlt wurde nach Quadratmeter Glas. C. A. Otto suchte den Damen die Wünsche von den Augen abzulesen: Die Firma, gleichzeitig Fabrik-Depot, bot Teppiche, Möbelstoffe und Gardinen an. Spezialität: Seidenwaren und Seidenstoffe. Weltberühmt war das Institut ›Augen-Müller‹, Taunusstraße 44. Das Institut war 1860 in Lauschau in Thüringen gegründet und 1872 auf Betreiben von Professor Pagenstecher, einer ebenfalls weltberühmten Kapazität, nach Wiesbaden verlegt worden. Die Firma, heute noch ein Familienunternehmen, war maßgeblich an der Entwicklung von Kunstaugen beteiligt.

Der hintere Teil der Taunusstraße mit der ›Grub‹.

Zukunftsvision auf der Taunusstraße im Jahre 1906: Vor dem Trubel der Saison, bringt Rettung nur der Luftballon.

TAUNUSSTRASSE

GEMÄSSIGTER JUGENDSTIL

Hotel ›Alleesaal‹
Taunusstraße 3

Am Kureck, in der Nachbarschaft von Nassauer Hof, Wilhelma, Rose und Berliner Hof ein weiteres Luxushotel zu errichten, grenzte an Hoch- bzw. an Wagemut. Was es nun ist, entscheidet ja die Nachwelt und in diesem Fall fällt das Urteil schwer. Der Erste Weltkrieg, für Wiesbaden die Mutter aller Katastrophen, machte alle Kalkulationen zu Makulatur und zwar aller Häuser.

Wie auch immer: Der damals 34jährige Bäckermeister Wilhelm Scheffel, Wiesbadener Bürgersohn, hatte Mut. Im April 1905 kaufte er ein altes gediegenes Familienhotel am Eingang der Wilhelmstraße, ließ es ›niederlegen‹ und an seiner Stelle von dem (Wiesbadener) Architekten Fritz Hildner ein Haus der Ersten Kategorie hochziehen. Fachkreise schätzten den Neubau als ›gemäßigten Jugendstil‹ ein. Der ›Alleesaal‹ wurde beibehalten, doch das Haus mit seinen achtzig komfortablen Gästezimmern, seinen Bädern und Badeeinrichtungen, nicht zu vergessen der elegante Hotelgarten, wandte sich nun an ein anderes Publikum. (Nebenbei bemerkt, die Hotellerie spricht nicht zu Unrecht von ihren Gästen als ›Publikum‹; das Hotelleben hat tatsächlich etwas von einem fortwährenden Schauspiel.)

Nach dem Krieg von 1914/18 wurde das Hotel ›Alleesaal‹ verkauft und zu einem Bankhaus um-

Hotel Alleesaal & Bäder Wiesbaden

Der hintere Teil der Taunusstraße.

Die Lobby im neu
erbauten Hotel ›Alleesaal‹.

Das 1905 niedergelegte
alte Hotel ›Alleesaal‹.

Halle.

gewandelt; nach dem Zweiten Weltkrieg wurde es von der Raiffeisen-Versicherung genutzt. Im Großen und Ganzen zeigt sich das Haus noch so, wie es bei seiner Entstehung zu sehen war. In seiner Hochzeit konnte es sich als »Haus in schöner und ruhigster Lage in unmittelbarer Nähe von Kurhaus, Theater und Kochbrunnen« empfehlen und angemessene Preise zwischen drei und sechs Mark pro Gast und Nacht nehmen, ›F. 1½ M.‹, also Frühstück 1,50 Mark, nicht gerade zimperlich.

Immerhin konnte man zart darauf hinweisen, dass der geschätzte Gast nur auf den Balkon seines Zimmers zu treten brauche, um hohe und höchste Herrschaften bei Promenade oder Ausritt zu beobachten. Wohl wahr! Kaiser Wilhelm II., ein spezieller Freund der Stadt, ritt gern mit Gefolge zum Morgenausritt ins Nerotal; kam dann am Haus vorbei. Schulkinder standen mit Fähnchen in den preußischen Farben am Straßenrand und winkten ihm zu, was den Kaiser wie die Kinder erfreute.

Taunusstrasse und Elisabethenstrasse

Am Beginn der Taunusstraße das ›Café Berliner Hof‹ mit Hotel. Zwei Ansichten von der hinteren Taunusstraße, die früher Elisabethenstraße hieß. Hier befanden sich zahlreiche Pensionen.

HOTEL ALLEESAAL BÄDER

HOTEL A...
WIESBADE...
gegenüber de...

Gebrüder Petmecky, Königl. Hofl. Wiesbaden.

LESESAAL
TAUNUSSTR. 3
Kochbrunnen

TAUNUSSTRASSE

HOTEL ›DAHLHEIM‹

Taunusstraße 15

Briefkopf vom Hotel ›Dahlheim‹.

Doppelseite vorher: Das neue Hotel ›Alleesaal‹ am Anfang der Taunusstraße.

Das ›Dahlheim‹, sehr nahe am Kochbrunnen, dem eigentlichen Mittelpunkt der Stadt und von Reiseführern gelobt, wurde 1870 eröffnet. Von Anfang an nannte sich das kleine Haus – damals zwanzig Zimmer, heute neunzehn – ›Hotel-Restaurant Dahlheim‹. Man konnte hier soupieren und dinieren und à la Carte essen und ganz billig war es nicht. Ein Diner kostete hier 1½ bis 2½ Mk.

Für dieses Geld konnte man auch im Restaurant des Luxushotels ›Metropole‹ auf der Wilhelmstraße speisen und hatte dazu noch Tafelmusik. ›Löschs Weinstuben‹ in der Spiegelgasse (»re-nommiert und sehr besucht«) boten Diners bereits ab 1½ Mk. an.

In den eigentlichen Nobelhotels, wie ›Nassauer Hof‹ und ›Rose‹ waren die Preise allerdings beträchtlich höher. In der ›Rose‹, fing ein Diner bei 5 Mk. an, ein Souper bei 3½ Mk. Pensionspreis pro Tag und Person: von 12 Mk. an.

Vielleicht ist es in diesem Zusammenhang angebracht, etwas über das Essen zu sagen. Die Jahrhundertwende von 1900 war für die Hotelküche eine Wasserscheide: Vorher die schweren Gerichte, wie Burgunder Schinken in Madeirasauce oder Hammelsattel mit grünen Bohnen, eingeleitet von ›Russischem‹ oder ›Persischem Caviar‹ und vielen Vorspeisen. Nachher die Revolution des Auguste Escoffier mit seinen weltberühmten Gerichten, wie ›Seezungenfilet Coquelin‹, flambierter Hummer, Geflügel à la Derby und hinterher ›Pfirsich Melba‹.

Die wirkliche Raffinesse Escoffiers, nacheinander Küchenchef im ›Ritz‹ in Monte Carlo, im ›Savoy‹ in London und endlich im ›Ritz‹ in Paris, bestand aber nicht darin, neue Gerichte zu kreieren. Was ihn für die Köche und die Kochkunst so unvergleichlich machte, war etwas anderes. Er

ÜBER DAS BADEGLAS UND ANDERE SOUVENIRS

Begehrtes Sammlerobjekt: Badeglas aus der Kaiserzeit.

Es muss tief in der menschlichen Natur verankert sein, dass man etwas Greifbares besitzen will, das einen an ein freudiges Ereignis, einen bestimmten Ort oder eine geliebte Person erinnert: Das ›Souvenir‹ gehört zum Kurort wie das Heilwasser und der ›Kurschatten‹. ›Souvenir‹ ist französisch und bedeutet genau das, was es bedeuten soll:

Erinnerung, Andenken. Im Gegensatz zur Trophäe, die man sich auf welche Weise auch immer erobert, werden Souvenirs gekauft. Davon lebt die Andenkenindustrie seit zweihundert Jahren und nicht schlecht. In Wiesbaden bot man im 19. Jahrhundert als ortstypisches Souvenir gern ›Badegläser‹ an. Das waren Trinkgläser mit Gravuren

von Kochbrunnen, Kurhaus oder einer anderen örtlichen Attraktion. Die ›Rohware‹ wurde aus Gegenden bezogen, die sich auf die Glasbläserei kapriziert hatten, etwa aus Böhmen. In Wiesbaden gab es dann Graveure, die Namen, Datum und (je nach Wunsch) Rosen oder Herzen einschnitten.

Das Hotel ›Dahlheim‹ im Jahre 1904. Heute Hotel ›Kochbrunnen‹ mit dem Restaurant ›Palmyra‹.

verstand es, seine Gerichte viel einfacher herzustellen als das bislang geschehen war und sie gleichzeitig viel leichter und verdaulicher zu machen. Escoffier, bereits damals ein Star-Koch, den ›man‹ kannte und über dessen Eskapaden man sprach wie über die eines berühmten Tenors, ließ die gängige Auffassung nicht mehr gelten, ein Menü müsse aus einer schier unübersehbaren Anzahl von Gängen bestehen. Ihm nachzueifern bedeutete, andere Essgewohnheiten einzuführen.

Nicht ganz einfach in einer Zeit, in der es allein für die Zubereitung von Rinderfilet hundertsechzig Arten gab.

Allerdings gab es auch hundertsechzig Arten, eine Serviette zu falten.

Von den Badeärzten – gleich ob hier oder in Baden-Baden oder in Karlsbad – wurde Escoffier wie ein Wundertäter begrüßt. Sie hatten immer, aber erfolglos gepredigt, die Badegäste sollten sich beim Essen mäßigen. Nun wurde das Nützliche mit dem sehr Angenehmen verbunden.

PS: Zur Revolution in der Küche trug auch eine weitere Errungenschaft der Neuzeit bei: der Gasherd. Die Köche waren nun nicht mehr auf Kohleherde angewiesen und konnten sozusagen punktgenau kochen.

Und noch ein PS: Generell mussten sich deutsche Köche in dieser Zeit nicht hinter ihren französischen Kollegen verstecken. Im Gegenteil, sie wurden im Ausland außerordentlich geschätzt. Die Küche des ›Weißen Hauses‹ in Washington war jahrzehntelang in deutscher Hand und die des ›Waldorf Astoria‹ in New York auch.

Es wurden selbstverständlich auch die üblichen Erinnerungen, wie Photos vom Schnellphotographen (»Wir mit Familie Engels am deutschen Rhein«), elegant gestaltete Zigarettendosen der Wiesbadener Zigarren- und Zigarettenfabrik Laurens in der Taunusstraße oder Pralinen von einem der ›Hoflieferanten‹, angeboten. Als Mitbringsel aus Wiesbaden waren raffiniert verpackte Produkte aus Kochbrunnensalz ebenfalls sehr beliebt. ›Wiesbadener Pastillen‹, wohltuende Badezusätze und spezielle Seifen wurden von einer sehr rührigen Fabrik in der Spiegelgasse 7 hergestellt, die ihre Produkte weltweit versandte.

Im wuchtigen wilhelminischen Stil zeigt sich das Hotel ›Kronprinz‹.

HOTEL ›KRONPRINZ‹

Taunusstraße 46–48

Das Hotel ›Kronprinz‹ (mit Restaurant), von außen und innen ein Beispiel für wilhelminische Baukunst (und auch eines der Häuser, das Kaiser Wilhelm II. bei seinen Ausritten ins nahegelegene Nerotal oft passierte), empfahl sich ›israelitischen‹ Gästen. In ›Griebens Reiseführer Wiesbaden und Umgebung‹ weisen von den Hunderten von Wiesbadener Hotels und Pensionen, die hier versammelt sind, nur das ›Kronprinz‹ und eine ›Jüdische Pension‹ in der Langgasse 46 (»geführt von J. Winter«) diskret darauf hin, dass man hier auf die besonderen Sitten und Gesetze der jüdischen Gäste eingestellt war.

Was die Speisegebote der Gäste anging, so wird das hauseigene Restaurant des ›Kronprinzen‹ keine Mühe gehabt haben, damit zurechtzukommen. Dreitausend der Wiesbadener Einwohner waren Juden – entsprechend gab es hier koschere Metzgereien und koschere Bäckereien. Strenggläubigen sind nur Weine erlaubt, die nachweislich von Juden angebaut wurden. Auch dafür werden sich Lösungen gefunden haben. Schwieriger war es mit Sicherheit, im Hotelbetrieb die Vorschriften zu beachten, die an jüdischen Fast- und Feiertagen einzuhalten sind.

Das Haus hatte schon durch die Wahl des Namens sein gut deutsch-nationales Wesen deutlich machen wollen. In der Praxis wird man dennoch mehr orthodoxe Juden zu Gast gehabt haben als deutsche ›Reformjuden‹ oder ›Liberale‹, die sich möglichst wenig von ihren übrigen Landsleuten unterscheiden wollten und deswegen bei Kuren die ortsüblichen Hotels vorzogen. Viele von ihnen lächelten sogar mehr oder minder diskret über die dreitausend Jahre alten jüdischen Gebote und Verbote.

Man muss zugeben, für einen Hotelbetrieb ist zum Beispiel die folgende Verfügung ausgesprochen lästig und nicht leicht zu erfüllen: »Alle Essgeräte aus Porzellan, Glas, Steingut, Emaille, Aluminium, Silber sowie Messer und Gabeln, auch Holzgeräte müssen vor dem Gebrauch in fließendes Wasser getaucht werden. Dabei spricht man die hierfür bestimmte Brachah.« Brachah sind kurze Gebete von der Art: »Gelobt Seiest Du, Ewiger unser Gott, König der Welt, der Du uns heiligst durch Deine Gebote und uns geboten hast, Behältnisse unterzutauchen.«

Aber, haben wir gelernt, unpraktisch ist nicht unbedingt unvernünftig.

Privathotel ›Intra‹

Taunusstraße 51

Das Haus Taunusstraße 51 ist heute ein Kulturdenkmal, jedenfalls wird es vom ›Landesamt für Denkmalschutz Hessen‹ so qualifiziert. Den meisten Besuchern der Taunusstraße wird es nicht einmal auffallen, so sehr gleicht es den übrigen Häusern in der Straße. Ein kluger Mensch hat einmal gesagt, alle Menschen einer Epoche seien sich ähnlich, bei allen individuellen Verschiedenheiten. So geht es auch Häusern.

Das Haus Taunusstraße 51 wurde im Jahr 1896 von dem Schornsteinfegermeister Karl Intra erbaut; der Name des Architekten war Wilhelm Boué.

Es wurde anfangs als Mietshaus genutzt, der Hausbesitzer wohnte im Parterre, ein Zahnarzt in der ›bel etage‹ usw. Anfang des Jahrhunderts (als die Konjunktur für Hotels günstiger und günstiger wurde), wandelte Karl Intra sein Haus zu einem Hotel um, eben zum Privathotel ›Intra‹.

Der Begriff sagt viel und wenig, eigentlich nur, dass der Besitzer auch die Oberleitung hat. Damit wird, soweit es sich um ein Haus der Oberklasse handelt, suggeriert, Eleganz und Individualität prägten den Stil des Hauses. In den unteren Kategorien – den Ein- und Zwei-Sterne-Häusern – wird mit dem Etikett ›Privathotel‹ gastliche Behaglichkeit und persönliche Atmosphäre versprochen. Da die Bezeichnung heute noch genau so oft anzutreffen ist wie vor hundert Jahren, muss sie sich bewährt haben.

Was das Schicksal des Hotels ›Intra‹ angeht: Nach dem Ersten Weltkrieg wurde es Bürohaus, nach dem Zweiten Weltkrieg hatte hier der Regierungspräsident seinen Amtssitz. Heute ist es wieder Wohnhaus.

Intra's Hotel Garni · Wiesbaden · Taunusstraße 51/53
In nächster Nähe von Kochbrunnen, Kurhaus und Hoftheater
Besitzer: Adolf Intra
Telefon 806 · Haltestelle der elektrischen Straßenbahn

Das Privathotel ›Intra‹, anfangs Mietshaus, dann Hotel.

Taunusstrasse

Die Pension von Fräulein Vogelsang

Taunusstraße 57

Allein die Taunusstraße – eine Straße, die aus der Stadt hinaus ins Grüne führt – wies zur Kaiserzeit an die zwanzig Pensionen auf. In Nummer 13 befand sich die Pension der Geschwister Wild, in Nr. 22 die des Fräulein Lüddecke, in Nr. 28 die ›Pension Erika‹, in Nr. 34 die ›Pension Voigt‹, betrieben von Fräulein Wentzel. Nr. 37 beherbergte die ›Pension Gehrlein‹, Nr. 41 die ›Pension Eigersburg‹, Nr. 45 ›Pension Ritter‹. Im ersten Stock von Taunusstraße Nr. 49 war die Pension von Frau Karpin zu finden, in Nr. 57 betrieb Fräulein Vogelsang ihre Pension. Sie hatte Zimmer im ersten und im zweiten Stock und gehörte insofern schon zur gehobenen Kategorie.

Es ist kein Zufall, dass diese Etablissements oft weibliche Namen hatten und/oder von Frauen betrieben wurden. Eine Pension zu unterhalten, war eine der wenigen Möglichkeiten für Frauen, sich selbständig zu machen – mithin auf eigene Rechnung zu wirtschaften. Oft auch die (vermeintliche) Rettung aus Miseren nach dem Tod des Ehemanns und Ernährers, nach Scheidungen oder den anderen Wechselfällen des Lebens. Die Tochter, deren Lebensunterhalt darin bestanden hatte, den hinfälligen Vater zu pflegen, konnte von einem Tag auf den anderen ohne die geringste Versorgung sein. Dann hieß es ›seinen Mann zu stehen‹; da wurde die schmale Erbschaft (so es eine gab) und das Geld, das man sich heimlich und mit schlechtem Gewissen zurückgelegt hatte, in die Ausstattung einer solchen Pension gesteckt.

Pensionen und Hotels in der Taunusstraße/Elisabethenstraße: ›Villa Bertha‹, ›Pension Pasqual‹, ›Ritter's Hotel & Pension‹.

Pro Etage waren vielleicht vier oder fünf Gästezimmer einzurichten, dazu ein ›Salon‹, in dem gefrühstückt und später die Zeitung gelesen werden konnte. Ein Klavier war eine Anschaffung, die nicht unbedingt sein musste, aber doch eine ›gewisse Kultur‹ signalisierte. Da konnte man leicht zwei oder 2½ Mark pro Gast und Nacht nehmen; auf dem Preisschild, das ausgehängt werden musste, war der Satz »Das Frühstück ist ob-

Die Fremdenpension ›Villa Mercedes‹ in der Taunustraße 75.

ligatorisch!« fett herausgehoben. Ein üblicher Pensionspreis waren 12 bis 25 Mark pro Woche; je nach den Ansprüchen der geschätzten Gäste. Um die Jahrhundertwende war Gaslicht noch die Standardbeleuchtung. Man wusste aber, dass dem elektrischen Licht ›die Zukunft gehörte‹. Todesfälle durch Gasvergiftung (ein täglicher Albtraum!) würden damit ausgeschlossen sein. Die Betten waren solide, dunkle Doppelbetten; man wusch sich in Waschschüsseln auf Marmorkonsolen. Das Waschwasser wurde von der ›Minna‹ oder wie immer das Mädchen hieß, das der Pensionswirtin zur Hand ging, am Nachmittag aufgefüllt; am Morgen konnte, wer wollte, heißes Wasser ha-

Es wäre ein schöner Zufall, wenn dies tatsächlich das Fräulein Vogelsang wäre.

233

Zwei weitere Pensionen in der Taunusstraße: Hotel ›Helvetia‹ und ›Villa Nervi‹.

ben. Zu den beliebten Requisiten der Pensionszimmer gehörten ›Paravents‹, hinter denen sich die Damen entkleideten (besonders, wenn sie mit einem Liebhaber hier waren), und die schmale ›Chaiselongue‹, ein Möbelstück mit festem Kopfteil, gedacht, dass ›Vati‹ hier ein kurzes Mittagsschläfchen halten konnte. Die ›Migräne‹, die ›die Holde‹ regelmäßig durchlitt, wurde auf dem Bett oder auf dem Fußboden zelebriert – die Leidende lag ausgestreckt und bei verdunkelten Fenstern auf möglichst harter Unterlage.

Das Leben in der Pension unterschied sich von dem im Hotel vor allem durch eins: Jeder wusste sehr rasch über jeden Bescheid; die ›Unnahbare‹ zu spielen, fiel hier ebenso schwer wie den ›Schwerenöter‹.

Kaltes Wasser

Wiesbaden war zu allen Zeiten mit heißem Thermalwasser gesegnet. Woran es fehlte, und das über viele Jahrhunderte, war ganz gewöhnliches, klares kaltes Trink- und Brauchwasser. Als die Stadt ab 1800 wuchs und wuchs, wurde das Wasserproblem gravierend. Man versuchte der Not Herr zu werden, indem man im nahen Taunus nach Wasser bohrte, wurde aber lange nicht fündig. Die Geschichte von der jahrelangen Suche nach Wasser und dem Bau von vier gewaltigen Tiefstollen liest sich wie ein Roman.

Um 1870 hatten rund tausend Häuser in Wiesbaden Wasserleitungen. Zehn Jahre später verfügten praktisch alle Häuser der Stadt über einen Wasseranschluss.

Gerade, als man glaubte, aller Wassersorgen ledig zu sein, kam die Typhus-Epidemie von 1885. Ende Juni hatte man die ersten Erkrankten, danach rasch die ersten Toten und am Ende forderte die Epidemie 59 Opfer.

Gerüchte schwirrten durch die Stadt, wildeste Vermutungen über die Ursache der Krankheit wurden angestellt. Ende Juli erschienen in London Meldungen, in Wiesbaden seien bereits Tausende der Krankheit erlegen; dies werde aber bewusst geheim gehalten. Thomas Mann hat in seiner Novelle ›Tod in Venedig‹ die Dinge auf den Punkt gebracht: die Angst der Gäste vor Ansteckung und die Angst der Hoteliers vor der Pleite, und dazu die verzweifelten Bemühungen der Stadtverwaltung, die Sache ›in den Griff‹ zu bekommen und die Saison zu retten. Die Sanitätskommission tagte und stellte fest: Am Wasser aus dem Taunus lag es nicht, auch nicht an den Stollen und schon gar nicht an den hochmodernen Zementröhren, in denen das Wasser in die Stadt geleitet wurde.

Es stellte sich heraus, dass die Leute die Brunnen, die noch von alters her im Stadtgebiet waren, wegen des heißen Sommers wieder in Betrieb genommen hatten. Das Wasser, das dort aus dem Boden kam, war derart verseucht, dass die Menschen todkrank werden mussten...

Die Brunnen wurden zugeschüttet. Danach kam es nie wieder zu einer Epidemie; das Wiesbadener Wasser ist heute hervorragend und wird mit besten Noten bedacht.

KOFFERAUFKLEBER

Kofferaufkleber

1886 trat das ›Savoy Hotel‹ in San Remo eine Lawine los. Der Manager ließ den ersten ›Kofferaufkleber‹ auf den Koffer eines Gastes kleben. Dieser angeblich freundschaftlich gemeinte Abschiedsgruß des Hauses überzeugte die Konkurrenz vom ersten Augenblick an. Kein Hotel, das auf sich hielt, kam nun noch ohne Kofferaufkleber aus – sehr bedeutende Graphiker entwarfen die bunten Bildchen. Bald legte der weitgereiste Gast selbst Wert darauf, dass ihm die berühmten Häuser dieser Welt bescheinigten, auch mal unter ihrem Dach genächtigt zu haben.

Egal, ob man das Emblem des ›Bauer-Grünwald‹ in Venedig, des ›Hassler‹ in New York oder des ›Palace‹ Saigon, den Aufkleber des ›Ritz‹ in London oder des ›Nassauer Hof‹ in Wiesbaden auf dem Koffer hatte – ein Blick und jeder wusste, mit wem er es zu tun hatte. Die Koffer waren verziert wie heute die Haut der Tätowierten. Oft fand sich kein Platz mehr, den allerneusten Aufkleber anzubringen.

235

In der Geisbergstraße 3 befand sich das komfortabel eingerichtete ›Hotel Fuhr‹.

GEISBERGSTRASSE

Wiesbaden, Hotel Bristol und Excelsior

In der Geisbergstraße lagen auf beiden Straßenseiten fast nur Hotels und Pensionen.

Für geringere Ansprüche

Hotels und Pensionen rund um den Geisberg

Am Beginn der relativ steilen Geisbergstraße lagen die Hotels Fuhr, Geisbergstraße 3, »komf. eingerichtet« und, gegenüber, der ›Russische Hof‹, Geisbergstraße 4. Auf den ersten Blick unterschieden sie sich kaum. Sie hatten Fassaden aus der Zeit und die schwere, dunkle Einrichtung, die man als ›gediegen‹ empfand. Unterschiedlich waren nur die Preise: Im ›Russischen Hof‹ fingen die Zimmerpreise bei 2½ Mark an, im Hotel Fuhr mit 3 Mark. Darin war allerdings das obligatorische Frühstück bereits eingeschlossen.

Das ›Privathotel Flohr‹, Geisberg Nr. 5, bot Zimmer ab 2 Mk. und das Frühstück für 70 Pfg. Das Privathotel ›Brüsseler Hof‹, Geisbergstraße 8 (immerhin ein Haus mit achtundzwanzig Zimmern und Kochbrunnenbädern nach Wunsch) war wieder etwas teurer, hielt seine Preise aber für »angemessen«. Das ›Privat-Hotel Harald‹, die ›Pension Heck‹ und die ›Pension Fröhlich‹ versuchten es wieder mit knappster Kalkulation. In der Pension Fröhlich konnte man von 12 bis 25 Mark ein Zimmer haben – pro Woche!

Des Weiteren fanden in der Geisbergstraße die ›Pension Austria‹, das Privathotel ›Colonia‹ (14 Zimmer, Zimmer pro Woche 14-20 Mark, Garten, Bad) und die ›Pension Montreux‹ der Frau Baumann ihr Auskommen. Frau Baumann verabreichte keinen Mittagstisch, das Abendessen konnte dann wieder in ihrem Haus eingenommen werden. In der ›Villa Sonneck‹, Geisbergstraße 36, befand sich die Pension J. M. Lizius.

Geisbergstrasse

Das ›Haus Dambachtal‹ war mit allem Komfort ausgestattet.

Aus dem Hotel ›Russischer Hof‹ in der Geisbergstraße 4 wurde später der ›Preußische Hof‹.

Die ›Villa Hertha‹ im Dambachtal in der Neubauerstraße 3.

Das Privathotel ›Montreux‹ in der Geisbergstraße 28.

Das Privathotel ›Colonia‹ in der Geisbergstraße.

In ähnlicher Weise könnte man die Kapellenstraße durchgehen: An der Ecke Geisberg und Kapellenstraße das Privathotel ›Albany‹ mit 20 Zimmern, nebenan die Hotel Pension ›Silvana‹, betrieben von der Familie Adam.

In der Kapellenstraße konnte man in den Pensionen Bockwald, Hausdorf (›früher Pension der Geschwister Lizius‹), Westphal (nachher ›Badenia‹), im ›Haus Fliegen‹, den Villen ›Irene‹, ›Edelweiß‹ und ›Humperdinck‹ unterkommen und im Fremdenheim Schmidt, Kapellenstraße 33.

Auch im Dambachtal war Pension neben Pension zu finden. Im Haus Nr. 1 die Pension Rössler, gegenüber in Nr. 2 die Pension Reuter-Abele; Dambachtal Nr. 6 die Hotel-Pension Brauchbach, Nr. 14 Pension Reimers. Es gab eine ›Villa Hertha‹, das Fremdenheim Haus Debberthin und die ›Privat-Pension Künstlerhaus‹.

Das ›Haus Dambachtal‹, Ecke Dambachtal 23 und Neuberg 4, hatte vierzig Zimmer, war komfortabel eingerichtet, verfügte über einen großen Garten und seine Gäste hatten es nicht weit zum Kurhaus und zum Wald.

Einküchenhaus „Haus Dambachtal", Wiesbaden
Neuzeitige Pension mit allem Komfort. Dambachtal 23
Telefon 341 Neuberg 4

WIESBADEN 8.10.1911
Villen im Dambachtal

Hotel „Russischer Hof", Wiesbaden.
Geisbergstraße 4 (gegenüber dem Kochbrunnen)
Telefon 6151.

Pension Villa Hertha (Dambachthal) Neubauerstr. 3.

Gruss aus Wiesbaden 29.7.06.

*Viele Grüße aus der Sommer-
frische sendet dir, liebe Helena,
deine Marie Völcker*

Verl. R. Konrady, Wiesbaden.

** Gruss aus Wiesbaden **

Geisbergstr. 28. Den

Privathôtel Montreux

239

Privathotel „Brüsseler Hof", Wiesbaden
Geisbergstr. 8, Ecke Kapellenstr.
Besitzer: Georg Schreeb
:: Elektr. Licht :: Telefon 4593 :: Bäder im Hause ::
In nächster Nähe des Kochbrunnens, des Kurhauses u. d. Kgl. Theaters

Das Privathotel ›Brüsseler Hof‹ ist Hauptschauplatz im Roman ›Hotel Petersburger Hof‹ von Hans Dieter Schreeb, der auch Autor dieses Buches ist.

Literarisch gesehen

Der Geisberg und seine Hotelstraßen

Goethe war hier gewesen, auf der Anhöhe Geisberg nämlich. Angeblich hat er bei seinen Wiesbadener Badekuren 1814 und 1815 die Wirtschaft des ›Hofgutes Geisberg‹, eines nassauischen Musterbetriebes, gleich vierzehn Mal aufgesucht.

Ein halbes Jahrhundert später, nach 1870, wohnte Multatuli, der einzige Schriftsteller von Weltrang, der es fast zehn Jahre in Wiesbaden aushielt, eine Weile in einer möblierten Wohnung in der Geisbergstraße 12, heute Nummer 14. Er fühlte sich von den vielen spielenden und kreischenden Kindern unter seinem Fenster gestört: »Ich muss mich anstrengen, es nicht zu hören.« Seine Frau Mimi schrieb in einem Brief, so schlimm sei es nicht mit dem Lärm: »Nicht, dass es hier sehr geschäftig wäre, es ist eher ein Armenviertel und eine stille Straße. Aber wenn man darauf achtet, gibt es immer etwas für die Ohren Störendes.«

Multatuli wusste aber auch Lobendes über sein Domizil zu sagen: »Wir wohnen fast außerhalb und sind gleich im Wald. Haben Sie auf der Karte und im Führer die Griechische Kapelle gefunden? Ja, die sehen Sie von Ihrem Bett aus. Die vergoldete Kuppel hat eine prächtige Wirkung in der grünen Umgebung, sie ist von unserem Haus etwa zwanzig Fußminuten entfernt.«

Und, um noch eine Verbindung von Geisberg und Literatur zu erwähnen: Das Haus Geisbergstraße 8, damals ›Hotel Brüsseler Hof‹, heute ›Hotel Admiral‹, ist Schauplatz des von den deutschen Zeitungen und Magazinen (und vor allem von den Lesern) viel gerühmten Romans ›Hotel Petersburger Hof‹. Sein Autor Hans Dieter Schreeb beschreibt hier Wiesbaden in seiner Glanzzeit – und seine eigene Großmutter. Er ist auch der Verfasser der Texte dieses Bildbandes.

Für Rechner

Um die Jahrhundertwende von 1900 waren die Geisbergstraße und die beiden Seitenstraßen Dambachtal und Kapellenstraße ein Dorado für Kurgäste, die rechnen mussten. Hier kostete das Frühstück noch siebzig, achtzig Pfennig, während man anderswo in der Stadt längst bei einer Mark oder einer Mark Fünfzig gelandet war; hier wurde nicht jeder Handgriff extra berechnet und hier wurde der Stammgast hofiert wie anderswo Hoheiten.

Tellerwäscher

Tellerwäscher scheint die Vorstufe des Millionärs zu sein. Die Redewendung ›Vom Tellerwäscher zum Millionär‹ ist bei uns so verbreitet, dass man sich über die Tellerwäscher keine Gedanken macht, nur über die Millionäre. Man glaubt, der Spruch bezeichne uramerikanische Erfahrungen. Dabei kennen die Amerikaner die Redeweise nicht mal. Bei ihnen heißt der entsprechende Vorgang ›Rags to Riches‹, genau übersetzt: Von den Lumpen zu den Reichen oder etwas netter und allgemeiner: Aus der Armut in den Reichtum. Und solches Glück kommt sehr selten vor.

In den Hotels von 1900 gab es ganze Heere von Tellerwäschern. Die Spülmaschine kam erst in den Dreißigerjahren des letzten Jahrhunderts auf. Bis dahin musste mit der Hand und viel Soda gespült, dann mit der Hand abgetrocknet und nachpoliert werden. Es galt, viel Hitze und viel Stress auszuhalten und mit geringster Bezahlung zufrieden zu sein. Im Grunde war der Tellerwäscher in der Küche dasselbe, was der Unberührbare in Indien heute noch ist. Auf Anerkennung und Trinkgelder durfte er nicht hoffen. Mittlerweile sind aus Tellerwäschern ›Geschirr- und Besteckreinigerinnen und -reiniger‹ geworden.

Aus der Traum vom Millionärsdasein!

Sport

WIESBADEN — Lawn Tennisplätze i. Kurpark

Die Rasen-Tennisplätze an der Blumenwiese im Kurpark.

Sportliche Betätigung

Das Leben der Herrschaften war für Müßiggang geschaffen, nicht für Anstrengung. Und ihre Kleidung sollte das ausdrücken. Dennoch, die Kaiserzeit war auch die Zeit, in der der Sport für immer mehr Menschen interessant wurde.

In Wiesbaden war er Teil des ›Kurlebens‹. Neben internationalen Tennisturnieren erfreuten sich Reiten, Rudern, Golf, Hockey und sogar Fußball großer Beliebtheit. Griebens Fremdenführer vermerkte unter dem Stichwort Fußball: Wiesbadener Fußballklub; Vereinslokal ›Weißes Rössl‹, Bleichstraße 18. Der SV Wiesbaden, der heute noch Fußball spielt, wurde 1899 gegründet und bald allseits geschätzt..

Gern betrieben wurden auch Büchsenschießen und Fechten: Die Schießplätze des Wiesbadener Schützenvereins, an der Fasanerie, waren täglich geöffnet. Außerdem gab es noch den (kommerziellen) Schießstand Bartels in der Bahnhofstraße 10. Der Fechtboden des Wiesbadener Fechtklubs befand sich in der Luisenstraße 26, das Klublokal im ›Hotel Terminus‹. Zum Sport wurden auch die ›Nachenfahrten auf dem großen Kurhausweiher‹ gerechnet, halbe Stunde 50 Pfg. Im Allgemeinen ruderten die Herren die Damen.

Tennis – damals Lawn-Tennis genannt – wurde vorzüglich auf dem Platz der Kurdirektion gespielt, nahe der Dietenmühle. »Alljährlich findet

Hubertus

Tir au Pistolet (Pistolenstand) zu Wiesbaden.

hier ein internationales Tennisturnier mit wertvollen Preisen statt. Daneben verschiedene andere Lawn-Tennisplätze.«

Wer schwimmen wollte, konnte das im Rhein tun. Am Ufer der Rheininsel Rettbergsau (gegenüber von Biebrich) waren zwei Badeanstalten verankert: »Sie erfreuen sich großer Beliebtheit.«

Die mit allen Errungenschaften der Neuzeit ausgestattete Pferderennbahn in Erbenheim (ab Sommer 1910, neun Rennen jährlich) erwies sich sogar als wahrer Magnet für das geschätzte Publikum der allerersten Kreise. »Die Rennbahn befindet sich sechs Kilometer von Wiesbaden entfernt, in reizvollster Höhenlage.«

Pistolenschießen war auch bei Damen sehr beliebt.

Der Schießplatz in Rambach und die Eisbahn am Wolkenbruch, nahe der ›Beau-Site‹.

Schiessplatz Rambach bei Wiesbaden.

Gruss von der Sportelsbahn Wolkenbruch, Wiesbaden

Alleiniger Verlag des Wiesbadener Eisklub.

Sonnenberger- und Parkstrasse

Wiesbaden — Eingang zur Sonnenber[ger]

Carl v. d. Boogaart, Wiesbaden. No. 443.

str.

Am Eingang zur Sonnenberger Straße das Kureck mit einem riesigen Baum als Verkehrsinsel.

In Kurparknähe

Sonnenberger- und Parkstraße

Die Straße zum ›Burgflecken‹ Sonnenberg und nach Rambach und von da aus in den Taunus und in den ›Goldenen Grund‹ war uralt; ein Holperweg für Handwerker, Bauern, Händler und Soldaten natürlich. Als der nassauische Bauinspektor Christian Zais 1818 seine kühnen Pläne für Wiesbaden als einen Kurort von europäischen Rang vorlegte, schlug er unter anderem vor, den Weg nach Sonnenberg auf die Höhe zu verlegen und das Tal links und rechts des munteren Rambachs von Bebauung freizuhalten – als Grünzug, würden die Planer heute sagen.

Man akzeptierte seinen Vorschlag nur teilweise. Der Weg nach Sonnenberg wurde im Gegenteil zur Chaussee ausgebaut und hieß ab 1857 ›Sonnenberger Straße‹. Immerhin fand der Kurpark eine grüne Fortsetzung bis Sonnenberg – rechts und links des Rambachs, mit einer Promenade und einem ›Chaisenweg‹ für die Kutschen der hohen Herrschaften, auch als Reitweg zu nutzen.

Nach dem Essen

Noch heute kann man hier unter Bäumen zur Burgruine Sonnenberg spazieren, auch joggen oder ›walken‹. In der Kaiserzeit war es die klassische Promenade ›nach dem Essen‹, vorbei an den ›Lawn Tennisplätzen‹ an der Blumenwiese und der

Sonnenberger Straße in Richtung Sonnenberg – das erste Haus ist das Hotel ›Astoria‹

Wiesbaden Sonnenbergerstrasse

Sonnenberger Straße mit Blick Richtung Kureck – rechts das Hotel ›Fürstenhof‹.

›Milchkuranstalt Dietenmühle‹: »Hier ist stets schäumendfrische, aus Trockenfütterung gewonnene vorzügliche Milch sowie Kefir, Dickmilch und Molken in anerkannt bester Qualität zu haben.« Weiter führte der Weg vorbei am Café-Restaurant ›Wittelsbacher Hof‹ (»einem in altdeutscher Art erbauten Haus mit schönem Garten, wo lauschige Plätzchen und gute Bedienung zur Rast und Erholung einladen«) und anderen Verlockungen einzukehren.

HOTELS IM GRÜNEN

Die Straßen, die parallel zum Kurpark und dem sich daran anschließenden parkähnlich gestalteten Grün angelegt wurden – die Sonnenberger Straße und die Parkstraße –, entwickelten sich wie erwünscht und vorausgesehen zu ›Hotelstraßen‹. Hotel stand hier neben Hotel, Pension neben Pension, allerdings nicht wie in der Innenstadt Brandmauer an Brandmauer. An der Park- und an der Sonnenberger Straße (und auch in ihren Nebenstraßen) hatte jedes Haus Luft zum Atmen; jedes war von viel Grün umgeben. Die Abeggstraße, ein Abzweig des Leberbergs, hat den Charakter der Jahrhundertwende von 1900 bis heute geradezu idealtypisch erhalten.

DER ZEIT VORAUS

»Der Hauskehricht wird in staubdichten Wagen nach einer großartig angelegten Kehricht-Verbrennungsanstalt abgefahren, in welcher er auf hygienisch einwandfreie Weise bei einer Hitze von 1000° bis 1400° C. vollkommen vernichtet wird. Wiesbaden ist eine der ersten Städte Deutschlands, welche diese hygienisch wichtige Neuerung nach langjährigen Versuchen eingeführt hat.« (Aus: ›Kurprospekt Wiesbaden‹, 1910.)

Sonnenberger- und Parkstrasse

Rechts und links des Kurparks

Das Hotel ›Hohenzollern‹ an der Paulinen-/Ecke Parkstraße. Heute steht hier das Theater-Parkhaus.

Hotel ›Hohenzollern‹

Paulinen-/Ecke Parkstraße 1 und 2

Beim Hotel ›Hohenzollern‹ handelte es sich um einen wahrhaft imperialen Bau mit drei repräsentativen Geschossen und einem ausgebauten Dach in prunkvoller Ausführung. Die Besitzer, die Geschwister Dreste, bezeichneten ihr hochelegantes Haus als ›Familienhotel‹ und Badhaus und wiesen darauf hin, dass man über elektrisches Licht verfügte. Das Kochbrunnenwasser bezog man von der ›Spiegelquelle‹ in der Spiegelgasse. Dazu musste eine spezielle Leitung verlegt werden, die der städtischen Genehmigung bedurfte. Hierfür fielen eine einmalige Gebühr in Höhe von 6 000 Mark und eine jährliche ›Rekognitionsgebühr‹ von monatlich 5 Mark an.

Hotel ›Quisisana‹

Parkstraße 5

Das Grandhotel ›Quisisana‹ (»150 Zimmer mit 50 Bädern, gerade über dem Konzertplatz des Kurhauses«) warb mit »unvergleichlicher Lage am Kurpark, gegenüber dem Kurhaus und der Königl. Oper in großer Ruhe, abseits von Bahn- und Lastwagenverkehr. Parks und Gärten umgeben das Hotel und gewähren frische Luft und prachtvolle Aussicht.«

Neben dem Haupthaus gab es Villen, die abgeschlossene Wohnungen für Familien bereithielten. Bedeutete: Man konnte das von zu Hause gewohnte Leben in anderer Umgebung fortführen, samt Personal und mitgebrachten Haustieren (und allen vertrauten Konflikten).

Sowohl das Haupthaus wie die Villen boten die Einrichtung eines erstklassigen Hotels. Jedoch: »Die übliche Hotelschablone ist soweit als möglich vermieden, um den Gästen häusliche Behaglichkeit zu bieten. Die Thermalbäder bezieht das Hotel aus eigener heilkräftiger Quelle, welche sich durch besonders hohe Radioaktivität auszeichnet.«

Das Hotel ›Quisisana‹ in der Parkstraße: Die hinteren Zimmer mit Blick auf den Kurpark-Weiher.

SONNENBERGER- UND PARKSTRASSE

HOTEL ›AEGIR‹

Thelemannstraße 3/5

»Altrenommiertes Haus ersten Ranges, bisher Hotel Aegir und Pension Margaretha. In allergünstigster, ruhigster und freiester Lage, unmittelbar am Kurhaus, Kurpark und Königl. Theater. Hohe, helle und luftige Räume mit solider, behaglicher Ausstattung. Garten, Gesellschaftsräume, Fahrstühle, Zentralheizung, Thermal- und Süßwasserbäder. Anerkannt vorzügliche Küche.«

Ansicht von der Wilh…

Hotel Wilhelma Wiesbaden

Das Hotel ‹Aegir› (später Pension ›Margaretha‹) stand in der Thelemannstraße, die die Parkstraße mit der Paulinenstraße verband.

Rechts und links des Kurparks

Hotel ›Wilhelma‹

Sonnenberger Straße 2

An einer der exponiertesten Stellen Wiesbadens, am Ende der Wilhelmstraße und am Beginn der Sonnenberger Straße, vor dem Grün sanfter Hänge, lag ›Häffners Hotel Wilhelma‹, 1878 als ›Villa Nassau‹ eröffnet.

Das Haus führte in seinem Briefkopf das königlich belgische Wappen und dazu die suggestive Botschaft: ›Hoflieferant Sr. Majestät des Königs der Belgier‹; dies, weil der belgische König verschiedentlich in dem Haus abstieg, ebenso wie andere ›hochfürstliche Persönlichkeiten‹. Solches schlug sich natürlich in den Preisen nieder: Das ›Wilhelma‹ war ungewöhnlich teuer; der Pensionspreis betrug 12 bis 24 Mark pro Tag und Gast, eine horrende Summe. Dafür hatte man Thermalwasser aus eigener Quelle und ›herrliche freie Südlage‹.

Direkt am Kureck, wo heute das ältere Raiffeisengebäude steht, lag das Hotel ›Wilhelma‹.

Hotel ›Astoria‹

Sonnenberger Straße 6 (heute: 20)

Das Hotel, ein Haus erster Ordnung, bot seinen Gästen, die es noch ruhiger haben wollten und nichts vom ›Betrieb‹ der Sonnenberger Straße mit ihren Pferdekutschen, Automobilen und elektrischer Straßenbahn nach Sonnenberg mitbekommen wollten, mit der ›Park-Villa‹ eine Dependance hinter dem Haus und im Grünen. Der Pensionspreis von 8 Mk. war angemessen.

Das Hotel ›Astoria‹ mit der Dependance ›Park-Villa‹ im hinteren Garten des Hauses.

Sonnenberger- und Parkstrasse

›Sendig-Hotel Eden‹

Sonnenberger Straße 22

Für das Hotel Eden galt: Mehr sein als scheinen. Äußerlich unterschied es sich kaum von den vielen Villen der Sonnenberger Straße. Dabei bot das Hotel, »welches sich eines weltbekannten Rufes erfreut«, 140 Betten respektive 120 Zimmer mit allem Komfort, »behaglich eingerichtete« Gesellschaftsräume und ein Marmorvestibül von wahrhaft königlichem Glanz. »Es hat Bäder im Hause und ist besonders als angenehmer Winteraufenthalt zu empfehlen.«

Die sogenannte ›Winterkur‹ war eine Erfindung der Wiesbadener Kurverwaltung und sollte ursprünglich nur den Einbruch nach dem Krieg von 1870/71 wieder wettmachen. Der Erfolg wird selbst seine Erfinder überrascht haben. Im Beckmann-Führer ›Wiesbaden und seine Umgebung‹, erschienen 1905, wird unter dem Punkt ›Klimatische Kur‹ vermerkt: »Besonders eignet sich Wiesbaden zu Winterkuren. Wegen des milden Klimas ist Wiesbaden für Brust- und andere Kranke ein trefflicher Aufenthaltsort während der kalten Jahreszeit.«

Mit imposantem Marmorvestibül und einer wunderschönen Terrasse. Das ›Sendig-Hotel Eden‹ hatte 120 Zimmer mit allem Komfort.

Hotel ›Villa Royal‹

Sonnenberger Straße 28 (heute: 11)

Dieses Familienhotel mit »allen Badeeinrichtungen der Neuzeit« war aus einer Villa der Sechzigerjahre des 19. Jahrhunderts hervorgegangen. Nach 1890 war das Haus zum Hotel ›Villa Royal‹ umgebaut worden. Bei der Gelegenheit erhielt das ursprünglich eher schlichte Haus seine neobarocke Fassade, die bis heute bewahrt wurde.

In der Kaiserzeit war man stolz auf den »großen Garten mit zauberhaften Terrassen« und den »Blick auf den Kurpark«. Nun, man grenzte fast an den Park.

Die ›Villa Royale‹ ist heute als Wohnhaus in seiner neobarocken Pracht immer noch zu bestaunen.

HOTEL ›FÜRSTENHOF‹

Sonnenberger Straße 30-32

Von den vielen Hotels der Kaiserzeit existiert in der Sonnenberger Straße nur noch ein einziges: der ›Fürstenhof‹. Es wirbt heute mit der Zeile »Tradition im Kurpark – einfach anders, anders gut«. Dieses Haus ist sozusagen ein Kind der Liebe. Ursprünglich gab es auf dem Grundstück um 1860 erbaute Landhäuser und Pensionen. Ende des 19. Jahrhunderts kaufte ein Fräulein Henriette Roos zwei dieser Häuser und machte daraus einen Betrieb: die Pension ›Villa Roos‹.

Kurz vor Weihnachten 1902 heiratete Henriette Roos, mittlerweile 45, den dreißigjährigen ehemaligen Oberlehrer Dr. August Greubel. Er nahm den Bau eines Grandhotels auf dem noch unbebauten vorderen Teil des Terrains an der Sonnenberger Straße in Angriff. Ab 1. Juli 1905 präsentierte sich der Neubau zusammen mit den beiden Bauten der früheren Pension Roos als Hotel ›Fürstenhof‹ und als Haus ersten Ranges. Gärten und lauschige Terrassen verbanden die Gebäude untereinander. In Annoncen wurden die hundert Zimmer und Salons als ›hochelegant und mit jeglichem Komfort der Jetztzeit ausgestattet‹ gepriesen. Damen-, Lese-, Musik- und Spielsalons luden zum Verweilen ein; gebadet wurde in hochmodernen Räumen.

Zwei Jahre später trennte sich das Ehepaar Greubel. Frau Greubel-Roos wurde alleinige Inhaberin des Hotels. Ab 1910 waren dann die Herren James Frei und Hermann Eierdanz Eigentümer. Frei nannte seinen Teil des Anwesens weiterhin ›Fürstenhof‹ (Sonnenberger Straße 32). Eierdanz, der die ehemalige ›Villa Rosenhain‹ erworben hatte, taufte diese um in ›Hotel und Pension Villa Esplanade‹ (Sonnenberger Straße 30). Hermann Eierdanz, einem Hotelier vom Scheitel bis zur Sohle, gelang es, sein Hotel durch die wirtschaftlich deprimierenden Zeiten zwischen den Weltkriegen zu steuern. 1931 konnte er sein Haus sogar wieder mit dem Hotel ›Fürstenhof‹ vereinigen. Heute gehört der Komplex seinen Nachkommen.

Das Hotel ›Fürstenhof‹ ist das einzige Haus der Kaiserzeit, das heute noch als Hotel in der Sonnenberger Straße geführt wird.

BIEMER'S HOTEL REGINA
AM KURHAUSE UND KURPARK

MODERNSTER KOMFORT

MINERALBÄDER

TELEPHON No. 669

Wiesbaden, den 19./III. 11.
Sonnenbergerstrasse 26–28

Sehr geehrter Herr Kamerad!

Für Ihren frdl. Bericht vom besten Dank.

Es freut mich zu hören, daß das B.H. einen flotten Barak. macht. Bei Ankunft werde ich mir nun etwas mehr als bisher artilleristisch beschäftigt verwandt machen. Nochmals herzlichen freundschaftl. Gruß

[signature]

SONNENBERGER- UND PARKSTRASSE

›BIEMER'S HOTEL REGINA‹

Sonnenberger Straße 26 und 28

Zu den schönsten der Wiesbadener Hotelpaläste gehörte das imposante ›Regina‹ an der Sonnenberger Straße, hervorgegangen aus der früheren Hotel-Pension ›Villa Helene‹ und dem früheren Hotel ›Esplanade‹. 1899 reichten die Eigentümer der beiden Häuser einen gemeinsamen Antrag auf Um- und Neubau ein, den der Architekt Wilhelm Boué ausführte. Es entstanden zwei Komplexe, die so pompös ausfielen, dass die Wiesbadener von der ›kleinen Rose‹ sprachen. Kurz nach Fertigstellung kaufte der bisherige Pächter Wilhelm Biemer, ein erfahrener Hotelier, die Häuser. Er rationalisierte den Hotelbetrieb und firmierte unter ›Biemer's Hotel Regina‹. (Man beachte gefälligst, schon damals war der wichtigtuerische falsche Apostroph en vogue!)

HOTEL ›IMPÉRIAL‹

Sonnenberger Straße 38 / Ecke Leberberg

In Boomzeiten werden die Wagemutigen noch mutiger. Nach der Jahrhundertwende, als es schien, nichts könne den Erfolg Wiesbadens noch aufhalten, investierten die Spekulanten in Hotels. Julius Brahm, von Haus aus Architekt, sicherte sich ein schönes Grundstück an der Sonnenberger Straße/Ecke Leberberg, ließ das hier stehende Landhaus abreißen und errichtete an dessen Stelle in den Jahren 1902 bis 1904 einen großartigen Hotel-Neubau, das ›Impérial‹. Das Haus hatte fünfzig Zimmer und Salons, die mit »allerletztem Komfort« eingerichtet waren. Auf jeder Etage befanden sich Thermalbäder.

Nach Fertigstellung erwarb der Potsdamer Restaurateur Hermann Schwarze das Haus schlüsselfertig. Kurz vor dem Ersten Weltkrieg vergrößerte er die Hotelanlage durch den Ankauf des benachbarten Grundstücks. Die Villa, die dort stand, ließ er für neue Gesellschaftsräume und einen repräsentativen Speisesaal umgestalten.

Das ›Impérial‹ wurde noch bis 1945 betrieben, dann ging es – wie ein Großteil der Innenstadt – im Feuer unter.

1945 von einer Fliegerbombe zerstört, das Haus Hotel ›Impérial‹ an der Sonnenberger Straße / Ecke Leberberg.

FAMILIÄR

Pensionen am Kurpark

Um 1900 gab es in Wiesbaden an die hundert Hotels aller Kategorien und mindestens doppelt so viele Pensionen. Das Kurleben in der Pension wurde als ›familiärer‹ empfunden, als ›bürgerlich‹. Natürlich spielte das Geld dabei eine Rolle, die Preise waren hier wesentlich niedriger, und wer rechnen musste, sagte sich: Wer braucht einen Lift, wenn er zwei gesunde Beine hat?

Daneben spielte die Scheu vor dem ›mondänen Hotelleben‹ eine große Rolle. Man fürchtete, dass man in der Umgebung der ›höheren Kreise‹ eine lächerliche Figur abgeben würde, kannte man doch das Benehmen und die Gepflogenheiten der ›großen Welt‹ nur aus Romanen. Man konnte nicht mal sicher sein, dass wenigstens deren Autoren den ›oberen Zehntausend‹ mit ihrem Luxusleben bei Champagner, Austern und Kaviar jemals nähergekommen waren als man selbst.

SONNENBERGER STRASSE – PENSIONEN

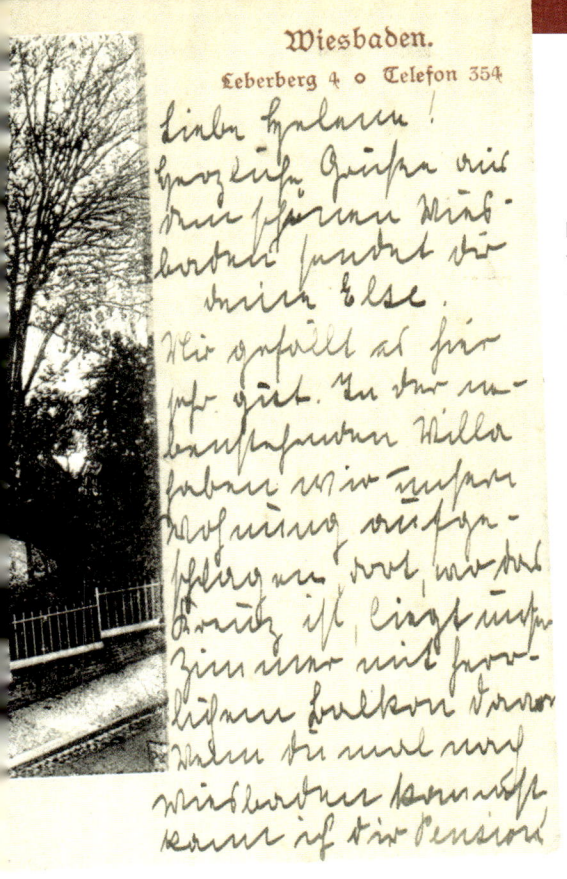

Imposante Villen, die liebevoll als Familien-Pensionen geführt wurden, säumten die Sonnenberger Straße.

Nein, in der Pension war man gut und richtig aufgehoben. Da lauerten keine Hochstapler und Mitgiftjäger, keine Frauenverführer und keine Dämchen der ›demi monde‹. Da musste man sich nicht in Schale werfen, wenn man zum Abendessen ging und kein verschwenderisches Halsgeschmeide klimpern lassen.

Und außerdem: ›Anwendungen‹ konnte man hier wie da nehmen. Auf Bestellung brachten darauf spezialisierte Betriebe heißes Kochbrunnenwasser in Fässern ins Haus und die Städtische Kurverwaltung konnte mit seriösen Gutachten nachweisen, dass Bäder in der eigenen Pension nicht weniger wirksam waren als in den ausgesprochenen ›Badehäusern‹.

Die Pensionen selbst waren unterschiedlich groß; manche hatten nur wenige Zimmer, andere ganze Fluchten. Das ›Haus Oranienburg‹, Leberberg 7, geführt von den Damen Frl. Grube und Frl. Dehwald, hatte 32 Zimmer; die ›Villa Frank‹, Leberberg 6a, Bes.: Frau de Grach, verwies auf 30 Zimmer, ihren Garten und die hauseigenen Bäder. Die ›Villa Helene‹ (20 Zimmer), Sonnenberger Straße 9, warb mit ihren Pensionspreisen: 5½ bis 9 Mark pro Tag und Gast.

ZUR AUSWAHL

Hier ein Auszug aus der langen Liste der Wiesbadener Pensionen und ›Fremdenheime‹ von 1908. Genannt werden nur Pensionen in der Sonnenberger Straße und ihren beiden Nebenstraßen Leberberg und Abeggstraße:

Villa Albion
Abeggstraße 3
Bes.: Fr. Justizratswitwe Gabler

Villa Albrecht
Leberberg 5
Bes.: Frl. E. Albrecht

Villa Alicenhof
Abeggstraße 2
Inh.: Frau Radloff

Pension Arkadia
(früher Pension Kordina)
Sonnenberger Straße 10
Inh.: Friedr. Kordina

Villa Armide
Abeggstraße 5
Bes.: A. Kaufmann

Villa Borussia
Sonnenberger Straße 29
Bes.: W. Oehlschläger

Villa Carmen
Abeggstraße 7
Inh.: E. Nitsch, Wwe. u. C. Veith / früher Frau Zboril

Pension Credé
Leberberg 1
Bes.: Frau Credé, Wwe.

Villa Danilo
Abeggstraße 11
Inh.: Fr. Direktor Berg u. Gutheil, Wwe.

Villa Frank
Leberberg 6a
Bes.: Frau de Grach

Villa Germania
Sonnenberger Straße 25
Bes.: Willy Krell

Villa Gralsburg
Leberberg 8
Inh.: E. Buchwald

Villa Helene
Sonnenberger Straße 9
Bes.: Frau W. Hoffmann

Villa von der Heyde
Sonnenberger Straße 26
Inh.: Frl. v. d. Heyde

Haus Icke
Sonnenberger Straße 50
Inh.: Frl. Icke

Pension Imperator
Leberberg 10
Inh.: L. Dörner

Internationale Pension
Leberberg 11
Inh.: Frl. Gratrix und Mrs. Sommerville

Villa Lengerke
Sonnenberger Straße 23
Inh.: Frau v. Lengerke

Villa Miranda
Abeggstraße 8
Inh.: Frl. C. Reimann

Villa Modesta
Abeggstraße 4
beim Leberberg

Haus Oranienburg
Leberberg 7
Inh.: Frl. Grube und Frl. Dehwald

Villa Prinzeß Luise
Sonnenberger Straße 15
Inh.: E. Stroh

Villa Rupprecht
Sonnenberger Straße 17
Inh.: Frau Dr. Rupprecht

Pension Schuhmacher
Abeggstraße 8
Inh.: Frl. Schuhmacher

Villa Sidney
Leberberg 10
Inh.: Fr. H. Kroecher

Villa Sorrento
Sonnenberger Straße 21
Inh.: Wehmeyer und Schweder

Pension Windsor
Leberberg 4
Bes.: L. Bahlsen

Villa Winter
Sonnenberger Straße 14
Bes.: Frl. B. Winter

Pension Zillesen
Abeggstraße 7
Bes.: Frl. Selma Zillesen**

Unterhaltung

Concertsaal ESSIGHAUS Wiesbaden
Schwalbacherstrasse 7.   Jnh. C. WOLFERT.

Täglich grosses Concert
des
Damen-Concert-Orchesters
„Pierrevillage".
Musikdirektor: Fr. Steindorff.

PROGRAMM.
I. Theil.
1. Wien—Berlin, Marsch v. Schrammel.
2. Donau-Wellen, Walzer v. Ivanovici.
3. Ouverture romantique v. Kéler-Béla.
4. Wienerblut, Walzer von Strauss.
5. Meditation von Bach-Gounod.
6. Weaner G'müat, Walzer v. Schrammel.
2. Theil
7. Wiener Mode, Marsch von Schild.
8. Schatz-Walzer von Strauss.
9. Hamburger Gavotte von Czibulka.
10. Diesen Kuss der ganzen Welt, Walzer von Ziehrer.
11. Musikalische Täuschungen, Potpourri von Schreiner.
12. Radetzky-Marsch von Strauss (Vater)
Aenderungen vorbehalten.

Sehr beliebt waren in der Kaiserzeit Damenorchester; hier im ›Essighaus‹, Schwalbacher Straße 7.

Höhepunkt jeder Kur: der Besuch im Königlichen Theater, besonders zu den Festspielen im Mai, wenn Kaiser Wilhelm II. anwesend war.

Reiches Unterhaltungsangebot

Überschwänglich schilderte Oscar Meyer-Elbing, Mitarbeiter der ›Illustrierten Wochenschau‹, in der Ausgabe vom 26. Februar 1910, was Wiesbaden auf dem Gebiet der Unterhaltung zu bieten hatte.

Das neue Kurhaus beschrieb er als eine Sehenswürdigkeit par excellence und als ›Hochburg der internationalen Kunst‹. Auch sonst hatte Wiesbaden seiner Meinung nach Unerhörtes zu bieten: »Von dem gewaltigen Altan des Kurhauses genießt man eine herrliche Aussicht auf den alten Kurpark und Weiher. Hier spielen sich die glänzenden Sommerfeste mit ihren Monsterkonzerten, Überraschungen und Feuerwerken ab. Und wie herrlich lässt es sich auf diesem schönen Fleckchen Erde träumen, trinken und flirten, wenn an schönen Sommerabenden das Kurorchester unter Affernis oder Irmers Leitung seine Weisen ertönen lässt und die Anlagen durch Tausende von farbigen Lämpchen in ein orientalisches Märchenland verwandelt werden.

In den kühleren Jahreszeiten strömt die Menge in die inneren, in ein Meer von Licht getauchten Säle des Kurhauses, das eine Hochburg der internationalen Kunst geworden ist. Es dürfte in einigen Jahren wohl nur noch wenige Berühmtheiten auf dem Gebiete der Musik, der Vortragskunst, der modernen Literatur und der Erdforschung geben, die nicht im Wiesbadener Kurhause aufgetreten wären. Korso- und Mailcoach-Fahrten, Bälle und

Der Kaiser: auch beim Blumencorso zu finden.

UNTERHALTUNG

Der Carneval im Kurhaus hat eine lange Tradition.

Zwei kleinere, private Theater: Das ›Residenz-Theater‹ in der Luisenstraße 42 und das ›Reichshallen-Theater‹ in der Stiftstraße 16.

Maskenbälle und die beliebten Rheinausflüge auf den Prachtdampfern der Köln-Düsseldorfer Dampfschifffahrtsgesellschaft sorgen neben den täglichen Nachmittags- und Abendkonzerten, zu denen sich noch zwölf Zyklenkonzerte unter Mitwirkung hervorragender Künstler gesellen, für reichliche Abwechslung.

Aber nicht allein das Kurhaus sorgt für die Unterhaltung der Fremden und Einheimischen. Da ist vor allem das Königliche Hoftheater unter der bewährten Leitung seines Intendanten Dr. von Mutzenbecher sowie das Residenztheater, das besonders das moderne deutsche und französische Lustspiel, den Schwank, moderne Schauspiele und in letzter Zeit sogar einzelne Klassiker in glänzender Weise zur Aufführung bringt. Auch das vor einigen Jahren von Direktor Wilhelmy gegründete Volkstheater (Bürgerliches Schauspielhaus) hat festen Fuß gefasst und erfreut sich dank der guten Aufführungen, namentlich älterer Werke, gestei-

Beliebt bei alt und jung – der Andreasmarkt auf dem Luisenplatz und der Rheinstraße.

gerter Beliebtheit. Die leicht geschürzte Muse kultivieren Walhalla- und Scala-Theater, die abwechselnd Operetten- und Varietéaufführungen bringen.«

Soweit Oscar Meyer-Elbing. Das heißt, ein letzter Satz aus dem langen Lob soll noch zitiert werden: »Tägliche Fünf-Uhr-Tees in den Hotels Rose, Nassauer Hof und Palasthotel sind gleichfalls wichtige Faktoren im Kurleben für die erste Gesellschaft der Stadt.«

Und wenn wir schon über Unterhaltung und Zerstreuung und über die Möglichkeiten zum Flirt sprechen: Für eine Weltkurstadt wie Wiesbaden mit zweihunderttausend aufs Vergnügen erpichten Kur- und Badegästen per anno kam die ›Kinematographie‹ gerade recht. Bereits am 30. Oktober 1896, kurz nach der Erfindung, erschien im ›Wiesbadener Tagblatt‹ eine Anzeige, die ›Lebende Photographie‹ ankündigte, erzeugt mit dem ›Edison Ideal Apparat‹.

Zur festen Institution wurde das Kino im Jahr 1907. Da öffnete das ›Biophon-Theater‹ im Luxushotel Metropole/Monopole an der Wilhelmstraße ›seine Pforten‹. Mehrere Jahre lang war das ›Biophon‹ das wichtigste Kino der Stadt.

Das zweite ständige Kino in Wiesbaden war das ›Kinephon-Theater‹ in der Taunusstraße. Es startete im Januar 1908. Gezeigt wurde unter anderem eine sensationelle ›Besteigung des Montblanc‹. Im Mai 1908 wagte sich das ›Kinephon-Theater‹ sogar erstmals ins Freie und veranstaltete eine Vorführung im Kurpark. Dabei wurden unter anderem zwei in Wiesbaden gedrehte Dokumentarfilme mit den Themen ›Der Einzug des Deutschen Kaisers in Wiesbaden‹ und ›Der Kaiser auf seinem Morgenritt‹ vorgeführt.

Pferderennen auf der Reitbahn in Erbenheim.

261

Menükarte

Menu

Filets de Soles d'Ostende
à l'Alsacienne
Pommes de terre nouvelles

Poussins de Hambourg
à la Lucullus
Salade — Compôte

Pêches à la Palast-Hôtel

Fromage et Beurre

Mocca

PALAST-HOTEL
WIESBADEN
29 MARS 1906

Hamburger Stubenküken (›Poussins de Hambourg‹) zählten zu den Traditionsgerichten der guten Küche, auch im ›Palast-Hotel‹.

ANHANG

Hotels und Pensionen von A bis Z

Die folgende Liste der über dreihundert Wiesbadener Hotels und Pensionen zur Kaiserzeit beansprucht nicht, vollständig beziehungsweise vollkommen exakt zu sein. Wie immer in Zeiten der Hochkonjunktur gab es zwischen 1890 und 1914 vielfältige Besitzerwechsel. Oft genug änderte sich auch der Name des jeweiligen Hauses. Der neue Name sollte dann entweder werbewirksamer sein oder mehr dem Zeitgeist entsprechen. Womöglich lag der Grund für den neuen Namen aber auch ganz einfach im Stolz eines neuen Eigentümers auf sein Anwesen.

Ein besonderer Dank...

...gilt dem Sammler GÜNTHER KOCH, der leider am 13. Februar 2011 verstorben ist, und seiner Familie, die für dieses Buch zahlreiche Ansichtskarten zur Verfügung gestellt haben.

...auch an den Heimatsammler GÜNTER HÖHMANN, der die Menükarten und die Kofferaufkleber zur Verfügung gestellt hat.

...ebenso dem Ansichtskartensammler MICHAEL SAUBER. Sein Sammelgebiet sind Straßen und Häuser in Wiesbaden.

... auch dem Projektbüro STADTMUSEUM und dem STADTARCHIV Wiesbaden, der HENKELL & CO SEKTKELLEREI KG und der SÖHNLEIN RHEINGOLD SEKTKELLEREI GMBH.

Momentphotographie in einigen Minuten auf dem Neroberg – digital geht's auch nicht viel schneller!

Hotel und Badhaus Adler – Pension Bauer

Adler, Hotel und Badhaus
Langgasse 42-46
Inh./Besitzer: Ludwig Walther
in direkter Verbindung mit dem
Adler-Kochbrunnen, der von
hervorragenden Ärzten zu
Trink- und Badekuren empfohlen
wird. Kohlensäurebäder, Fango-
behandlung. Restaurant mit
Wintergarten, für Winterkuren
eingerichtet, Zi. ab 2,50 bis
5,50 Mark.

**Aegir, Hotel
(später Margarethenhof)**
Thelemannstraße 5
Inh./Besitzer: Th. Nelsbach
Familien- und Kurhotel
I. Ranges, neben Kurhaus
und Hof-Theater, große
luftige Räume mit solider,
behaglicher Ausstattung, Lift,
Dampfheizung

Albany, Privat-Hotel
Kapellenstraße 2
Inh./Besitzer: A. Röhrl
Familienpension, Garni,
20 Zimmer

Albion, Villa
Abeggstraße 3
Inh./Besitzer: Frau Gabler,
Justizratswitwe, Familienpension

Albrecht, Villa
Leberberg 5
Inh./Bes.: Fräulein E. Albrecht
Familienpension mit Garten

Alexandra, Pension
Taunusstraße 57
Inh./Bes.: Fräulein Vogelsang
Familienpension

Alleesaal, Hotel
Taunusstraße 3
Inh./Bes.: Wilhelm Scheffel
80 Zi., von 3 bis 6 Mark, Restaurant, Garten, Bäder, Garage,

Alma, Villa
Leberberg 6
Inh./Bes.: Berta Völkers
Familienpension, Garni

Amalfi, Pension
Parkstraße 4
Garten

Am Kurpark
Bodenstedter Straße 3
Inh./Bes.: G. Liebreich
Familienpension

Anglaise, Pension
Paulinenstraße 1a
Inh./Bes.: Fräulein Ippel
Familienpension

Armide, Villa
Abeggstraße 5
Inh./Bes.: A. Kaufmann
Garten

Arndt, Villa
Emser Str. 55
Inh./Bes.: Frau Stender
Familienpension, Zimmer ab
2 Mark, Pension ab 5 Mark

Astoria, Hotel
mit Dependance Park-Villa
Sonnenberger Str. 20 (früher 6)
Haus I. Ranges, palastartiger Bau

Austria, Pension
Geisbergstraße 24
Inh./Bes.: Schäfer
Familienpension

Bahnholz, Hotel
Idsteiner Straße
Inh./Bes.: Wilhelm Hammer
Luftkurort, 264 Meter über dem
Meeresspiegel, Restaurant

Balmoral, Privathotel
Bierstädter Straße 3
Inh./Bes.: Fritz Amschler
Familienpension

**Bären, Hotel und
Badhaus zum**
Bärenstraße 3
Inh./Bes.: Familie Bödecker
Thermalbad, Eigene Thermalquel-
le, Kohlensäurebäder, elektro-
medizinische Bäder, Restaurant,
Lift, Zimmer von
3 bis 7 Mark

Bauer, Pension
Nerostraße 5
Inh./Bes.: Geschwister Bauer
Möblierte Zimmer

Hotel Bavaria – Villa Borussia

Bavaria, Hotel/später Eisenbahn-Hotel
Rheinstraße 17
Inh./Bes.: Alfons Haas/Martin Groll, preiswertes Haus

Bayerischer Hof, Hotel
Delaspéestraße 4
Inh./Bes.: H. Plett
Hotel und Gasthaus

Beatrice, Villa
Gartenstraße 12
Inh./Bes.: Fräulein M. Ahlers
Pension

Beaulieu, Villa
Nerotal 16
Inh./Bes.: A. Seibel
Pension

Beausite
Nerotal
Inh./Bes.: Wilhelm Cruciger
Pension Garni

Becker, Villa
Nerotal 24
Inh./Bes.: Frau J. Becker
Pension

Belgischer Hof, Hotel
Spiegelgasse 3
Inh./Bes.: Heinrich Külzer
Thermalbäder aus eigener Quelle, Zimmer 3,50 Mark mit Frühstück

Bellevue, Hotel und Badhaus
Wilhelmstraße 26 (früher 32)
Inh./Bes.: H. Hees
Thermalbäder vom Kochbrunnen, Restaurant, Garten, Haus I. Ranges, Zimmer 3 bis 6 Mark

Bender, Hotel
Häfnergasse 10
Inh./Bes.: A. Bender, Wwe.
Hotel und Badhaus mit eigener Quelle

Berg, Hotel
Nicolasstraße 17
Inh./Bes.: J. Berg
weniger hohe Ansprüche, Zimmer ab 1,75 Mark

Berliner Hof
Taunusstraße 1
Inh./Bes.: Fräulein Schuem
Familienpension/Garni

Bertha, Villa
Taunusstraße 71 (früher Elisabethenstraße 17)
Inh./Bes.: W. Wacker
Familienpension

Beuers Privathotel
mit Dependance Villa Waldruhe
Wilhelminenstraße 43 und 58
Familienpension, Nähe ›Beausite‹

Hotel Biemer/Regina
Sonnenberger Straße 10 und 11 (früher 26 und 28)
Inh./Bes.: Wilhelm Biemer
Hotel I. Ranges, palastartige Bauten, mit Bädern, Garten und Garagen, Zi. ab 3 bis 8 Mark, Frühstück 1,25 Mark

Block/Cecilie, Hotel und Badhaus
Wilhelmstraße 54/Ecke Taunusstraße
Inh./Bes.: Adolf Alexander von Block, Hotel Nassau Gesellschaft
1905 wird das Haus vom Nassauer Hof übernommen, der es unter dem Namen Cecilie weiterführt

Boettger, Villa
Mainzer Straße 2
Inh./Bes.: Frau E. Boettger
Pension

Bökemeier, Hotel und Restaurant
Friedrichstraße 35
Inh./Bes.: August Bökemeier
Familienhotel

Boldt, Pension
Museumstraße 10
Familienpension

Borussia, Villa
Sonnenberger Straße 56 (früher 29)
Inh./Bes.: W. Oehlschläger
Familienpension

Hotel Börse – Privathotel Cordan

Börse, Hotel
Mauritiusstr. 8
Inh./Bes.: A. Raky
Familienhotel, Restaurant

Braubach, Pension
Dambachtal 6
Familienpension, Zimmer ab 2,50 Mark

Bristol, Villa
Frankfurter Straße 16
Familienpension

Britannia, Hotel
Wilhelmstraße 46
im Erdgeschoss befand sich das Café Blum

Brüsseler Hof
Geisbergstraße 8
Inh./Bes.: Georg Schreeb
Privathotel/Garni
Bekannt durch den Roman »Hotel Petersburger Hof« von Hans Dieter Schreeb

Bruyn, de, Hotel
Langgasse 21-23
Inh./Bes.: Geschwister Bruyn
Familienpension, Garni, Bier-Restaurant

Burghof, Hotel
Langgasse 21-23
Inh./Bes.: Dewischofsky
Familienpension, 50 Zimmer, Bier-Restaurant

Carmen, Villa
(später Alicenhof) Abeggstr. 2
Inh./Bes.: Frau Oberstleutnant Veith, Familienpension

Carolus, Pension
Nerotal 5
Inh./Bes.: Bradke-Helferich
Pension

Cattrein, Pension
Wilhelmstraße 52
Inh./Bes.: Hammer, Wwe.
Pension

Central, Hotel
Bahnhofstraße (früher Nicolasstraße 33)
Inh./Bes.: Jean Lippert
weniger hohe Ansprüche

Charlotte, Pension
Bahnhofstraße (früher Nicolasstraße 39)
Kleine Pension, Zi. ab 2,50 Mark

Christliches Hospiz I
Rosenstaße 4
Inh./Bes.: Vorst. Fräulein Katharina Schultz
Familienpension, Zimmer ab 2 bis 6 Mark

Christliches Hospiz II
Oranienstraße 53
Familienpension, Zi. ab 1,25 bis 3 Mark, Frühstück 75 Pfennige

Christliches Hospiz/später Hotel Oranien
(früher Herberge zur Heimat)
Platter Straße 2
Evangelisches Hospiz, wurde 1996 Hotel Oranien

Colonia, Privathotel
Geisbergstraße 26
Inh./Bes.: Esklony, Familienpension

Christmann, Hotel
Michelsberg 7
Inh./Bes.: Heinrich Christmann

Continental, Hotel und Badhaus
Langgasse 36
Inh./Bes.: Willy Engel
Thermal- und Süßwasserbäder, direkte Verbindung mit dem Kaiser-Friedrich-Bad, Restaurant, Zimmer ab 3 bis 6 Mark

Cordan, Privathotel
Bahnhofstraße (früher Nicolasstraße 19)
Inh./Bes.: Ed. Cordan
Familienpension, Garten, Zimmer ab 2,50 bis 3,50 Mark

Pension Corneli – Pension Erika

Corneli, Pension
Sonnenberger Str. 50
Familienpension

Credé, Villa
Leberberg 1
Inh./Bes.: Credé Wwe.
Familienpension,
Pension ab 5,50 Mark

Daheim, Pension
Marktplatz 3
Inh./Bes.: Gutheil, Wwe.
Pension

Dahlheim, Hotel
Taunusstraße 15,
Inh./Bes.: Wilhelm Koch
Modernes Haus, Restaurant,
Zi. ab 3,50 bis 4,50 Mark

Dambachtal, Haus
Dambachtal 23, Neuberg 4
Inh./Bes.: Brosende
komfortable Familienpension,
Garten, Zi. ab 2,75 bis 5 Mark

Darmstädter Hof
Adelheidstraße Ecke Moritzstraße
Inh./Bes.: A. Kesselring

Danilo, Villa
Abeggstraße 11
Inh./Bes.: Frau Berg
Pension

Deboesser, Pension
Nerostraße 18
Inh./Bes.: Deboesser Wwe.
Familienpension

Deutscher Kaiser, Hotel
Marktplatz 3
Inh./Bes.: Karl Popp
Restaurant

Diez, Dr. Pension
Luisenstraße 8
Familienpension, Pension
von 5 bis 6 Mark

Dreger, Hotel
Gerichtsstraße 5

Edelweiss, Villa
Kapellenstraße 31
Familienpension, Pension
von 4 bis 6 Mark

Eden, Villa
Erathstraße 11
Inh./Bes.: Dr. L. Roser
Familienpension

Einhorn, Hotel
Marktstraße 32
Inh./Bes.: Georg Müller
modernes Haus, Wein- und Bier-
restaurant, Zi. ab 2 Mark,
Pension ab 5,50 Mark

Elisa, Haus
Röderstraße 28
Inh./Bes.: Geschwister Haberkorn
Familienpension, Garten, Zi. ab
2 Mark, Frühstück 75 Pfennige

Elite, Villa
Sonnenberger Straße 9
Inh./Bes.: Frau Zintgraft
Familienpension, Zi. ab 3,50 Mark

Emilie, Villa
Neubauerstraße 10
Inh./Bes.: Wöll
Privathotel und Pension

**Engel, Hotel und
Badhaus zum**
Kranzplatz 6
Thermalbad vom Kochbrunnen,
1902 wurde das Hotel niedergelegt, um Platz für das Palast-Hotel
zu schaffen

Entychion, Villa
Mainzer Straße 14
Inh./Bes.: Frau Friese
Pension

Englischer Hof
Kranzplatz 11
Inh./Bes.: Wilhelm August
Bäcker/R. Kolb
Hotel und Badhaus mit eigener
Quelle, moderner Komfort, geräu-
mige Badehallen, 100 Zimmer

Epple, Hotel
Körnerstraße 7
Inh./Bes.: A. Epple
Familienhotel,
Restaurant Hopfenblüte

Erbprinz, Hotel
Mauritiusplatz 1
Inh./Bes.: A. Epple/F. Bender
weniger hohe Ansprüche,
Restaurant

Erika, Pension
Taunusstraße 28
Inh./Bes.: Fräulein Emma Ries
Familienpension
Zi. ab 2,50 Mark

Hotel Europäischer Hof – Hotel zum goldenen Brunnen

**Europäischer Hof,
Hotel und Badhaus**
Langgasse 32
Inh./Bes.: Richard Kolb
Bäder mit direkter Zuleitung aus
der Adlerquelle, 95 Zimmer,
Wein- und Bierrestaurant mit
Garten und Terrasse

Falstaff, Hotel
Moritzstraße 16
Inh./Bes.: Fritz Benz
Familienpension, Bier- und Wein-
restaurant, Zimmer ab 2 Mark

Flach, Villa
Stiftstraße 2
Inh./Bes.: Sibilla Maydt und
Ph. Flach, Familienpension

Flohr, Privathotel
Geisbergstraße 5
Inh./Bes.: Fräulein Haag
Familienpension

Florence, Pension
Rosenstraße 10-12
Pension

Fortuna, Villa
Paulinenstraße 7
Inh./Bes.: Ida Knipper
Familienpension,
Pension 7 bis 14 Mark

Frank, Villa
Leberberg 6a
Inh./Bes.: Frau de Grach
Familienpension, Garten,
30 Zimmer, Zi. 2 bis 6 Mark,
Frühstück 1,25 Mark

Frankfurter Hof
Webergasse 37
Inh./Bes.: F. Enders
modernes Hotel mit gutem
Restaurant, Zimmer ab 3,50 Mark
mit Frühstück

Friedrich Wilhelm
Taunusstraße 16
Inh./Bes.: Th. Baum
Pension

Friedrichshof, Hotel
Friedrichstraße 35
Inh./Bes.: A. Bökemeier
und P. Rommerskirchen
mit Café Orest

Friese, Pension
Mainzer Straße 14
Inh./Bes.: Friese, Wwe.

Fuhr, Hotel
Geisbergstraße 3
Inh./Bes.: Ph. Fuhr
komfortabel eingerichtet,
ab 3 Mark mit Frühstück

Fürstenhof/Esplanade, Hotel
Sonnenberger Straße 22
Inh./Bes.: Hermann Eierdanz
Hotel I. Ranges, palastartiger Bau,
großer Garten, 65 Zi. ab 3,50 bis
8 Mark, Frühstück 1,50 Mark

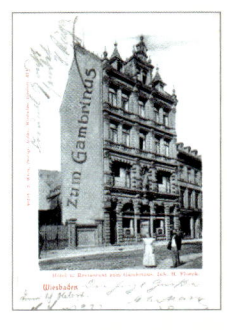

Gambrinus, Hotel zum
Marktstraße 20
Inh./Bes.: Philipp Pauly
Familienhotel mit Restaurant

Garfield, Pension
Mozartstaße 2
Inh./Bes.: Schötz, Wwe.
Pension

Gellhorn, Pension
Frankfurter Straße 10
Inh./Bes.: Frau H. von Gellhorn
Pension

Germania, Villa
Sonnenberger Straße 52 (früher 25)
Inh./Bes.: Willy Krell
Familienpension

**goldenen Brunnen,
Hotel zum**
Goldgasse 10-12
Inh./Bes.: Louis Weyer
Hotel und Badhaus mit eigener
Quelle, 84 Zimmer

HOTEL ZUM GOLDENEN KREUZ – PENSION HEIMBERGER

goldenen Kreuz, Hotel und Badhaus zum
Spiegelgasse 6 und 8
Inh./Bes.: Louis Haub
Hotel und Badhaus mit eigener Quelle, 60 Zimmer und 30 Bäder

goldenen Stern, zum
Grabenstraße 28
Inh./Bes.: D. Schnatz
weniger hohe Ansprüche

goldenen Krone, Hotel und Badhaus zur
Goldgasse
Inh./Bes.: G. Herber
eigene Thermalquelle

Goldene Kette, Badhaus zur
Langgasse 51-53

goldene Kette, Privathotel zur
Goldgasse 1
Inh./Bes.: Julius Lehmann und W. und K. Schäfer
Thermalbäder, modern eingerichtetes Haus, billige Preise

goldenes Roß, Hotel und Badhaus
Goldgasse 7
Inh./Bes.: Dr. L. Roser
eigene Thermalquelle, Trinkkur, elektrische Lichtbäder und Kohlensäurebäder, Restaurant und Garten

Gralsburg, Villa
Leberberg 8
Inh./Bes.: E. Buchwald
Familienpension

Grandpair, Villa
Emser Straße 15 und 17
Inh./Bes.: Frau Grandpair, Wwe.
Familienpension

Grüner Wald, Hotel
Marktstraße 10
Inh./Bes.: Heinrich Cron
modernes Haus, 140 Betten, Zi. ab 2,50 bis 3 Mark, großes Restaurant

guten Quelle, Hotel zur
Kirchgasse 3
Inh./Bes.: W. Höhne, Wwe.
weniger hohe Ansprüche

Haag, Pension
Kapellenstraße 12
Pension

Hahn, Hotel und Badhaus zum
Spiegelgasse 15
Inh./Bes.: Otto Horz
eigene Thermalquelle, 25 Zimmer ab 2 bis 2,50 Mark

Hannemann, Pension
Große Burgstraße 14
Familienpension

Hamburger Hof
Taunusstraße 1/ Ecke Geisbergstraße
Inh./Bes.: Wilhelm Maurer
Familienpension

Hansa-Hotel
Bahnhofstraße (früher Nicolasstraße), Ecke Rheinstraße 18
Inh./Bes.: J. Morgenstern
modernes Hotel, vornehme Einrichtung, Bier und Weinrestaurant, Terrasse, Konzerte

Happel, Hotel
Schillerplatz 4
Inh./Bes.: P. Happel
weniger hohe Ansprüche, Restaurant, Garten

Harald, Privathotel
Geisbergstraße 12
Inh./Bes.: Familie König
Familienpension

Haus Fliegen
Kapellenstraße 10
Familienpension, Zi. ab 2 Mark

Haus Icke
Sonnenberger Str. 50
Inh./Bes.: Fräulein Icke
Familienpension,
Pension ab 5 Mark

Heck, Pension
Geisbergstraße 14
Inh./Bes.: Heck/Karl Groll
Familienpension

Heimberger, Pension
Wilhelmstraße 44
Inh./Bes.: Heimberger
Familienpension

PENSION HEINEMANN – KAISER WILHELM

Heinemann, Pension
Müllerstraße 9
Inh./Bes.: H. Heinemann
Pension

Helene, Villa
Sonnenberger Str. 24 (früher 9)
Inh./Bes.: Frau W. Hoffmann
Familienpension, 20 Zimmer ab
2,50 Mk., Pension 5.50 bis 10 Mk.

Hella, Pension
Rheinstraße 34
Inh./Bes.: Fräulein Jacoby
Familienpension

Helvetia, Hotel
Taunusstraße 71
Inh./Bes.: Paul Viney
Familienpension

Herma, Pension
Taunusstraße 55
Inh./Bes.: Fräulein Kiene
Pension

Hertha, Villa
Dambachtal 24/Neubauerstraße 3
Inh./Bes.: Miss Rodway und
Fräulein Maria André
Familienpension,
Pension 5 bis 9 Mark

Heyde, Villa von der
Sonnenberger Straße 26
Inh./Bes.: Fräulein von der Heyde
Familienpension

Hilbig, Pension
Idsteiner Straße 2
Familienpension

Hohenzollern, Hotel
Paulinenstraße 10
Inh./Bes.: Geschw. Dreste
elegantes Haus, Familienhotel,
Badhaus mit eigener Quelle

Hôtel du Nord
(später Monopole)
Wilhelmstraße 8
Inh./Bes.: Philipp Eckhardt, Ludwig
Bind, Haus I. Ranges, 60 Zimmer

Humboldt, Villa
Frankfurter Straße 22
Inh./Bes.: Fräulein J. und I. Forst
Familienpension, Garten, Zi. ab
3 bis 5 Mark mit Frühstück

Humperdink, Villa
Kapellenstraße 35
Familienpension

Imperator, Villa
Leberberg 10
Inh./Bes.: L. Dörner
Familienpension, Zi. ab 2,50 Mark

Impérial, Hotel
Sonnenberger Straße 16 (früher
38), Ecke Leberberg
Inh./Bes.: Hermann und Hermine
Schwarze
Hotel I. Ranges, Garten

Internationale, Pension
Leberberg 11
Inh./Bes.: Fräulein Gratix und
Mrs. Sommerville
Familienpension

Intra's Hotel
Taunusstraße 51-53
Inh./Bes.: Adolf Intra
Familienpension, Garni

Irena, Villa
Kapellenstraße 24
Inh./Bes.: Geschwister Petri
Familienpension

Jeanette, Villa
Nerotal 15
Inh./Bes.: Adolf Clérin
Familienpension

Jüdische Pension
Langgasse 19
Inh./Bes.: J. Winter

Kaiser Wilhelm
Paulinenstraße 7
Inh./Bes.: Fräulein J. Knipper
Pension

HOTEL & BADHAUS KAISERBAD – HOTEL ZUM LANDSBERG

Kaiserbad, Hotel und Badhaus
Wilhelmstraße 42/48
Inh./Bes.: Alfred Kretschmer
Thermalquelle, moderner Komfort,
60 Zimmer ab 2,50 Mark,
Café-Restaurant Lehmann

**Kaiserhof, Hotel
mit Augusta-Victoria-Bad**
Frankfurter Straße 17/
Ecke Victoriastraße
Inh./Bes.: G. K. Lehmann
Thermalquelle, Bäder aller Art,
Schwimmhalle, prachtvolle Lage,
schöner Garten, Tennisplatz,
Garage, 200 Zimmer ab 5 Mark

Kapellental, Villa
Lanzstraße 41
Inh./Bes.: Frau Krause
Familienpension

Karlshof, Hotel
Rheinstraße 72/Karlstraße 14
Inh./Bes.: Anton Bayer
gut bürgerlich, Restaurant

**Kehrmann, Villa / Pension
Wenker-Paxmann**
Gartenstraße 14
Inh./Bes.: Hermine Reinbold
Pension

Klocke, Pension
Luisenstraße 2
Inh./Bes.: Fräulein E. Klocke
Pension

Klose, Pension
Taunusstraße 1
Inh./Bes.: J. und L. Klose
Pension

Knoll, Hotel
Wilhelmstraße 36
Inh./Bes.: Jos. Knoll

Kochbrunnen, Hotel zum
(später Hotel Buchmann)
Saalgasse 34
Inh./Bes.: Karl Emmermann
und Jean Dietzl
Familienpension, Restaurant

Koepp, Pension
Frankfurter Straße 12
Pension
Deutscher Offiziersverein

Kohl, Villa
Taunusstraße (früher
Elisabethenstraße 23)
Inh./Bes.: Fräulein B. Kohl
Familienpension

Kölnischer Hof, Hotel
Kleine Burgstraße 6
Inh./Bes.: Hahn & Weygandt
Badhaus mit eigener Quelle,
Komforthaus, Garten

Kordina, Pension
(später Arkadia)
Sonnenberger Straße 10
Inh./Bes.: Friedrich Kordina
Familienpension

Kranz, Hotel zum
Langgasse 56 Ecke Kranzplatz
Inh./Bes.: Emil Becker
Badhaus mit eigener Quelle,
40 Zimmer ab 3,50 Mark
inkl. Bad und Frühstück

Kronprinz, Hotel
Taunusstraße 46-48
Inh./Bes.: F. Rückersberg, Wwe.
modernes Haus, israelitisch,
Restaurant

Kur-Park Schlößchen
Parkstraße 20
Inh./Bes.: Artur Zöller
Familienpension

Kurhaus Waldeck, Hotel
Aarstraße
Hotel und Kurhaus

Küster, Villa
Hainerweg 4
Inh./Bes.: Valerie Küster

Landeshaus, Hotel
Moritzstraße 51
Inh./Bes.: Wilhelm Wagner
Familienpension, Restaurant

Landsberg, Hotel zum
Häfnergasse 4-6
Inh./Bes.: Heinrich Brademann
weniger hohe Ansprüche, Familie
hatte Drillinge

PENSION LANGER – PENSION MICHELS

Langer, Pension
Kleine Wilhelmstraße 5
Inh./Bes.: Fräulein E. Langer
Pension

Lengerke, Villa
Sonnenberger Str. 23
Inh./Bes.: Frau von Lengerke
Pension

Lindenhof, Hotel der
Walkmühlstraße 81
großer Park

Lloyd, Hotel
Nerostraße 2/Ecke Saalgasse
Inh./Bes.: Wilhelm Wagner
einfaches Hotel, Restaurant

Löhr, Pension
Taunusstraße (früher
Elisabethenstraße 6)
Inh./Bes.: Löhr, Wwe.
Pension

Luisenhof, Hotel
Bahnhofsstraße 16
Inh./Bes.: L. Bäumle

Mainzer Hof, Pension
Moritzstraße 34
Inh./Bes.: Hans Weiser

Marga, Pension
Kleine Wilhelmstraße 7
Inh./Bes.: Frau H. H. Jacobs
und Fräulein J. Ludloff
Familienpension

Margaretha, Pension
Thelemannstraße 3
Inh./Bes.: H. R. Frey
Familienpension, Garten,
Zimmer ab 3 bis 6 Mark

Marianne, Villa
Rösslerstraße 5
Inh./Bes.: Fräulein Werner
Familienpension

Marienquelle, Villa
Nerotal 37
Inh./Bes.: Jenni Becker
Familienpension

Marmor Palais
Frankfurter Straße 14
Inh./Bes.: Jenni Becker
Haus I. Ranges

Martha, Villa
Taunusstraße (früher
Elisabethenstraße 17)
Inh./Bes.: Fräulein Monze
Pension

Maydt, Pension
Stiftstraße 2
Inh./Bes.: S. Maydt

Medici, Villa
Rheinstraße 1/Ecke Frankfurter
Straße, Familienpension, Zimmer
ab 2,50 bis 5 Mark, Garten

Mehler, Hotel
Mühlgasse 3 gegenüber der
Wilhelm-Heilanstalt
Inh./Bes.: M. Henz
weniger hohe Ansprüche, Zimmer
ab 2 Mark, Restaurant

Melitta, Villa
Taunusstraße 65 (früher
Elisabethenstraße 11)
Inh./Bes.: Frau Schauer, Wwe.
Familienpension, Garten

Mercedes, Villa
Taunusstraße 75 (früher
Elisabethenstraße 19)
Inh./Bes.: E. Altschul
Familienpension

Metropole/Monopole, Hotel
Wilhelmstraße 6 (früher 8)/
Ecke Luisenstraße
Inh./Bes.: Eduard und Christian
Beckel, Badhaus mit eigener
Quelle, modernes, komfortbles
Haus I. Ranges, Weinrestaurant
Carlton und Café-Restaurant
Hohenzollern, Garten

Michels, Pension
Taunusstraße 32
Inh./Bes.: Frau Redger

Hotel Minerva – Hotel Nizza

Minerva, Hotel
Rheinstraße 9
Inh./Bes.: W. Baum
modernes Hotel, 30 Zimmer

Miranda, Pension
Abeggstraße 8
Inh./Bes.: Fräulein C. Reimann
Familienpension, 8 Zimmer

Modesta, Villa
Abeggstraße 4
Familienpension, 15 Zimmer
ab 1,50 bis 5 Mark, Garten

Mon Repos
Pension Columbia
Frankfurter Straße 6
Inh./Bes.: Fräulein B. Rexroth

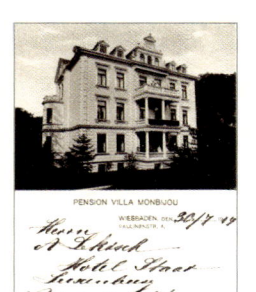

Monbijou, Villa
(später Savabini)
Paulinenstraße 4
Familienpension, Zi. ab 3,50 Mark

Mönchshof
Bahnhofstraße 11
Inh./Bes.: Wilhelm Zehles
Familienhotel mit Restaurant

Montreux, Pension
Geisbergstraße 28
Inh./Bes.: Frau Baumann
Familienpension, Garni

Nadine, Villa
Franz-Abt-Straße 14
Inh./Bes.: J. Diel, Wwe

Nassovia, Pension
Webergasse 3
Inh./Bes.: J. Raudnitzki

Nassauer Hof
Kaiser-Friedrich-Platz
Inh./Bes.: Aktiengesellschaft
Badhaus mit eigener Quelle, vornehmster Hotelbau mit allem Komfort, Thermal- und medizinale Bäder, Medico-mechanisches Institut nach Zander, Restaurant francais und Kaisersaal, 350 Zimmer ab 4 bis 10 Mark

National, Hotel
Taunusstraße 21
Inh./Bes.: Otto Weidemann
modernes Haus mit Restaurant, 40 Zimmer ab 2 Mark

Neroberghotel
Neroberg
Inh./Bes.: Gebrüder Krell
modernes Haus, Luftkurort, 40 Zimmer ab 2 bis 7 Mark

Nerotal, Pension
Nerotal 12
Inh./Bes.: Engelhardt

Nervi, Villa
Taunusstraße 77 (früher Elisabethenstraße 21)
Inh./Bes.: C. Karsunke
Familienpension, Garten

Neuen Adler, Hotel zum
(später Peters Hotel neuer Adler)
Goethestraße 16
Inh./Bes.: Leonhard Väth
weniger hohe Ansprüche, Zi. ab 2,50 bis 3,50 Mark, Restaurant

neuen Post, Hotel zur
Bahnhofstraße 11
Inh./Bes.: Ch. Wolfert
weniger hohe Ansprüche

Nizza, Hotel
Frankfurter Straße 28
Inh./Bes.: Ernst Uplegger und Frau
Haus 1. Ranges, Thermalbäder, zum längeren Aufenthalt geeignet, Garten, Zi. ab 3 bis 5 Mark

HOTEL NONNEHOF – PENSION PFLUG

Nonnenhof, Hotel
Kirchgasse 39-41/Ecke Luisenstraße
Inh./Bes.: Gebr. Kroener
reisende Kaufleute, Familien,
Garten, Restaurant

Oehrlein, Pension
Taunusstraße 37
Familienpension

Olanda, Villa
Grünweg 1
Inh./Bes.: Frau Major Levin
Familienpension

Oranien, Hotel
Bierstädter Straße 2a
Inh./Bes.: Familie Götz und
Nassauer Hof AG
vornehmes Familienhotel mit
Garten, Hessische Staatskanzlei
nach dem II. Weltkrieg

Oranienburg, Villa
Leberberg 7
Inh./Bes.: Fräulein Grube und
Fräulein Dehwald
Familienpension, Garten,
33 Zimmer ab 2 bis 9 Mark

Ossent, Pension
Grünweg 4
Inh./Bes.: Geschwister Ossent
Familienpension, Garten, Pension
ab 5 bis 7 Mark, Dependance
Marktstraße 6

Ottilie, Villa
Röderstraße 32
Inh./Bes.: Ottilie Wiegand
Pension

Palast-Hotel
Kochbrunnenplatz 1
Inh./Bes.: Brüder W. und
L. Neuendorff
Badhaus mit eigener Quelle,
modernster Komfort, fließendes
kaltes und warmes Wasser in
jedem Zimmer, Restaurant und
Garten, 150 Zimmer,
ab 5 bis 15 Mark

Palatia, Villa
Parkstraße 10
Inh./Bes.: Geschwister Grebnau
Pension

**Pariser Hof,
Hotel und Badhaus**
Spiegelgasse 9
Inh./Bes.: F. Schiffer
Badhaus mit eigener Quelle,
Restaurant, Zimmer ab 2 bis 4 Mark

Parkhotel & Bristol
Wilhelmstaße 28 und 30
Inh./Bes.: Adolf Neuendorf und
Jean Effelberger
Haus 1. Ranges, Parkcafé

Pasqual, Pension
Taunusstraße 67 (früher
Elisabethenstraße 13)
Inh./Bes.: Pasqual, Wwe.
Familienpension

Pensée, Villa
Gartenstraße 20
Inh./Bes.: O. Frank
Pension

**Pension am
Paulinenschlösschen**
Sonnenberger Straße 4/
Ecke Rößlerstraße
Familienpension

Pension am Schillerplatz
Friedrichstraße 18
Inh./Bes.: Frau Deutsch
Familienpension,
Pension ab 4,50 Mark

Pfälzer Hof
Grabenstraße 5
Inh./Bes.: J. Stubenrauch
bescheidene Ansprüche

Pflug, Pension
Adelheidstraße 13
Inh./Bes.: H. Pflug
Familienpension

HOTEL POST – PENSION RHEINSTEIN

Post, Hotel
Rheinstraße 17
weniger hohe Ansprüche,
Automatenrestaurant,
19 Zimmer ab 2 bis 3 Mark

Primavera, Hotel-Pension
Frankfurter Straße 8
Inh./Bes.: Fräulein Marie Rexroth
Familienpension, großer Garten,
Zimmer ab 2,50 bis 5,50 Mark

Prinz Heinrich, Hotel
Bärenstraße 5
Inh./Bes.: G. Mappes
modernes Haus,
Zimmer ab 1,25 Mark

Prinz Nicolas, Hotel
Nicolasstraße 29-31
(heute Bahnhofstraße)
Inh./Bes.: Walter Herrmann
modernes Haus mit allem Komfort, Thermal- und Süßwasserbäder, Wein- und Bierrestaurant, großer Garten, Gesellschaftsräume

Prinz of Wales, Pension
Taunusstraße 23
Inh./Bes.: M. Scharhag, Wwe.

Prinzessin Luise, Villa
Sonnenberger Str. 36 (früher 15)
Inh./Bes.: E. Stroh
Familienpension

Prinzeß Victoria Luise, Pension
Wilhelmstraße 52
Inh./Bes.: Frau Hammer
Familienpension

Promenade Hotel
Wilhelmstraße 24
Inh./Bes.: Frau H. Pagel

Pustau, Pension
Taunusstraße (früher
Elisabethenstraße 31)
Inh./Bes.: Fräulein Mina Pustau

Quellenhof, Hotel
Nerostraße 11
Inh./Bes.: W. Thiele

Quisisana, Hotel
mit Villa Eden und Villa Lola
Parkstraße 5 und Erathstraße 11
Inh./Bes.: Dr. L. Roser
1. Rang, palastartige Bauten,
150 Zimmer, ab 4 bis 10 Mark,
Soiréen und Bälle, großer Garten

Radloff, Pension
Abeggstraße 2

Reichert, Hotel
Kirchgasse 3
Inh./Bes.: Gg. Reichert

Reichshof, Hotel
Bahnhofstraße 16
Inh./Bes.: Karl Koch
weniger hohe Ansprüche,
35 Zimmer, Automatenrestaurant, Café

Reichspost, Hotel und Badhaus
Bahnhofstraße (früher Nicolasstraße 16-18
Inh./Bes.: Emil Zorn
Badhaus mit eigener Quelle,
komfortables Thermalbadhaus,
Restaurant, Garten, Terrasse,
45 Zimmer

Raimers, Pension
Dambachtal 14
Familienpension

Reuter, Pension
Nerotal 23
Inh./Bes.: Fräulein C. Reuter
Familienpension

Residenz-Hotel
Wilhelmstraße 3 und 5
und Bismarckplatz
Inh./Bes.: A. Grün
Badhaus mit eigener Quelle,
gute Ausstattung, Thermal- und
Süßwasserbäder

Rhein-Hotel
Rheinstraße 16
Inh./Bes.: W. Wüst
modernes Haus mit Restaurant
Deutscher Keller,
Pension ab 6 Mark

Rheinischer Hof
Mauergasse 16/Ecke Neugasse
Familienhotel

Rheinstein, Pension
Taunusstraße 43
Inh./Bes.: E. S. Rösch

RHEINTAL – HOTEL & BAD ZUM SCHÜTZENHOF

Rheinthal
Grabenstraße 10
Inh./Bes.: J. Michelbach
Pension

Riesch, Pension
Adolfstraße 4
Inh./Bes.: Riech
Familienpension

Ries, Hotel
Kranzplatz 3-4
Inh./Bes.: Theodor Ries
Badhaus mit eigener Quelle

Ritters Hotel und Pension
Taunusstraße 45
Inh./Bes.: Jean Ritter
weniger hohe Ansprüche

Riviera, Hotel-Pension
Bierstadter Straße 5
Inh./Bes.: E. Herzog
Haus I Ranges, Zi. ab 3 bis 6 Mark

Rockwald, Pension
Kapellenstraße 14
Inh./Bes.: Rockwald
Familienpension, Zimmer ab 2,50, Pension ab 6 Mark

Römer, Hotel zum
Büdingenstraße 8
Inh./Bes.: J. Scheuerling
einfaches Haus, Restaurant

Römerbad, Hotel
Kochbrunnenplatz
Inh./Bes.: Gebr. Eduard und Christian Beckel, Badhaus mit eigener Quelle, 80 Zimmer, 1976 abgerissen

Rose, Hotel
Kochbrunnenplatz
Inh./Bes.: H. Häffner
Badhaus mit eigener Quelle, Familienhotel mit allem Komfort, 200 Zimmer, ab 5 Mark, heute Hessische Staatskanzlei

Rosière, Villa la
Taunusstraße 69 (früher Elisabethenstraße 15)
Inh./Bes.: H. von Huhn
Familienpension

Rudat, Pension
Albrechtstraße 5
Inh./Bes.: Rudat

Rupprecht, Villa
Sonnenberger Str. 40 (früher 17)
Inh./Bes.: Frau Dr. Rupprecht
Familienpension

Russischer Hof
(später Preußischer Hof)
Geisbergstraße 4
Inh./Bes.: C. Werz
Familienpension

Saalburg, Hotel
Saalgasse 30
Inh./Bes.: L. Jumeau
gut bürgerlich

Sächsischer Hof, Hotel
Hochstätte 5/7
Inh./Bes.: Karl Wolfert

Schmidt, Pension
Wilhelmstraße 22
Inh./Bes.: Frau C. Schmidt

Savoy Hotel
Bärenstraße 3
Inh./Bes.: B. Meyer
Thermalquelle und Bäder

Schuhmacher, Pension
Abeggstraße 8
Inh./Bes.: Fräulein M. Schumacher

Schupp, Pension
Rheinstraße 28
Inh./Bes.: Fräulein H. Schupp

Schwan, Hotel
Kranzplatz
Badhaus mit eigener Quelle

Schützenhof, Hotel und Bad zum
Schützenhofstraße 4
Inh./Bes.: Oscar Butzmann
Badhaus mit eigener Quelle, 70 Zimmer, ab 7,50 Mark, Garten, 1967 abgerissen

HOTEL & BADHAUS SCHWARZER BOCK – TAUNUS HOTEL

Schwarzer Bock, Hotel und Badhaus
Kranzplatz 12
Inh./Bes.: W. u. K. Schäfer
Badhaus mit eigener Quelle, altrenommiertes Haus seit 1486, Komfort, 160 Zimmer, ab 3 bis 9 Mark

Schweinsberg, Hotel
(später Holländischer Hof)
Rheinbahnstraße 5
Inh./Bes.: Fr. W. Schweinsber

Sendig-Eden, Hotel
Sonnenberger Straße 22
Inh./Bes.: Karl Wolfert
Haus I. Ranges, mit allem Komfort, Restaurant

Silvana, Hotel
Kapellenstraße 4
Inh./Bes.: C. Adam

Simson, Pension
Taunusstraße (früher Elisabethenstraße 7)
Inh./Bes.: Therese Simson

Sobernheim, Pension
Rüdesheimer Straße 5

Sonneck, Villa
Fremdenheim J. M. Lizius
Geisbergstraße 36

Sorrento, Villa
Sonnenberger Straße 21
Inh./Bes.: Wehmeyer und Schweder

Speranza, Villa
Erathstraße 3
Inh./Bes.: Frau M. Cron und Fräulein E. Doepfner, Familienpension

Splendide, Hotel
Rheinstraße 18
Inh./Bes.: Georg Rinne

Spiegel, Hotel
Kranzplatz 10/Ecke Spiegelgasse
Inh./Bes.: Geschwister Dreste
Badhaus mit eigener Quelle, Restaurant

St. Petersburg, Hotel
Marktplatz/Ecke Karl-Gläsing-Straße 5
Inh./Bes.: H. Grether
Thermalbäder

Stadt Biebrich, Hotel zur
Albrechtstraße 9
Inh./Bes.: G. Singer
weniger hohe Ansprüche

Stefanie, Villa
Paulinenstraße 1
Inh./Bes.: Frau H. Rösgen
Pension von 6 bis 12 Mark

Stillfried, Villa
Hainerweg 3
Inh./Bes.: Witwe E. Eberhard
Familienpension

Stojentin, Pension von
Bahnhofstraße 22
(früher Nicolasstraße)

Stromowska, Pension
Große Burgstraße 3
Inh./Bes.: Frl. Stromowska

Svea, Villa
Nerotal 23
Inh./Bes.: Frl. Reuter
Pension

Sidney, Villa
Leberberg 10
Inh./Bes.: Frau H. Kroecher
Pension

Tannhäuser, Hotel
Bahnhofstaße 8
(früher Nicolasstraße 25)
Inh./Bes.: H. Krug
Zimmer ab 2 Mark

Taunus Hotel
Rheinstraße 19/21
Inh./Bes.: G. Pätzold/H. Dörner
modernes Hotel, 150 Zimmer ab 3 Mark, elegante Bodega und Bar, Restaurant und Café

HOTEL TERMINUS – HOTEL WEISSE LILIEN

Terminus, Hotel
Kirchgasse 23
Inh./Bes.: Jos. Huck
mit gutbürgerlichem Restaurant,
Billard, Zimmer ab 2 Mark

Therapia, Pension
Abeggstraße 7
Inh./Bes.: Capt. Steen

Tomitius, Villa
Gartenstraße 16
Inh./Bes.: Fräulein M. Tomitius
Familienpension

Traube, Hotel zur
(später Hotel Bingel)
Nerostraße 7
Inh./Bes.: Karl Fuhr

Uhlmann, Pension
Rheinstraße 24
Inh./Bes.: Uhlmann
Familienpension

Union, Hotel
Neugasse 7 und Mauergasse
Inh./Bes.: Friedrich Bésier
weniger hohe Ansprüche, altdeutsches Restaurant ›Zauberflöte‹

Vater Rhein, Hotel
Bleichstraße 5
Inh./Bes.: Wilhelm Sprenger
weniger hohe Ansprüche,
Restaurant, Zimmer ab 1,50 Mark

Victoria, Hotel
Wilhelmstraße 1
Inh./Bes.: August Jahn
Badhaus mit eigener Quelle,
modern eingerichtet, Restaurant
mit Terrasse, Zi. ab 3,50 bis
8 Mark
Geplanter Standort für das Stadtmuseum

Vier Jahreszeiten Hotel
Kaiser-Friedrich-Platz 1 und 2
Inh./Bes.: W. Zais
höchster Komfort, altbekanntes
Haus, schlossähnlicher Speisesaal,
Zimmer ab 4 Mark

Villa Royal, Hotel
Sonnenberger Str. 28
(früher 11)
Inh./Bes.: mehrere Hoteliers
Haus 1. Ranges mit Restaurant

Violetta, Villa
Gartenstraße 5
Inh./Bes.: C. Seibel
Familienpension

Vogel, Hotel
Rheinstraße 27, neben der Post
Inh./Bes.: Wilhelm Schäfer
weniger hohe Ansprüche, gut
bürgerliches Restaurant, Garten

Voigt, Pension
Taunusstraße 34
Inh./Bes.: Fräulein Wentzel

Wachtel, Pension
Große Burgstraße 13

Wamser, Pension
Herrengartenstraße 16
Inh./Bes.: Fräulein M. Wamser

Warschau, Hotel
Saalgasse 34
weniger hohe Ansprüche

Weins, Hotel
Bahnhofstraße 7
Inh./Bes.: Wilhelm Beckel
und R. Ludwig
weniger hohe Ansprüche,
Restaurant, großer Garten,
36 Zimmer

weiße Lilien, Hotel
Häfnergasse 8
Inh./Bes.: J. Schembs
Badhaus mit eigener Quelle

Hotel zum weissen Ross – Hotel & Badhaus Zwei Böcke

weißen Roß, Hotel zum
Kochbrunnenplatz 2
Inh./Bes.: Reinhard Hertz
Badhaus mit eigener Quelle,
70 Zimmer ab 3 bis 6 Mark
einschließlich Bäder

Westfalia, Pension
Kapellenstraße 16
Inh./Bes.: Frau E. Dopheide

**Westfälischer Hof,
Hotel und Badhaus**
Schützenhofstraße 3
Inh./Bes.: A. Vogel
Badhaus mit eigener Quelle, Garten, Zimmer ab 2,50 bis 4 Mark

Westminster, Villa
Mainzer Straße 8
Inh./Bes.: Karl Besier
modernes Hotel, Zi. ab 1,50 Mark

Westphal, Pension
Kapellenstraße 6
Inh./Bes.: Fräulein K. Westphal
Familienpension, Zi. ab 2,50 Mark

Wild, Pension
Taunusstraße 13
Inh./Bes.: Geschwister Wild

Wilda & Dambeck
Taunusstraße 57
Inh./Bes.: Fräulein Wilda und
Fräulein Dambeck, Pension

Wiesbadener Hof
Moritzstraße 6
modernes Haus, Hotel-Restaurant,
gutbürgerlicher Mittagstisch,
100 Zimmer, ab 3 Mark, Garten

Wilhelma, Hotel
Sonnenberger Straße 1 (früher 2)
Inh./Bes.: Gustav Haeffner und
H. Effelberger
Badhaus mit eigener Quelle,
Komforthaus, Restaurant, großer
Garten, 110 Zimmer ab 4 bis
15 Mark

Windsor, Villa
(Schweizer Pension)
Leberberg 4, Inh./Bes.: L. Bahlsen
Pension

Winter, Pension
Spiegel-/ Ecke Webergasse
Familienpension

Winter, Villa
Sonnenberger Str. 34 (früher 14)
Inh./Bes.: Familie Winter
Garten, 14 Zimmer
ab 3 bis 12 Mark

Wittelsbacher Hof
Sonnenberger Straße

Zillesen, Pension
Abeggstraße 7
Inh./Bes.: Fräulein Selma Zillesen

**Zwei Böcke, Hotel und
Badhaus**
Häfnergasse 12
Inh./Bes.: J.W. Heinrich
und E. Erdelen
Badhaus mit eigener Quelle,
Restaurant-Terrasse

Herz- und Strassenschäden

Der Frühling in schleunigem Siegeslauf
Brach das Eis, das die Herzen bedeckte,
In der Bäderstadt brach er die **Strassen** auf
Niemand wusst', was er **damit** bezweckte.

Sprudler *Rthl.*

Frühlings-Anfang
Wiesbaden – 29. IV. 99
C. J. Frankenbach 99

Eine satirische Karte von Carl Jacob Frankenbach (Maler und Zeichner aus Wiesbaden) – immer noch aktuell.